LA RUSSIE

EN 1839.

DE L'IMPRIMERIE DE CRAPELET
9, RUE DE VAUGIRARD

LA RUSSIE
EN 1839

PAR

LE MARQUIS DE CUSTINE

> « Respectez surtout les étrangers, de quelque qualité, de quelque
> rang qu'ils soient, et si vous n'êtes pas à même de les combler
> de présents, prodiguez-leur au moins des marques de bienveil-
> lance, puisque de la manière dont ils sont traités dans un pays
> dépend le bien et le mal qu'ils en disent en retournant dans
> le leur. »
>
> (Extrait des conseils de Vladimir Monomaque à ses enfants en 1126.
> *Histoire de l'Empire de Russie*, par Karamsin, t. II, p. 205.)

TOME DEUXIÈME

PARIS
LIBRAIRIE D'AMYOT, ÉDITEUR
6, RUE DE LA PAIX
1843

LA RUSSIE

EN 1839.

SOMMAIRE DE LA LETTRE ONZIÈME.

Rapprochement des dates : 14 juillet 1789 : prise de la Bastille : 14 juillet 1839 : mariage du petit-fils de M. de Beauharnais. — Chapelle de la cour. — Première impression produite par la physionomie de l'Empereur. — Conséquences du despotisme pour le despote. — Portrait de l'Empereur Nicolas. — Caractère de sa physionomie. — L'Impératrice. — Son air souffrant. — Esclavage de tous. — L'Impératrice n'a pas la liberté d'être malade. — Danger des voyages pour les Russes. — Abords du palais. — Mon entrée à la cour. — Accident risible. — Chapelle Impériale. — Magnificence des décorations et des costumes. — Entrée de la famille Impériale. — Fautes d'étiquette réparées : par qui ? — M. de Pahlen tient la couronne sur la tête du marié. — Réflexion. — Émotion de l'Impératrice. — Portrait du jeune duc de Leuchtenberg. — Son impatience. — Pruderie du langage actuel. — Ce qui la cause. — Musique de la chapelle Impériale. — Vieux chants grecs arrangés autrefois par des compositeurs italiens. — Effet merveilleux de cette musique. — Te Deum. — L'archevêque. — L'Empereur lui baise la main. — Impassibilité du duc de Leuchtenberg. — Son air défiant. — Position fausse. — Souvenir de la terreur. — Talisman de M. de Beauharnais. — C'est moi qui le possède. — Point de foule, on ne sait ce que c'est en Russie. — Immensité des places publiques. — Tout paraît petit dans un pays où l'espace est sans bornes. — La colonne d'Alexandre. — L'amirauté. — L'église de Saint-Isaac. — Place qui est une plaine. — Le sentiment de l'art manque aux Russes. — Quelle eût été l'architecture propre à leur climat et à leur pays. — Le génie de l'Orient plane sur la Russie. — Le granit ne résiste pas aux hivers de Pétersbourg. — Char de triomphe. — Profanation de l'art antique. — Architectes russes. — Prétentions du despotisme à vaincre la nature. — Ouragan au moment du mariage. — L'Empereur. — Expressions diverses de son visage. — Caractère particulier de sa physionomie. — Ce que signifie le mot acteur en grec. — L'Empereur est toujours dans son rôle. — Quel attachement il inspire. — La cour de Russie. — L'Empereur est à plaindre. — Sa vie agitée. — L'Impératrice y succombe. — Influence de cette frivolité sur l'éducation de leurs enfants. — Ma présentation. — Nuances de politesse. — Mot de l'Empereur. — Le son de sa voix. — L'Impératrice. — Son affabilité. — Son langage. — Fête à la cour. — Surprise des courtisans en rentrant dans ce palais fermé depuis l'incendie. — Influence de l'air de la cour. — Courtisans à tous les étages de cette société. — Ils ne sont pas moins à plaindre que tous les autres hommes. — Danses de cour. — La polonaise. — La grande galerie. — Admiration des esprits positifs pour le despotisme. — Conditions imposées à chaque gouvernement. — La France n'a pas l'esprit de son gouvernement. — Le plaisir n'est pas le but de l'existence. — Autre galerie. — Souper. — Le khan des Kirguises. — La Reine de Géorgie. — Sa figure. — Le malheur ridicule perd ses droits. — L'apparence trompe, moins qu'on ne le croit. — Habit de cour russe. — Coiffure nationale. — Elle enlaidit les laides et embellit les belles. — Le Genevois à la table de l'Empereur. — Trait de politesse de ce prince. — La petite table. — Imperturbable sangfroid d'un Suisse. — Effet du soleil couchant vu par une fenêtre. — Nouvelle merveille des nuits du Nord. — Description. — La ville et le palais font contraste. — Rencontre inattendue. — L'Impératrice. — Autre point de vue sur la cour intérieure du palais. — Elle est remplie d'un peuple muet d'admiration. — Joie menteuse. — Conspiration contre la vérité. — Mot de madame de Staël. — Plaisirs désintéressés du peuple. — Philosophie du despotisme.

LA RUSSIE EN 1839.

LETTRE ONZIÈME.

Ce 14 juillet 1839. (Cinquante ans jour pour jour après la prise de la Bastille, 14 juillet 1789.)

Remarquez d'abord ces dates dont le rapprochement me paraît assez curieux. Le commencement de nos révolutions et le mariage du fils d'Eugène de Beauharnais ont eu lieu le même jour à cinquante ans de distance.

Je reviens de la cour après avoir assisté dans la chapelle Impériale à toutes les cérémonies grecques du mariage de la grande-duchesse Marie avec le duc de Leuchtenberg. Tout à l'heure, je vous les décrirai de mon mieux et en détail, mais avant tout, je veux vous parler de l'Empereur.

Au premier abord, le caractère dominant de sa physionomie est la sévérité inquiète, expression peu agréable, il faut l'avouer, malgré la régularité de ses traits. Les physionomistes prétendent, à juste titre, que l'endurcissement du cœur peut nuire à la beauté du visage. Néanmoins, chez l'Empereur Nicolas cette disposition peu bienveillante paraît être le résultat de l'expérience plus que l'œuvre de la nature. Ne faut-il pas qu'un homme soit torturé par une longue et cruelle souffrance pour que sa physionomie nous fasse peur, malgré la confiance involontaire qu'inspire ordinairement une noble figure ?

Un homme chargé de diriger dans ses moindres détails une machine immense, craint incessamment de voir quelque rouage se déranger ; celui qui obéit ne souffre que selon la mesure matérielle du mal qu'il ressent; celui qui commande souffre d'abord comme les autres hommes, puis l'amour-propre et l'imagination centuplent pour lui seul le mal commun à tous. La responsabilité est la punition du souverain absolu.

S'il est le mobile de toutes les volontés, il devient le foyer de toutes les douleurs : plus on le redoute, plus je le trouve à plaindre.

LETTRE ONZIÈME.

Celui qui peut tout, qui fait tout, est accusé de tout : soumettant le monde à ses ordres suprêmes, il voit jusque dans les hasards une ombre de révolte ; persuadé que ses droits sont sacrés, il ne reconnaît d'autres bornes à sa puissance que celles de son intelligence et de sa force, et il s'en indigne. Une mouche qui vole mal à propos dans le palais Impérial, pendant une cérémonie, humilie l'Empereur. L'indépendance de la nature lui paraît d'un mauvais exemple ; tout être qu'il ne peut assujettir à ses lois arbitraires, devient à ses yeux un soldat qui se révolte contre son sergent au milieu de la bataille ; la honte en rejaillit sur l'armée et jusque sur le général : l'Empereur de Russie est un chef militaire, et chacun de ses jours est un jour de bataille.

Pourtant de loin en loin des éclairs de douceur tempèrent le regard impérieux ou Impérial du maître ; alors l'expression de l'affabilité fait tout à coup ressortir la beauté native de cette tête antique. Dans le cœur du père et de l'époux l'humanité triomphe par instants de la politique du prince. Quand le souverain se repose du joug qu'il fait peser sur toutes les têtes il paraît heureux. Ce combat de la dignité primitive de l'homme contre la gravité affectée du souverain, me semble bien curieux à observer. C'est à quoi j'ai passé la plus grande partie de mon temps dans la chapelle.

L'Empereur est plus grand que les hommes ordinaires de la moitié de la tête; sa taille est noble quoiqu'un peu raide; il a pris dès sa jeunesse l'habitude russe de se sangler au-dessus des reins, au point de se faire remonter le ventre dans la poitrine, ce qui a dû produire un gonflement des côtes; cette proéminence peu naturelle nuit à la santé comme à la grâce du corps; l'estomac bombé excessivement sous l'uniforme, finit en pointe et retombe par-dessus la ceinture.

Cette difformité volontaire qui nuit à la liberté des mouvements, diminue l'élégance de la tournure et donne de la gêne à toute la personne. On dit que lorsque l'Empereur se desserre les reins, les viscères, reprenant tout à coup, pour un moment, leur équilibre dérangé, lui font éprouver une prostration de force extraordinaire. On peut déplacer le ventre, on ne peut pas le détruire.

Il a le profil grec; le front haut, mais déprimé en arrière, le nez droit et parfaitement formé, la bouche très-belle, le visage noble, ovale, mais un peu long, l'air militaire et plutôt allemand que slave.

Sa démarche, ses attitudes sont volontairement imposantes.

Il s'attend toujours à être regardé, il n'oublie pas un instant qu'on le regarde; même vous diriez qu'il veut être le point de mire de tous les yeux. On lui a trop répété ou trop fait supposer qu'il était beau à voir et bon à montrer aux amis et aux ennemis de la Russie.

Il passe la plus grande partie de sa vie en plein air pour des revues ou pour de rapides voyages; aussi, pendant l'été, l'ombre de son chapeau militaire dessine-t-elle, à travers son front hâlé, une ligne oblique qui marque l'action du soleil sur la peau dont la blancheur s'arrête à l'endroit protégé par la coiffure; cette ligne produit un effet singulier, mais qui n'est pas désagréable, parce qu'on en devine aussitôt la cause.

En examinant attentivement la belle figure de cet homme dont la volonté décide de la vie de tant d'hommes, j'ai remarqué avec une pitié involontaire qu'il ne peut sourire à la fois des yeux et de la bouche : désaccord qui dénote une perpétuelle contrainte, et me fait regretter toutes les nuances de grâce naturelle qu'on admirait dans le visage moins régulier peut-être, mais plus agréable de son frère l'Empereur Alexandre. Celui-ci, toujours charmant, avait quelquefois l'air faux; l'Empereur Nicolas est plus sincère, mais habituellement il a l'expression de la sévérité, quelquefois même cette sévérité va jusqu'à lui donner l'air dur et inflexible; s'il est moins séduisant, il a plus de force, mais aussi est-il bien plus souvent obligé d'en faire usage; la grâce assure l'autorité en prévenant les résistances. Cette adroite économie dans l'emploi du pouvoir est un secret ignoré de l'Empereur Nicolas. Il est toujours l'homme qui veut être obéi; d'autres ont voulu être aimés.

L'Impératrice a la taille la plus élégante; et malgré son excessive maigreur, je trouve à toute sa personne une grâce indéfinissable. Son attitude, loin d'être orgueilleuse, comme on me l'avait annoncé, exprime l'habitude de la résignation. En entrant dans la chapelle, elle était fort émue, elle m'a paru mourante : une convulsion nerveuse agite les traits de son visage, elle lui fait même quelquefois branler la tête; ses yeux creux, bleus et doux trahissent des souffrances profondes, supportées avec un calme angélique; son regard plein de sentiment a d'autant plus de puissance qu'elle pense moins à lui en donner : détruite avant le temps, elle n'a pas d'âge, et l'on ne saurait, en la voyant, deviner ses années ; elle est si faible qu'on dirait qu'elle n'a pas ce qu'il faut pour vivre : elle tombe dans le marasme, elle va s'éteindre, elle n'appartient plus à la terre; c'est une ombre. Elle n'a jamais pu se remettre des angoisses qu'elle ressentit le jour de son avénement au trône : le devoir conjugal a consumé le reste de sa vie.

Elle a donné trop d'idoles à la Russie, trop d'enfants à l'Empereur. « S'épuiser en grands-ducs : quelle destinée!..... » disait une grande dame polonaise qui ne se croit pas obligée d'adorer en paroles ce qu'elle hait dans le cœur.

Tout le monde voit l'état de l'Impératrice ; personne n'en parle ; l'Empereur l'aime ; a-t-elle la fièvre, est-elle au lit, il la soigne lui-même ; il veille près d'elle, prépare ses boissons, les lui fait avaler comme une garde-malade ; dès qu'elle est sur pied, il la tue de nouveau à force d'agitation, de fêtes, de voyages, d'amour ; mais sitôt que le danger est déclaré, il renonce à ses projets ; il a horreur des précautions qui préviendraient le mal; femme, enfants, serviteurs, parents, favoris, en

Russie tout doit suivre le tourbillon Impérial en souriant jusqu'à la mort.

Tout doit s'efforcer d'obéir à la pensée du souverain; cette pensée unique fait la destinée de tous; plus une personne est placée près de ce soleil des esprits, et plus elle est esclave de la gloire attachée à son rang; l'Impératrice en meurt.

Voilà ce que chacun sait ici et ce que personne ne dit, car, règle générale, personne ne profère jamais un mot qui pourrait intéresser vivement quelqu'un; ni l'homme qui parle, ni l'homme à qui l'on parle ne doivent avouer que le sujet de leur entretien mérite une attention soutenue ou réveille une passion vive. Toutes les ressources du langage sont épuisées à rayer du discours l'idée et le sentiment, sans toutefois avoir l'air de les dissimuler, ce qui serait gauche. La gêne profonde qui résulte de ce travail prodigieux, prodigieux surtout par l'art avec lequel il est caché, empoisonne la vie des Russes. Un tel tourment sert d'expiation à des hommes qui se dépouillent volontairement des deux plus grands dons de Dieu : l'âme et la parole qui la communique; autrement dit, le sentiment et la liberté.

Plus je vois la Russie, plus j'approuve l'Empereur lorsqu'il défend aux Russes de voyager, et rend l'accès de son pays difficile aux étrangers. Le régime politique de la Russie ne résisterait pas vingt ans à la libre communication avec l'Occident de l'Europe. N'écoutez pas les forfanteries des Russes ; ils prennent le faste pour l'élégance, le luxe pour la politesse, la police et la peur pour les fondements de la société. A leur sens, être discipliné c'est être civilisé ; ils oublient qu'il y a des sauvages de mœurs très-douces et des soldats fort cruels ; malgré toutes leurs prétentions aux bonnes manières, malgré leur instruction superficielle et leur profonde corruption précoce, malgré leur facilité à deviner et à comprendre le positif de la vie, les Russes ne sont pas encore civilisés. Ce sont des Tatares enrégimentés, rien de plus.

Ceci ne veut pas dire qu'on doive les mépriser ; plus ils ont conservé de rudesse dans l'âme sous les formes adoucies du langage social, et plus je les trouve redoutables. En fait de civilisation, ils se sont jusqu'à présent contentés de l'apparence ; mais si jamais ils peuvent se venger de leur infériorité réelle, ils nous feront cruellement expier nos avantages.

Ce matin, après m'être habillé à la hâte pour me

rendre à la chapelle Impériale, seul dans ma voiture, je suivais, à travers les places et les rues qui conduisent au palais, la voiture de l'ambassadeur de France, et j'examinais avec curiosité tout ce qui se trouvait sur mon passage. J'ai remarqué les abords du palais et les troupes qui ne me parurent pas assez magnifiques pour leur réputation ; cependant les chevaux sont superbes ; la place immense qui sépare la demeure du souverain du reste de la ville était traversée en sens divers par les voitures de la cour, par des hommes en livrée et par des soldats en uniformes de toutes couleurs. Les Cosaques sont les plus remarquables. Malgré l'affluence il n'y avait pas foule tant l'espace est vaste.

Dans les États nouveaux il y a du vide partout, surtout quand leur gouvernement est absolu ; l'absence de liberté crée la solitude et répand la tristesse. Il n'y a de peuplés que les pays libres.

Il m'a paru que les équipages des personnes de la cour avaient bon air sans être véritablement soignés, ni élégants. Les voitures, mal peintes, encore plus mal vernies, sont d'une forme peu légère et attelées de quatre chevaux ; les traits de ces attelages sont démesurément longs.

Un cocher conduit les chevaux du timon ; un petit postillon, vêtu en robe persane longue comme l'*armiak*[1] du cocher, est planté tout au bout de l'attelage, sur ou plutôt dans une selle creuse, épaisse, rembourrée et relevée par devant et par derrière comme un oreiller; cet enfant nommé, je crois, d'après l'allemand : le *vorreiter* et en russe le *faleiter*, est toujours juché, remarquez bien ceci, sur le cheval de droite de la volée; c'est le contraire de l'usage suivi dans tous les autres pays, où le postillon monte à gauche afin d'avoir la main droite libre pour diriger le cheval de trait; cette manière d'atteler m'a frappé par sa singularité : la vivacité, le nerf des chevaux russes, qui tous ont de la race, si tous n'ont de la beauté; la dextérité des cochers, la richesse des habits, tout l'ensemble du spectacle annonce des splendeurs que nous ne connaissons plus; c'est encore une puissance que la cour de Russie; la cour de tous les autres pays, même la plus brillante, n'est plus qu'un spectacle.

J'étais préoccupé de cette différence et d'une foule de réflexions que me suggérait la nouveauté des objets en présence desquels je me trouvais, lorsque ma voiture s'arrête sous un péristyle grandiose, où l'on descend à couvert au milieu des

[1] Longue robe.

mille bruits divers d'une foule dorée, toute composée de courtisans très-raffinés dans leur air. Ceux-ci étaient accompagnés de leurs vassaux très-sauvages en apparence comme en réalité; le costume des valets est presque aussi éclatant que celui des maîtres. Les Russes ont un grand goût pour ce qui reluit, et c'est surtout dans les solennités de cour que leur luxe en ce genre se déploie.

En descendant de voiture, à la hâte pour ne pas me séparer des personnes qui s'étaient chargées de moi, je m'aperçus à peine d'un coup assez violent que je me donnai à la jambe contre le marchepied, où l'éperon de ma botte fut au moment de s'accrocher; mais figurez-vous mon angoisse lorsqu'un instant après cet accident, en posant le pied sur la première marche du superbe escalier du palais d'hiver, je vis que je venais de perdre un de mes éperons, et, ce qui était bien pis, que l'éperon en se détachant avait emporté avec lui le talon de la botte dans lequel il était fixé! J'étais donc à moitié déchaussé d'un pied. Près de paraître pour la première fois devant un homme qu'on dit aussi minutieux qu'il est supérieur et puissant, cet accident me parut un vrai malheur. Les Russes sont moqueurs, et l'idée de leur prêter

LETTRE ONZIÈME.

à rire dès mon début m'était singulièrement désagréable. Que faire ? retourner sous le péristyle pour y chercher le débris de ma chaussure ; à quoi bon ? des voitures avaient déjà passé sur ce fragment de botte. Retrouver le talon perdu, ce serait un miracle impossible à espérer ; d'ailleurs qu'en ferais-je ? le porterais-je à la main pour entrer dans le palais ? Que résoudre ? Fallait-il quitter l'ambassadeur de France et m'en retourner chez moi ? mais dans un pareil moment c'eût été déjà faire scène ; d'un autre côté, me montrer dans l'état où j'étais, c'était me perdre dans l'esprit du maître et de ses courtisans, et je n'ai nulle philosophie contre un ridicule auquel je suis venu m'exposer volontairement. En ce genre, c'est bien assez de supporter l'inévitable... Les désagréments qu'on s'attire à plaisir à mille lieues de chez soi me paraissent insupportables. Il est si facile de ne pas aller, que lorsqu'on va gauchement on est impardonnable.

J'aspirais en rougissant à me cacher dans la foule, mais, je vous le répète, il n'y a jamais foule en Russie, surtout sur un escalier comme celui du nouveau palais d'hiver, qui ressemble à quelque décoration de l'opéra de Gustave. Ce palais est, je crois, la plus grande et la plus magnifique habitation de souverain qu'il y ait au monde. Je sentis ma timidité naturelle s'accroître par la confusion où me jetait un accident risible, mais tout à coup je me fis un courage de ma peur elle-même, et je me mis à boiter le plus légèrement que je pus à travers des salles immenses et des galeries pompeuses dont je maudissais l'éclat et la longueur, puisque cette pompe sans désordre m'ôtait tout espoir d'échapper aux regards investigateurs des courtisans. Les Russes sont froids, fins, moqueurs, spirituels et naturellement peu sensibles comme tous les ambitieux. Ils sont de plus défiants envers les étrangers dont ils redoutent les jugements, parce qu'ils nous croient peu bienveillants pour eux; ceci les rend d'avance hostiles, dénigrants et secrètement caustiques, quoiqu'en apparence ils soient hospitaliers et polis.

J'arrivai enfin, non sans effort, au fond de la chapelle Impériale; là, j'ai tout oublié, même moi et mon sot embarras; d'ailleurs dans ce lieu la foule était épaisse et personne n'y pouvait voir ce qui manquait à ma chaussure. La nouveauté du spectacle qui m'attendait m'a rendu mon sang-froid et mon empire sur moi-même. Je rougissais du trouble auquel venait de m'exposer ma vanité de courtisan déconcerté; simple voyageur, je rentrais dans mon rôle et je retrouvais l'impassibilité de l'observateur philosophe.

Encore un mot sur mon costume : il avait été l'objet d'une consultation grave; quelques-uns des jeunes gens attachés à la légation française m'avaient conseillé l'habit de garde national; je craignais que cet uniforme ne déplût à l'Empereur : je me décidai pour celui d'officier d'état-major, avec les épaulettes de lieutenant-colonel, qui sont celles de mon grade.

On m'avait averti que cet habit paraîtrait nouveau, et qu'il deviendrait, de la part des princes de la famille Impériale et de l'Empereur lui-même, le sujet d'une foule de questions qui pourraient m'embarrasser. Jusqu'à présent personne n'a encore eu le temps de s'occuper d'une si petite affaire.

Les cérémonies du mariage grec sont longues et majestueuses : tout est symbolique dans l'église d'Orient. Il m'a semblé que les splendeurs de la religion rehaussaient le lustre des solennités de la cour.

Les murs, les plafonds de la chapelle, les habillements des prêtres et de leurs acolytes, tout étincelait d'or et de pierreries : il y avait là des richesses à étonner l'imagination la moins poétique. Ce spectacle vaut les descriptions les plus fantastiques des Mille et une Nuits ; c'est de la poésie comme Lalla Rhook, comme la lampe merveilleuse : c'est de cette poésie orientale où la sensation domine le sentiment et la pensée.

La chapelle Impériale n'est pas d'une grande dimension ; elle était remplie par les représentants de tous les souverains de l'Europe et presque de l'Asie ; par quelques étrangers tels que moi, admis à entrer à la suite du corps diplomatique, par les femmes des ambassadeurs, enfin par les grandes charges de la cour ; une balustrade nous séparait de l'enceinte circulaire où s'élève l'autel. Cet autel est semblable à une table carrée assez basse. On remarquait dans le chœur, les places réservées à la famille Impériale. Au moment de notre arrivée elles étaient vides.

J'ai vu peu de choses à comparer pour la magnificence et la solennité à l'entrée de l'Empereur dans cette chapelle étincelante de dorures. Il a paru, s'avançant avec l'Impératrice et suivi de toute la cour : aussitôt mes regards et ceux des assistants se sont fixés sur lui ; nous avons ensuite admiré sa famille, les deux jeunes époux brillaient entre tous.

Un mariage d'inclination sous des habits brodés et dans des lieux si pompeux, c'est une rareté qui mettait le comble à l'intérêt de la scène. Voilà ce que tout le monde disait autour de moi; mais moi je ne crois pas à cette merveille et je ne puis m'empêcher de voir une intention politique dans tout ce qu'on fait et dit ici. L'Empereur s'y trompe peut-être lui-même; il croit faire acte de tendresse paternelle, tandis qu'au fond de sa pensée l'espoir de quelqu'avantage à venir a décidé son choix. Il en est de l'ambition comme de l'avarice : les avares calculent toujours, même lorsqu'ils croient céder à des sentiments désintéressés.

Quoique la cour fût nombreuse et que la chapelle soit petite, il n'y avait point de confusion. J'étais debout au milieu du corps diplomatique, près de la balustrade qui nous séparait du sanctuaire. Nous n'étions point assez pressés pour ne pas pouvoir distinguer les traits et les mouvements de chacun des personnages que le devoir ou la curiosité réunissaient là. Le silence du respect n'était troublé par aucun désordre. Un soleil éclatant illuminait l'intérieur de la chapelle, où la température s'élevait, m'a-t-on dit, à trente degrés. On voyait à la suite de l'Empereur en longue robe dorée, et en bonnet pointu également orné de broderies d'or un khan tatare, moitié tributaire, moitié indépendant de la Russie. Ce petit souverain esclave a pensé, d'après la position équivoque que lui fait la politique conquérante de ses protecteurs, qu'il serait à propos de venir prier l'Empereur de toutes les Russies d'admettre *parmi ses pages* un fils de douze ans qu'il amène à Pétersbourg, afin d'assurer à cet enfant un sort convenable. Cette puissance déchue, qui servait de relief à la puissance triomphante, m'a rappelé les pompes de Rome.

Les premières dames de la cour de Russie et les femmes des ambassadeurs de toutes les cours, parmi lesquelles j'ai reconnu mademoiselle Sontag, aujourd'hui comtesse de Rossi, garnissaient le tour de la chapelle; dans le fond, terminé en une rotonde éclatante de peinture, était rangée toute la famille Impériale. La dorure des lambris, embrasée par les rayons d'un soleil ardent, formait une espèce d'auréole sur la tête des souverains et de leurs enfants. La parure et les diamants des femmes brillaient d'un éclat magique au milieu de tous les trésors de l'Asie, étalés sur les murs du sanctuaire où la magnificence royale semblait défier la majesté du Dieu qu'elle honorait sans s'oublier elle-même. Tout cela est beau, c'est surtout étonnant pour nous, si nous nous rappelons le temps encore peu éloigné où le mariage de la fille d'un Czar aurait été à peu près ignoré en Europe, et où Pierre Ier publiait qu'il avait le droit de laisser sa couronne à qui bon lui semblerait. Que de progrès en peu de temps!

Quand on réfléchit aux conquêtes diplomatiques et autres de cette puissance, naguère encore comptée pour peu dans les affaires du monde civilisé, on se demande si ce qu'on voit est un rêve. L'Empereur lui-même ne me semblait pas très-accoutumé à ce qui se passait devant lui, car à chaque instant il quittait son prie-Dieu et faisait quelques pas de côté et d'autre pour venir redresser les fautes d'étiquette de ses enfants ou de son clergé. Ceci m'a prouvé qu'en Russie la cour même est en progrès. Son gendre n'était pas à la place convenable, il le faisait reculer ou avancer de deux pieds; la grande-duchesse, les prêtres eux-mêmes, les grandes charges, tout semblait soumis à sa direction minutieuse quoique suprême; j'aurais trouvé plus digne de laisser aller les choses comme elles pouvaient, et j'aurais voulu qu'une fois dans la chapelle il ne pensât plus qu'à Dieu, laissant chaque homme s'acquitter de ses fonctions sans rectifier scrupuleusement la moindre faute de discipline religieuse ou de cérémonial de cour. Mais dans ce singulier pays l'absence de liberté se révèle partout ; on la retrouve même au pied des autels. Ici l'esprit de Pierre-le-Grand domine tous les esprits.

Il y a pendant la messe du mariage grec un moment où les deux époux boivent ensemble dans la même coupe. Plus tard, accompagnés du prêtre officiant, ils font trois fois le tour de l'autel en se tenant par la main pour signifier l'union conjugale et pour marquer la fidélité avec laquelle ils doivent marcher toujours du même pas dans la vie. Tous ces actes sont d'autant plus imposants qu'ils rappellent des usages de la primitive église.

Ces cérémonies accomplies, une couronne fut tenue pendant fort longtemps au-dessus de la tête de chacun des deux mariés. La couronne de la grande-duchesse, par son frère le grand-duc héritier, dont l'Empereur lui-même, quittant son prie-Dieu une fois de plus, eut soin de rectifier la pose avec un mélange de bonhomie et de minutie que j'avais peine à m'expliquer ; la couronne du duc de Leuchtenberg était tenue par le comte de Pahlen, ambassadeur de Russie à Paris, et fils de l'ami trop fameux et trop zélé d'Alexandre. Ce souvenir, banni de tous les discours et peut-être de toutes les pensées des Russes d'aujourd'hui, n'a cessé de me préoccuper pendant que le comte de Pahlen, avec la noble simplicité qui lui est naturelle, s'acquittait d'une charge enviée sans doute de tout ce qui aspire aux faveurs de cour. Il était censé appeler, par la fonction qu'il remplissait dans cette cérémonie sainte, la protection du ciel sur la tête du mari de la petite-fille de Paul Ier. Ce rapprochement était bien étrange; mais, je le répète, personne, je crois, n'y pensait, tant la politique en ce pays a d'effet rétroactif.

La flatterie défait et refait jusqu'au passé au profit de l'intérêt du jour. Il paraît qu'ici le tact n'est nécessaire qu'à ceux qui n'ont pas le pouvoir. Si la mémoire du fait qui m'occupait eût été présente à l'esprit de l'Empereur, il eût chargé quelqu'autre personne de tenir la couronne sur la tête de son gendre. Mais dans un pays où l'on n'écrit ni ne parle rien n'est si loin de l'événement du jour que l'histoire de la veille; aussi le pouvoir a-t-il des inadvertances, des naïvetés qui prouvent qu'il s'endort dans une sécurité quelquefois trompeuse. La politique russe n'est entravée dans sa marche ni par les opinions ni même par les actions; la faveur du maître est tout; tant qu'elle dure, elle tient lieu de mérite, de vertu et, qui plus est, d'innocence à l'homme sur lequel elle se répand; de même qu'en se retirant, elle le prive de tout. Chacun admirait avec une sorte d'anxiété l'immobilité des bras qui soutenaient les deux couronnes. Cette scène dura longtems et elle dut être bien fatigante pour les acteurs.

La jeune mariée est pleine de grâce, de pureté; elle est blonde, elle a les yeux bleus; son teint délicat et fin brille de tout l'éclat de la première jeunesse, l'expression de son visage est la candeur spirituelle. Cette princesse et sa sœur, la grande-duchesse Olga, m'ont paru les deux plus belles personnes de la cour : heureux accord des avantages du rang et des dons de la nature.

Quand l'évêque officiant présenta les mariés à leurs augustes parents, ceux-ci les embrassèrent avec une cordialité touchante. L'instant d'après l'Impératrice se jeta dans les bras de son mari : effusion de tendresse qui aurait pu être mieux placée dans une chambre que dans une chapelle; mais en Russie les souverains sont chez eux partout, même dans la maison de Dieu. D'ailleurs l'attendrissement de l'Impératrice semblait tout à fait involontaire, la manifestation n'en pouvait donc avoir rien de choquant. Malheur à ceux qui trouveraient ridicule l'émotion produite par un sentiment vrai. Une telle explosion de sensibilité est communicative. La cordialité allemande ne se perd jamais; il faut avoir de l'âme pour conserver sur le trône la faculté de l'abandon.

Avant la bénédiction deux pigeons gris avaient été lâchés selon l'usage dans la chapelle : au bout d'un moment ils se sont posés sur une corniche dorée qui faisait saillie tout juste au dessus de la tête des deux époux, et là ils n'ont fait que se becqueter pendant toute la messe.

Les pigeons sont bien heureux en Russie : on les révère comme le symbole sacré du Saint-Esprit, et il est défendu de les tuer; heureusement que le goût de leur chair déplaît aux Russes.

Le duc de Leuchtenberg est un jeune homme grand, fort et bien fait; les traits de son visage n'ont rien de distingué, ses yeux sont beaux, mais il a la bouche saillante et de forme peu régulière; sa taille est belle sans noblesse, l'uniforme lui sied et supplée à l'élégance qui manque à sa personne; c'est plutôt un sous-lieutenant bien découplé qu'un prince. Pas un seul parent de son côté n'était venu à Pétersbourg pour assister à la cérémonie.

Pendant la messe il paraissait singulièrement impatient de se trouver seul avec sa femme; et les yeux de l'assemblée entière se dirigèrent par un mouvement spontané vers le groupe des deux pigeons perchés au-dessus de l'autel.

Je n'ai ni le cynisme de Saint-Simon, ni son génie d'expression, ni la gaieté naïve des écrivains du bon vieux temps; dispensez-moi donc des détails, quelque divertissants qu'ils pussent vous paraître.

Dans le siècle de Louis XIV on avait une liberté de langage qui tenait à la certitude de n'être entendu que par des gens qui vivaient et parlaient tous de la même manière; il y avait une société et point de public. Aujourd'hui il y a un public, et il n'y a point de société. Chez nos pères chaque conteur dans son cercle pouvait être vrai sans conséquence; aujourd'hui que toutes les classes sont mêlées on manque de bienveillance et dès lors de sécurité. La franchise d'expression paraîtrait de mauvais ton à des personnes qui n'ont pas toutes appris le français dans le même vocabulaire. Quelque chose de la susceptibilité bourgeoise a passé dans le langage de la meilleure compagnie de France; plus le nombre des esprits auxquels on s'adresse grandit et plus on doit prendre un air grave en parlant; une nation veut être respectée plus qu'une société intime quelqu'élégante qu'on la suppose.

En fait de décence de langage, une foule est plus exigeante qu'une cour : plus la hardiesse aurait de témoins et plus elle deviendrait inconvenante. Tels sont mes motifs pour me dispenser de vous dire ce qui a fait sourire plus d'un grave personnage et peut-être plus d'une vertueuse dame, ce matin dans la chapelle Impériale. Mais je ne pouvais passer tout à fait sous silence un incident qui contrastait d'une manière par trop singulière avec la majesté de la scène et le sérieux obligé des spectateurs.

Il vient un moment, pendant la longue cérémonie du mariage grec, où tout le monde doit tomber à genoux. L'Empereur, avant de se prosterner comme les autres, jeta d'abord sur l'assemblée un regard de surveillance peu gracieux. Il me parut qu'il voulait s'assurer que personne ne restait debout : précaution superflue, car, bien qu'il y eût parmi les étrangers des catholiques et des protestants, il n'était venu sans doute à la pensée de pas un d'entre eux de ne pas se conformer extérieurement à tous les rites de l'église grecque [1].

[1] La crainte de l'Empereur est en quelque sorte expliquée par le récit qu'on va lire, et qui m'a été envoyé de Rome au mois de janvier 1843 par une des personnes les plus véridiques que je connaisse. « Le dernier jour de décembre, je fus à l'église del Gesu, qui avait été décorée de superbes tapisseries. Une enceinte avait été formée devant le magnifique autel de saint Ignace, qui était resplendissant de lumières. Les orgues jouaient des symphonies très-harmonieuses; l'église était remplie de ce que Rome possède de plus distingué; deux fauteuils avaient été placés à gauche de l'autel. On vit bientôt arriver la grande-duchesse Marie, fille de l'Empereur de Russie, et son mari le duc de Leuchtenberg, accompagnés des principaux personnages de leur suite et des gardes suisses qui les escortent; ils prirent place sur les fauteuils réservés pour eux, sans se mettre à genoux sur les prie-Dieu qui étaient devant eux, et sans faire attention au saint sacrement qui était exposé. Les dames d'honneur s'assirent derrière le prince et la princesse, ce qui obligeait ceux-ci à renverser la tête de côté pour faire la conversation comme s'ils eussent été dans un salon. Deux chambellans étaient restés debout, comme c'est l'usage, auprès des grands. Un sacristain crut que c'était parce qu'ils n'avaient pas de sièges; il s'empressa de leur en porter, ce qui excita le rire du prince, de la princesse et de leur entourage d'une manière tout à fait inconvenante. A mesure que les cardinaux arrivaient, ils prenaient leur place; le pape est arrivé ensuite, et est allé s'agenouiller sur un prie-Dieu où il est resté tout le temps de la cérémonie. Le *Te Deum* fut chanté en

La possibilité d'un doute à cet égard justifie ce que je vous ai dit plus haut, et m'autorise à vous répéter que la sévérité inquiète est devenue l'expression habituelle de la physionomie de l'Empereur.

Aujourd'hui que la révolte est, pour ainsi dire, dans l'air, l'autocratie elle-même redouterait-elle quelque atteinte à sa puissance? Cette crainte fait un contraste désagréable et même effrayant avec l'idée qu'elle conserve de ses droits. Le pouvoir absolu devient par trop redoutable quand il a peur.

En voyant le tremblement nerveux, la faiblesse et la maigreur de l'Impératrice, de cette femme si gracieuse, je me rappelais ce qu'elle avait dû souffrir pendant la révolte de l'avénement au trône, et je me dis tout bas : « l'héroïsme se paie!!... » C'est de la force, mais une force qui épuise la vie.

Je vous ai dit que tout le monde était tombé à genoux, et l'Empereur après tout le monde : les

action de grâces pour les faveurs obtenues dans le courant de l'année qui vient de s'écouler ; un cardinal donna la bénédiction. Sa Sainteté était toujours prosternée; le prince de Leuchtenberg s'était mis à genoux, mais la princesse était restée assise. »

époux sont mariés; la famille Impériale, la foule se relève; à ce moment les prêtres et le chœur entonnent le *Te Deum*, tandis qu'au dehors des décharges d'artillerie annoncent à la ville la consécration du mariage. L'effet de cette musique céleste accompagnée par des coups de canon, par le tintement des cloches et par les acclamations lointaines du peuple, est inexprimable. Tout instrument de musique est banni de l'église grecque, et les seules voix d'hommes y célèbrent les louanges du Seigneur. Cette sévérité du rite oriental est favorable à l'art, à qui elle conserve toute sa simplicité, et elle produit des effets de chant vraiment célestes. Je croyais entendre au loin le battement des cœurs de soixante millions de sujets; orchestre vivant qui suivait, sans le couvrir, le chant de triomphe des prêtres. J'étais ému : la musique peut faire tout oublier pour un moment, même le despotisme.

Je ne puis comparer ces chœurs sans accompagnement qu'aux *Miserere* de la semaine sainte dans la chapelle Sixtine à Rome, excepté que la chapelle du pape n'est plus que l'ombre de ce qu'elle était jadis. C'est une ruine de plus dans les ruines de Rome.

Au milieu du siècle dernier, à l'époque où

l'école italienne brillait de tout son éclat, les vieux chants grecs furent refondus, sans être gâtés, par des compositeurs venus de Rome à Pétersbourg; ces étrangers produisirent un chef-d'œuvre, parce que tout leur esprit et toute leur science furent appliqués à respecter l'œuvre de l'antiquité. Leur travail est devenu une composition classique et l'exécution est digne de la conception : les voix de soprane ou d'enfants de chœur, car nulle femme ne fait partie de la musique de la chapelle Impériale, chantent avec une justesse parfaite : les basses-tailles sont fortes, graves et pures. Je ne me souviens pas d'en avoir entendu d'aussi belles ni d'aussi basses.

Pour un amateur de l'art, la musique de la chapelle Impériale vaut seule le voyage de Pétersbourg; les *piano*, les *forte*, les nuances les plus fines de l'expression sont observées avec un profond sentiment, avec un art merveilleux et un ensemble admirable : le peuple russe est musical; on n'en peut douter quand on a entendu ses chants d'église. J'écoutais sans oser respirer et j'appelais de tous mes vœux notre savant ami Meyerbeer pour m'expliquer des beautés que je sentais profondément sans les comprendre; il les aurait comprises en s'en inspirant, car sa manière d'admirer les modèles, c'est de les égaler.

Pendant ce *Te Deum*, au moment où deux chœurs se répondent, le tabernacle s'ouvre et l'on voit les prêtres coiffés de leurs tiares étincelantes de pierreries, vêtus de leurs robes d'or, sur lesquelles se détachent majestueusement leurs barbes d'argent : il y en a qui tombent jusqu'à la ceinture ; les assistants sont aussi brillants que les officiants. Cette cour est magnifique et le costume militaire y reluit de tout son éclat. Je voyais avec admiration le monde apporter à Dieu l'hommage de toutes ses pompes, de toutes ses richesses. La musique sacrée était écoutée, par un auditoire profane, avec un silence, un recueillement qui rendraient beaux des chants moins sublimes. Dieu est là, et sa présence sanctifie même la cour ; le monde n'est plus que l'accessoire, la pensée dominante est le ciel.

L'archevêque officiant ne déparait pas la majesté de cette scène. S'il n'est pas beau, il est vieux ; sa petite figure est celle d'une belette souffrante, mais sa tête est blanchie par l'âge ; il a l'air fatigué, malade ; un prêtre vieux et faible ne peut être ignoble. A la fin de la cérémonie, l'Empereur est venu s'incliner devant lui et lui baiser la main avec respect. Jamais l'Autocrate ne manque une occasion de donner l'exemple de la soumission, quand cet exemple peut lui profiter. J'admirais ce pauvre archevêque qui paraissait mourant au milieu de sa gloire, cet Empereur à la taille majestueuse, au visage noble, qui s'abaissait devant le pouvoir religieux : et plus loin, les deux jeunes époux, la famille, la foule, enfin toute la cour qui remplissait et animait la chapelle : il y avait là le sujet d'un tableau.

Avant la cérémonie, je crus que l'archevêque allait tomber en défaillance; la cour l'avait fait attendre longtemps au mépris du mot de Louis XVIII : « l'exactitude est la politesse des rois. »

Malgré l'expression rusée de sa physionomie, ce vieillard m'inspirait de la pitié à défaut de respect : il était si débile, il soutenait la fatigue avec tant de patience que je le plaignais. Qu'importe que cette patience fût puisée dans la piété ou dans l'ambition ? elle était cruellement éprouvée.

Quant à la figure du jeune duc de Leuchtenberg j'avais beau faire effort pour m'habituer à elle, elle ne me plaisait pas plus à la fin de la cérémonie qu'au commencement. Ce jeune homme a une belle tournure militaire, voilà tout : il me prouve ce que je savais : c'est que de nos jours les princes sont moins rares que les gentilshommes. Le jeune duc m'eût paru mieux placé dans la garde de l'Empereur que dans sa famille. Nulle émotion ne s'est manifestée sur sa physionomie à aucun moment de ces cérémonies qui pourtant m'ont paru touchantes à moi spectateur indifférent. J'avais apporté là de la curiosité, j'y ai senti du recueillement, et le gendre de l'Empereur, le héros de la scène, avait l'air étranger à ce qui se passait autour de lui. Il n'a point de physionomie. Il paraissait embarrassé de sa personne plus qu'intéressé à ce qu'il faisait. On voit qu'il compte peu sur la bienveillance d'une cour où le calcul règne plus absolument que dans toute autre cour, et où sa fortune inattendue doit lui faire plus d'envieux que d'amis. Le respect ne s'improvise pas; je hais toute position qui n'est pas simple et ne puis me défendre d'une sévérité quelquefois injuste pour l'homme qui accepte, par quelque motif que ce soit, une telle position. Ce jeune prince a cependant une légère ressemblance avec son père dont le visage était intelligent et gracieux; malgré l'uniforme russe, où tous les hommes sont gênés, tant on y est serré, il m'a paru que sa démarche était légère comme celle d'un Français : il ne se doutait guère, en passant devant moi, qu'il y avait là un homme qui portait sur sa poitrine un souvenir précieux pour tous deux, mais surtout pour le fils d'Eugène Beauharnais. C'est le talisman arabe que M. de Beauharnais, le père du vice-roi d'Italie et le grand-père du duc de Leuchtenberg, a donné à ma mère en passant devant la chambre qu'elle habitait aux Carmes, au moment où il partait pour l'échafaud.

La cérémonie religieuse terminée dans la chapelle grecque devait être suivie d'une seconde bénédiction nuptiale par un prêtre catholique dans une des salles du palais consacrée, pour aujourd'hui seulement, à ce pieux usage. Après ces deux mariages les époux et leur famille devaient se mettre à table; moi n'ayant la permission d'assister ni au mariage catholique, ni au banquet, je suivis le gros de la cour et je sortis pour venir respirer un air moins étouffant en me félicitant du peu d'effet qu'avait produit ma botte emportée. Pourtant quelques personnes m'en ont parlé en riant, voilà tout. En bien comme en mal, rien de ce qui ne regarde que nous-mêmes n'est aussi important que nous le pensons.

Au lieu de me reposer je vous écris. Voilà comme je vis en voyage.

Au sortir du palais j'ai retrouvé ma voiture sans peine ; je vous le répète : il n'y a de grande affluence nulle part en Russie ; l'espace y est toujours trop vaste pour ce qu'on y fait. C'est l'avantage d'un pays où il n'y a pas de nation. La première fois qu'il y aura presse à Pétersbourg on s'y écrasera ; dans une société arrangée comme l'est celle-ci la foule ce serait la révolution.

Le vide qui règne ici partout fait paraître les monuments trop petits pour les lieux ; ils se perdent dans l'immensité. La colonne d'Alexandre passe pour être plus haute que celle de la place Vendôme à cause des dimensions de son piédestal ; le fût est d'un seul morceau de granit : et c'est le plus grand de tous ceux qui aient jamais été travaillés de main d'homme : eh bien ! cette immense colonne élevée entre le palais d'hiver et le demi-cercle de bâtiments qui termine une des extrémités de la place fait à l'œil l'effet d'un pieu ; et les maisons qui bordent cette place semblent si plates et si basses qu'elles ont l'air d'une palissade. Figurez-vous une enceinte où cent mille hommes manœuvreraient sans la remplir et sans qu'elle fût peuplée à l'œil : rien n'y peut paraître grand. Cette place ou plutôt ce champ de Mars russe est fermée par le palais d'hiver dont les façades viennent d'être rebâties sur les plans de l'ancien palais de l'Impératrice Elisabeth. Celui-ci du moins repose les yeux des roides et mesquines imitations de tant de monuments d'Athènes et de Rome : il est dans le goût de la régence, c'est du Louis XIV dégénéré, mais très-grand. Le côté de la place opposé au palais d'hiver est terminé en demi-cercle et clos par des bâtiments où l'on a établi plusieurs ministères : ces édifices sont pour la plupart construits dans le style grec antique. Singulier goût !... des temples élevés à des commis ! Le long de la même place se trouvent les bâtiments de l'Amirauté ; ceux-ci sont pittoresques, leurs petites colonnes, leurs aiguilles dorées, leurs chapelles font un bon effet. Une allée d'arbres orne la place en cet endroit et la rend moins monotone. Vers l'une des extrémités de ce champ immense, du côté opposé à la colonne d'Alexandre, s'élève l'église de Saint-Isaac avec son péristyle colossal, et sa coupole d'airain encore à moitié cachée sous les échafaudages de l'architecte ; plus loin on voit le palais du Sénat et d'autres édifices toujours en forme de temples païens quoiqu'ils servent d'habitation au ministre de la guerre ; puis dans un angle avancé que forme cette longue place, à son extrémité vers la Néva, on voit ou du moins on cherche à voir la statue de Pierre-le-Grand, supportée par son rocher de granit qui disparaît dans l'immensité comme un caillou sur la grève. La statue du héros a été rendue trop fameuse par l'orgueil charlatan de la femme qui la fit ériger; cette statue est bien au-dessous de sa réputation. Avec les édifices que je viens de vous nommer, il y aurait de quoi bâtir une ville entière, et pourtant ils ne meublent pas la grande place de Pétersbourg : c'est une plaine non de blé, mais de colonnes. Les Russes ont beau imiter avec plus ou moins de bonheur tout ce que l'art a produit de plus beau dans tous les temps et dans tous les pays, ils oublient que la nature est la plus forte. Ils ne la consultent jamais assez et elle se venge en les écrasant. Les chefs-d'œuvre n'ont été produits que par des hommes qui écoutaient et sentaient la nature. La nature est la pensée de Dieu, l'art est le rapport de la pensée humaine avec la puissance qui a créé le monde et qui le perpétue. L'artiste répète à la terre ce qu'il entend dans le ciel : il n'est que le traducteur de Dieu; ceux qui font d'eux-mêmes produisent des monstres.

Chez les anciens, les architectes entassaient les

monuments dans des lieux escarpés et resserrés où le pittoresque du site ajoutait à l'effet des œuvres de l'homme. Les Russes qui croient reproduire l'antiquité, et qui ne font que l'imiter maladroitement, dispersent au contraire leurs bâtisses soi-disant grecques et romaines dans des champs sans limites, où l'œil les aperçoit à peine. L'architecture propre à un tel pays, ce n'était pas la colonnade du Parthénon, la coupole du Panthéon, c'était la tour de Pékin. C'est à l'homme de bâtir des montagnes dans une contrée à laquelle la nature a refusé tout mouvement de terrain : avec leur passion pour le style païen, les Russes construisent à rez de terre des frontons et des colonnades sans penser que sur un sol plat et nu, on a peine à distinguer des édifices si peu élevés. Aussi est-ce toujours des steppes de l'Asie qu'on se souvient dans ces cités où l'on a prétendu reproduire le forum romain[1]. Ils auront beau faire; la Moscovie tiendra toujours de l'Asie plus que de l'Europe. Le génie de l'Orient plane sur la Russie, qui abdique quand elle marche à la suite de l'Occident.

[1] Ce reproche ne s'adresse qu'aux monuments construits depuis Pierre Ier; les Russes du moyen âge, quand ils bâtissaient le Kremlin, avaient bien su trouver l'architecture qui convenait à leur pays et à leur génie.

Le demi-cercle d'édifices qui correspond au palais Impérial produit, du côté de la place, l'effet d'un amphithéâtre antique manqué ; il faut le regarder de loin ; on n'y voit de près qu'une décoration recrépie tous les ans pour réparer les ravages de l'hiver. Les anciens bâtissaient avec des matériaux indestructibles sous un ciel conservateur ; ici, avec un climat qui détruit tout, on élève des palais de bois, des maisons de planches et des temples de plâtre ; aussi les ouvriers russes passent-ils leur vie à rebâtir pendant l'été ce que l'hiver a démoli ; rien ne résiste à l'influence de ce climat ; les édifices, même ceux qui paraissent le plus anciens, sont refaits d'hier ; la pierre dure ici autant que le mortier et la chaux durent ailleurs. Le fût de la colonne d'Alexandre, ce prodigieux morceau de granit, est déjà lézardé par le froid ; à Pétersbourg il faut employer le bronze pour soutenir le granit, et, malgré tant d'avertissements, on ne se lasse pas d'imiter dans cette ville les monuments des pays méridionaux. On peuple les solitudes du pôle de statues, de bas-reliefs soi-disant historiques, sans penser que dans ce pays les monuments vont encore moins loin que le souvenir. Les Russes font toutes sortes de choses ; mais on dirait qu'avant même de les avoir terminées, ils se disent : quand quitterons-nous tout cela? Pétersbourg est comme l'échafaudage d'un édifice; l'échafaudage tombera quand le monument sera parfait. Ce chef-d'œuvre, non d'architecture, mais de politique, c'est la nouvelle Byzance, qui dans la secrète et profonde pensée des Russes, est la future capitale de la Russie et du monde.

En face du palais, une immense arcade perce le demi-cercle de bâtiments imités de l'antique; elle sert d'issue à la place; et conduit à la rue *Morskoë*; au-dessus de cette voûte énorme s'élève pompeusement un char à six chevaux de front, en bronze, conduits par je ne sais quelle figure allégorique ou historique. Je ne crois pas qu'on puisse voir ailleurs rien d'aussi mauvais goût que cette colossale porte cochère ouverte sous une maison, et toute flanquée d'habitations dont le voisinage bourgeois ne l'empêche pas d'être traitée d'arc de triomphe, grâce aux prétentions monumentales des architectes russes. J'irai bien à regret regarder de près ces chevaux dorés, et la statue et le char; mais fussent-ils d'un beau travail, ce dont je doute, ils sont si mal placés que je ne les admirerais pas. Dans les monuments, c'est d'abord l'harmonie de l'ensemble qui engage le curieux à examiner les détails; sans la beauté de la conception, qu'importe la finesse de l'exécution; d'ailleurs l'une et l'autre manquent également aux productions de l'art russe. Jusqu'à présent cet art n'est que de la patience; il consiste à imiter tant bien que mal, pour le transporter chez soi sans choix ni goût, ce qui a été inventé ailleurs. Quand on veut reproduire l'architecture antique, on ne devrait se permettre que la copie et encore dans des sites analogues. Tout cela est mesquin, quoique colossal; car en architecture ce n'est pas la dimension des murailles qui fait la grandeur, c'est la sévérité du style. Je ne puis assez m'étonner de la passion qu'on a ici pour les constructions aériennes. Sous un climat si rigoureux, qu'a-t-on à faire des portiques, des arcades, des colonnades, des péristyles d'Athènes et de Rome?

La sculpture en plein air me fait ici l'effet des plantes exotiques qu'il faudrait rentrer tous les automnes; rien ne convient moins que ce faux luxe aux habitudes ni au génie de ce peuple, ni à son sol, ni à son climat. Dans un pays où il y a quelquefois 80 degrés de différence entre la température de l'hiver et celle de l'été, on devrait renoncer à l'architecture des beaux climats. Mais les Russes ont pris l'habitude de traiter la nature même en esclave, et de compter le temps pour rien. Imitateurs obstinés, ils prennent leur vanité pour du génie et se croient appelés à reproduire chez eux, tout à la fois et sur une plus grande échelle, les monuments du monde entier. Cette ville avec ses quais de granit est une merveille, mais le palais de glace où l'Impératrice Catherine a donné une fête était une merveille aussi; il a duré ce que durent les flocons de neige, ces roses de Sibérie.

Ce que j'ai vu jusqu'à présent dans les créations des souverains de la Russie, ce n'est pas l'amour de l'art, c'est l'amour-propre de l'homme.

Entre autres fanfaronnades, j'entends dire à beaucoup de Russes que leur climat s'adoucit. Dieu serait-il complice de l'ambition de ce peuple avide? Voudrait-il lui livrer jusqu'au ciel, jusqu'à l'air du Midi? Verrons-nous Athènes en Laponie, Rome à Moscou, et les richesses de la Tamise dans le golfe de Finlande? L'histoire des peuples se réduit-elle à une question de latitude et de longitude? Le monde assistera-t-il toujours aux mêmes scènes jouées sur d'autres théâtres?

Tandis que ma voiture, au sortir du palais, traversait rapidement le carré long formé par l'immense place que je viens de vous décrire, un vent violent soulevait des flots de poussière; je n'apercevais plus qu'à travers un voile mouvant les équipages qui sillonnaient rapidement dans tous les sens le rude pavé de la ville. La poussière de l'été est un des fléaux de Pétersbourg; c'est au point qu'elle me fait désirer la neige de l'hiver. Je n'ai eu que le temps de rentrer chez moi avant que l'orage éclatât; il vient d'épouvanter par des pronostics plus ou moins significatifs tous les superstitieux de la ville; les ténèbres en plein jour, une température étouffante, les coups de foudre qui redoublent et n'amènent point d'eau, un vent à emporter les maisons, une tempête sèche : tel est le spectacle que le ciel nous a donné pendant le banquet nuptial. Les Russes se rassurent en disant que l'orage a duré peu et que l'air est déjà plus pur qu'il n'était avant cette crise. Je raconte ce que je vois sans y prendre part; je n'apporte ici d'autre intérêt que celui d'un curieux attentif, mais étranger par le cœur à ce qui se passe sous ses yeux. Il y a entre la France et la Russie une muraille de la Chine : la langue et le caractère slave. En dépit des prétentions inspirées aux Russes par Pierre-le-Grand, la Sibérie commence à la Vistule.

LETTRE ONZIÈME.

Hier au soir, à sept heures, je suis retourné au palais avec plusieurs autres étrangers. Nous devions être présentés à l'Empereur et à l'Impératrice.

On voit que l'Empereur ne peut oublier un seul instant ce qu'il est, ni la constante attention qu'il excite; il *pose* incessamment, d'où il résulte qu'il n'est jamais naturel, même lorsqu'il est sincère; son visage a trois expressions dont pas une n'est la bonté toute simple. La plus habituelle me paraît toujours la sévérité. Une autre expression, quoique plus rare, vient peut-être mieux encore à cette belle figure, c'est la solennité; une troisième, c'est la politesse, et dans celle-ci se glissent quelques nuances de grâce qui tempèrent le froid étonnement causé d'abord par les deux autres. Mais, malgré cette grâce, quelque chose nuit à l'influence morale de l'homme, c'est que chacune de ces physionomies qui se succèdent arbitrairement sur la figure est prise ou quittée complétement, et sans qu'aucune trace de celle qui disparaît reste pour modifier l'expression nouvelle. C'est un changement de décoration à vue et que nulle transition ne prépare; on dirait d'un masque qu'on met et qu'on dépose à volonté. N'allez pas vous méprendre au sens que je donne ici à ce mot de masque; je l'emploie selon l'étymologie. En grec, *hypocrite* voulait dire acteur ; l'hypocrite était un homme qui se masquait pour jouer la comédie. Je veux donc dire que l'Empereur est toujours dans son rôle, et qu'il le remplit en grand acteur.

Hypocrite ou comédien sont des mots malsonnants, surtout dans la bouche d'un homme qui prétend être impartial et respectueux. Mais il me semble que pour des lecteurs intelligents, les seuls auxquels je m'adresse, les paroles ne sont rien en elles-mêmes, et que l'importance des mots dépend du sens qu'on veut leur donner. Ce n'est pas à dire que la physionomie de ce prince manque de franchise, elle ne manque que de naturel : ainsi le plus grand des maux que souffre la Russie, l'absence de liberté, se peint jusque sur la face de son souverain : il a beaucoup de masques, il n'a pas un visage. Cherchez-vous l'homme ? vous trouvez toujours l'Empereur.

Je crois qu'on peut tourner cette remarque à sa louange : il fait son métier en conscience. Avec une taille qui dépasse celle des hommes ordinaires comme son trône domine les autres siéges, il s'accuserait de faiblesse s'il était un instant *tout bonnement*, et s'il laissait voir qu'il vit, pense et sent

LETTRE ONZIÈME.

comme un simple mortel. Sans paraître partager aucune de nos affections, il est toujours chef, juge, général, amiral, prince enfin; rien de plus, rien de moins [1]. Il se trouvera bien las vers la fin de sa vie; mais il sera placé haut dans l'esprit de son peuple et peut-être du monde, car la foule aime les efforts qui l'étonnent, elle s'enorgueillit en voyant la peine qu'on prend pour l'éblouir.

Les personnes qui ont connu l'Empereur Alexandre font de ce prince un éloge tout contraire : les qualités et les défauts des deux frères étaient opposés ; ils n'avaient nulle ressemblance et ils n'éprouvaient nulle sympathie l'un pour l'autre. En ce pays la mémoire de l'Empereur défunt n'est guère honorée; mais cette fois l'inclination s'accorde avec la politique pour faire oublier le règne précédent. Pierre-le-Grand est plus près de Nicolas qu'Alexandre, et il est plus à la mode aujourd'hui. Si les ancêtres des Empereurs sont flattés, leurs prédécesseurs immédiats sont toujours calomniés.

---

[1] L'autre jour un Russe revenait de Pétersbourg à Paris; une femme de son pays lui dit : « Comment avez-vous trouvé le maître? — Très-bien. — Et l'homme? — L'homme, je ne l'ai pas vu. » Je ne cesse de le répéter : les Russes sont de mon avis, mais c'est ce qu'ils ne diront pas.

L'Empereur actuel n'oublie la majesté suprême que dans ses rapports de famille. C'est là qu'il se souvient que l'homme primitif a des plaisirs indépendants de ses devoirs d'état; du moins j'espère pour lui que c'est ce sentiment désintéressé qui l'attache à son intérieur; ses vertus domestiques l'aident sans doute à gouverner en lui assurant l'estime du monde, mais il les pratiquerait, je le crois, sans calcul.

Chez les Russes le pouvoir souverain est respecté comme une religion dont l'autorité reste indépendante du mérite personnel de ses prêtres; les vertus du prince étant superflues, elles sont donc sincères.

Si je vivais à Pétersbourg je deviendrais courtisan, non par amour du pouvoir, non par avidité, ni par puérile vanité, mais dans le désir de découvrir quelque chemin pour arriver au cœur de cet homme unique et différant de tous les autres hommes : l'insensibilité n'est pas chez lui un vice de nature, c'est le résultat inévitable d'une position qu'il n'a pas choisie et qu'il ne peut quitter.

Abdiquer un pouvoir disputé, c'est quelquefois une vengeance; abdiquer un pouvoir absolu, ce serait une lâcheté.

Quoi qu'il en soit, la singulière destinée d'un Empereur de Russie m'inspire un vif intérêt de curiosité d'abord, de charité ensuite; comment ne pas compatir aux peines de ce glorieux exil?

J'ignore si l Empereur Nicolas avait reçu de Dieu un cœur susceptible d'amitié; mais je sens que l'espoir de témoigner un attachement désintéressé à un homme auquel la société refuse des semblables pourrait tenir lieu d'ambition. Le souverain absolu est de tous les hommes celui qui moralement souffre le plus de l'inégalité des conditions, et ses peines sont d'autant plus grandes que, enviées du vulgaire, elles doivent paraître irrémédiables à celui qui les subit.

Le danger même donnerait à mon zèle l'attrait de l'enthousiasme. Quoi! dira-t-on, de l'attachement pour un homme qui n'a plus rien d'humain, dont la physionomie sévère inspire un respect toujours mêlé de crainte, dont le regard ferme et fixe, en excluant la familiarité, commande l'obéissance, et dont la bouche quand elle sourit ne s'accorde jamais avec l'expression des yeux; pour un homme enfin qui n'oublie pas un instant son rôle de prince absolu! Pourquoi non? Ce désaccord, cette dureté apparente n'est pas un tort, c'est un malheur. Je vois là une habitude forcée, je n'y vois pas un caractère ; et moi qui crois deviner cet homme que vous calomniez par votre crainte et par vos précautions comme par vos flatteries, moi qui pressens ce qu'il lui en coûte pour faire son devoir de souverain, je ne veux pas abandonner ce malheureux dieu de la terre à l'implacable envie, à l'hypocrite soumission de ses esclaves. Retrouver son prochain même dans un prince, l'aimer comme un frère, c'est une vocation religieuse, une œuvre de miséricorde, une mission sainte et que Dieu doit bénir.

Plus on voit ce que c'est que la cour, plus on compatit au sort de l'homme obligé de la diriger, surtout la cour de Russie. Elle me fait l'effet d'un théâtre où les acteurs passeraient leur vie en répétitions générales. Pas un ne sait son rôle et le jour de la représentation n'arrive jamais parce que le directeur n'est jamais satisfait du jeu de ses sujets. Acteurs et directeurs tous perdent ainsi leur vie à préparer, à corriger, à perfectionner sans cesse leur interminable comédie de société, qui a pour titre : « de la civilisation du Nord. » Si c'est fatigant à voir, jugez de ce que cela doit coûter à jouer !.... J'aime mieux l'Asie, il y a plus d'accord. A chaque pas que vous faites en Russie, vous êtes frappé des conséquences de la nouveauté dans les choses et dans les institutions et de l'inexpérience des hommes. Tout cela se cache avec grand soin ; mais un peu d'attention suffit au voyageur pour apercevoir tout ce qu'on ne veut pas lui montrer.

L'Empereur, par son sang même, est Allemand plus qu'il n'est Russe. Aussi la beauté de ses traits, la régularité de son profil, sa tournure militaire, sa tenue naturellement un peu raide, rappellent-elles l'Allemagne plus qu'elles ne caractérisent la Russie. Sa nature germanique a dû le gêner longtemps pour devenir ce qu'il est maintenant, un vrai Russe. Qui sait? il était peut-être né un bonhomme!... Vous figurez-vous alors ce qu'il a dû souffrir pour se réduire à paraître uniquement le chef des Slaves? N'est pas despote qui veut ; l'obligation de remporter une continuelle victoire sur soi-même pour régner sur les autres expliquerait l'exagération du nouveau patriotisme de l'Empereur Nicolas.

Loin de m'inspirer de l'éloignement, toutes ces choses m'attirent. Je ne puis m'empêcher de m'intéresser à un homme redouté du reste du monde, et qui n'en est que plus à plaindre.

Pour échapper autant que possible à la contrainte qu'il s'impose, il s'agite comme un lion en cage, comme un malade pendant la fièvre ; il sort à cheval, à pied, il passe une revue, fait une petite guerre, voyage sur l'eau, donne une fête, exerce sa marine ; tout cela le même jour ; le loisir est ce qu'on redoute le plus à cette cour ; d'où je conclus que nulle part on ne s'ennuie davantage. L'Empereur voyage sans cesse ; il parcourt au moins quinze cents lieues dans une saison, et il n'admet pas que tout le monde n'ait pas la force de faire ce qu'il fait. L'Impératrice l'aime ; elle craint de le quitter, elle le suit tant qu'elle peut, et elle meurt à la peine ; elle s'est habituée à une vie toute extérieure. Ce genre de dissipation, devenu nécessaire à son esprit, tue son corps.

Une absence si complète de repos doit nuire à l'éducation des enfants, qui exige du sérieux dans les habitudes des parents. Les jeunes princes ne vivent pas assez isolés pour que la frivolité d'une cour toujours en l'air, l'absence de toute conversation intéressante et suivie, l'impossibilité de la méditation, n'influent pas d'une manière fâcheuse sur leur caractère. Quand on pense à la distribution de leur temps, on doute même de l'esprit qu'ils montrent ; comme on craindrait pour l'éclat d'une fleur si sa racine n'était pas dans le terrain qui lui convient. Tout est apparence en Russie, ce qui fait qu'on se défie de tout.

J'ai été présenté ce soir, non par l'ambassadeur de France, mais par le grand-maître des cérémonies de la cour. Tel était l'ordre qu'avait donné l'Empereur et dont j'ai été instruit par M. l'ambassadeur de France. Je ne sais si les choses se sont passées selon l'usage ordinaire, mais c'est ainsi que j'ai été nommé à LL. MM.

Tous les étrangers admis à l'honneur d'approcher de leurs personnes étaient réunis dans un des salons qu'elles devaient traverser pour aller ouvrir le bal. Ce salon se trouve avant la grande galerie nouvellement rebâtie et dorée, et que la cour n'avait pas vue depuis le jour de l'incendie. Arrivés à l'heure indiquée, nous attendîmes assez longtemps l'apparition du maître. Nous étions peu nombreux.

Il y avait près de moi quelques Français, un Polonais, un Genévois et plusieurs Allemands. Le côté opposé du salon était occupé par un rang de dames russes réunies là pour faire leur cour.

L'Empereur nous accueillit tous avec une politesse recherchée et délicate. On reconnaissait du premier coup d'œil un homme obligé et habitué à ménager l'amour-propre des autres. Chacun se sentit classé d'un mot, d'un regard, dans la pensée royale, et dès lors dans l'esprit de tous.

Pour me faire connaître qu'il me verrait sans déplaisir parcourir son empire, l'Empereur me fit la grâce de me dire qu'il fallait aller au moins jusqu'à Moscou et à Nijni, afin d'avoir une juste idée du pays. « Pétersbourg est russe, ajouta-t-il, mais ce n'est pas la Russie. »

Ce peu de mots fut prononcé d'un son de voix qu'on ne peut oublier tant il a d'autorité, tant il est grave et ferme. Tout le monde m'avait parlé de l'air imposant, de la noblesse des traits et de la taille de l'Empereur; personne ne m'avait averti de la puissance de sa voix; cette voix est bien celle d'un homme né pour commander. Il n'y a là ni effort ni étude; c'est un don développé par l'habitude de s'en servir.

L'Impératrice, quand on l'approche, a une expression de figure très-séduisante, et le son de sa voix est aussi doux, aussi pénétrant que la voix de l'Empereur est naturellement impérieuse.

Elle me demanda si je venais à Pétersbourg en simple voyageur. Je lui répondis que oui. « Je sais que vous êtes un curieux, reprit-elle.

LETTRE ONZIÈME.

— Oui, Madame, répliquai-je, c'est la curiosité qui m'amène en Russie, et cette fois du moins je ne me repentirai pas d'avoir cédé à la passion de parcourir le monde.

— Vous croyez? reprit-elle avec une grâce charmante.

— Il me semble qu'il y a des choses si étonnantes en ce pays que pour les croire il faut les avoir vues de ses yeux.

— Je désire que vous voyiez beaucoup et bien.

— Ce désir de Votre Majesté est un encouragement.

— Si vous pensez du bien, vous le direz, mais inutilement; on ne vous croira pas : nous sommes mal connus et l'on ne veut pas nous connaître mieux. »

Cette parole me frappa dans la bouche de l'Impératrice, à cause de la préoccupation qu'elle décelait. Il me parut aussi qu'elle marquait une sorte de bienveillance pour moi exprimée avec une politesse et une simplicité rares.

L'Impératrice inspire dès le premier abord autant de confiance que de respect; à travers la réserve obligée du langage et des habitudes de la cour, on voit qu'elle a du cœur. Ce malheur lui donne un charme indéfinissable ; elle est plus qu'Impératrice, elle est femme.

Elle m'a paru extrêmement fatiguée ; sa maigreur est effrayante. Il n'y a personne qui ne dise que l'agitation de la vie qu'elle mène la consumera, et que l'ennui d'une vie plus calme la tuerait.

La fête qui suivit notre présentation est une des plus magnifiques que j'aie vues de ma vie. C'était de la féerie, et l'admiration et l'étonnement qu'inspirait à toute la cour chaque salon de ce palais renouvelé en un an, mêlait un intérêt dramatique aux pompes un peu froides des solennités ordinaires. Chaque salle, chaque peinture était un sujet de surprise pour les Russes eux-mêmes, qui avaient assisté à la catastrophe et n'avaient point revu ce merveilleux séjour depuis qu'à la parole du dieu le temple est ressorti de ses cendres. Quel effort de volonté ! pensais-je à chaque galerie, à chaque marbre, à chaque peinture que je voyais. Le style de ces ornements, bien qu'ils fussent refaits d'hier, rappelait le siècle où le palais fut fondé ; ce que je voyais me semblait déjà ancien ; on copie tout en Russie, même le temps. Ces merveilles inspiraient à la foule une admiration contagieuse ; en voyant le triomphe de la volonté d'un homme, et en écoutant les exclamations des autres hommes, je commençais moi-même à m'indigner moins du prix qu'avait coûté le miracle. Si je ressens cette influence au bout de deux jours de séjour, combien ne devons-nous pas d'indulgence à des hommes qui sont nés et qui passent leur vie dans l'air de cette cour!... c'est-à-dire en Russie; car c'est toujours l'air de la cour qu'on y respire d'un bout de l'empire à l'autre. Je ne parle pas des serfs; et ceux-ci mêmes ressentent, par leurs rapports avec le seigneur, quelque influence de la pensée souveraine qui seule anime l'empire; le courtisan, qui est leur maître, est pour eux l'image du maître suprême; l'Empereur et la cour apparaissent aux Russes partout où il y a un homme qui obéit à un homme qui commande.

Ailleurs le pauvre est un mendiant ou un ennemi; en Russie il est toujours un courtisan, il s'y trouve des courtisans à tous les étages de la société; voilà pourquoi je dis que la cour est partout; et qu'il y a entre les sentiments des seigneurs russes et des gentilshommes de la vieille Europe, la différence qu'il y a entre la courtisanerie et l'aristocratie : entre la vanité et l'orgueil, l'un tue l'autre : au reste, le véritable orgueil est rare partout presque autant que la vertu. Au lieu d'injurier les courtisans comme Beaumarchais et tant d'autres l'ont fait, il faut plaindre ces hommes qui, quoi qu'on en dise, ressemblent à tous les hommes. Pauvres courtisans !..... ils ne sont pas les monstres des romans ou des comédies modernes ni des journaux révolutionnaires ; ils sont tout simplement des êtres faibles, corrompus et corrupteurs, autant mais pas plus que d'autres qui sont moins exposés à la tentation. L'ennui est la plaie des riches ; toutefois l'ennui n'est pas un crime : la vanité, l'intérêt sont plus vivement excités dans les cours que partout ailleurs, et ces passions y abrègent la vie. Mais si les cœurs qu'elles agitent sont plus tourmentés, ils ne sont pas plus pervers que ceux des autres hommes, car ils n'ont point cherché, ils n'ont pas choisi leur condition. La sagesse humaine aurait fait un grand pas si l'on parvenait à faire comprendre à la foule combien elle doit de pitié aux possesseurs des faux biens qu'elle envie.

J'en ai vu qui dansaient à la place même où ils avaient pensé périr sous les décombres et où d'autres hommes étaient morts ; morts pour amuser la cour au jour fixé par l'Empereur.

Tout cela me paraissait plus extraordinaire encore

que beau; d'irrésistibles réflexions philosophiques attristent pour moi toutes les fêtes, toutes les solennités russes : ailleurs la liberté fait naître une gaieté favorable aux illusions, ici le despotisme inspire inévitablement la méditation, qui chasse le prestige, car lorsqu'on se laisse aller à penser on ne se laisse guère éblouir.

L'espèce de danse la plus en usage dans ce pays aux grandes fêtes ne dérange pas le cours des idées : on se promène d'un pas solennel et réglé par la musique; chaque homme mène par la main une femme; des centaines de couples se suivent ainsi processionnellement à travers des salles immenses, en parcourant tout un palais, car le cortége passe de chambre en chambre et serpente au milieu des galeries et des salons au gré du caprice de l'homme qui le conduit : c'est là ce qu'on appelle *danser la polonaise*. C'est amusant à voir une fois : mais je crois que, pour les gens destinés à danser cela toute leur vie, le bal doit devenir un supplice.

La polonaise de Pétersbourg m'a reporté au congrès de Vienne, où je l'avais dansée en 1814 à la grande redoute. Nulle étiquette n'était observée alors dans ces fêtes européennes; chacun marchait au hasard au milieu de tous les souverains de la Terre.

Mon sort m'avait placé entre l'Empereur de Russie (Alexandre) et sa femme, qui était une princesse de Bade. Je suivais la marche du cortége, assez gêné de me sentir malgré moi auprès de personnages si augustes. Tout à coup la file des couples dansants s'arrête, sans qu'on sache pourquoi; la musique continuait. L'Empereur, impatienté, passe la tête par-dessus mon épaule, et s'adressant à l'Impératrice, lui dit du ton le plus brusque : « Avancez donc ! » L'Impératrice se retourne, et apercevant derrière moi l'Empereur qui dansait avec une femme pour laquelle il affichait depuis quelques jours une grande passion, elle répondit avec une expression indéfinissable : « Toujours poli ! » L'autocrate se mordit les lèvres en me regardant. Le cortége recommença de marcher et la danse continua.

J'ai été ébloui de l'éclat de la grande galerie, elle est aujourd'hui entièrement dorée; elle n'était que peinte en blanc avant l'incendie. Ce désastre a servi le goût qu'a l'Empereur pour les magnificenses... royales... ce mot ne dit pas assez : *divines* approcherait davantage de l'idée que le pouvoir souverain se fait de lui-même en Russie.

Les ambassadeurs de l'Europe entière avaient été invités là pour admirer les merveilleux résultats de ce gouvernement, d'autant plus amèrement critiqué par le vulgaire, qu'il est plus envié, plus admiré des hommes politiques : esprits essentiellement pratiques et qui doivent être frappés d'abord de la simplicité des rouages du despotisme. Un palais, l'un des plus grands du monde, rebâti en un an : quel sujet d'admiration pour des hommes habitués à respirer l'air des cours !

Jamais les grandes choses ne s'obtiennent sans de grands sacrifices ; l'unité du commandement, la force, l'autorité, la puissance militaire s'achètent ici par l'absence de la liberté : tandis que la liberté politique et la richesse industrielle ont coûté à la France son antique esprit chevaleresque et la vieille délicatesse de sentiment qu'on appelait autrefois l'honneur national. Cet honneur est remplacé par d'autres vertus moins patriotiques mais plus universelles : par l'humanité, par la religion, par la charité. Tout le monde convient qu'en France aujourd'hui il y a plus de religion qu'au temps où le clergé était tout-puissant. Vouloir conserver des avantages qui s'excluent, c'est perdre ceux qui sont propres à chaque situation. Voilà ce qu'on ne veut pas reconnaître chez nous où l'on s'expose à tout détruire en voulant tout garder. Chaque gouvernement a des nécessités qu'il doit accepter et respecter sous peine d'anéantissement.

Nous voulons être commerçants comme les Anglais, libres comme les Américains, inconséquents comme les Polonais du temps de leurs diètes, conquérants comme les Russes : ce qui équivaut à n'être rien. Le bon sens d'une nation consiste à pressentir d'abord, puis à choisir son but selon son génie, et à ne reculer devant aucun des sacrifices nécessaires pour atteindre ce but indiqué par la nature et par l'histoire.

La France manque de bon sens dans les idées, et de modération dans les désirs.

Elle est généreuse, elle est même résignée : mais elle ne sait pas employer et diriger ses forces. Elle va au hasard. Un pays où depuis Fénélon on n'a fait que parler politique n'est encore aujourd'hui ni gouverné ni administré. On ne rencontre que des hommes qui voient le mal et qui le déplorent : quant au remède, chacun le cherche dans ses passions, et par conséquent personne ne le trouve : car les passions ne persuadent que ceux qui les ont.

Pourtant c'est encore à Paris qu'on mène la plus douce vie : on s'y amuse de tout en frondant tout; à Pétersbourg on s'ennuie de tout en louant

LETTRE ONZIÈME.

tout : au surplus le plaisir n'est pas le but de l'existence ; il ne l'est pas même pour les individus, à plus forte raison pour les nations.

Ce qui m'a paru plus admirable encore que la salle de danse du palais d'hiver toute dorée qu'elle est, c'est la galerie où fut servi le souper. Elle n'est pas encore entièrement terminée, mais ce soir les lustres en papier blanc destinés à éclairer provisoirement la nef royale, avaient une forme fantastique qui ne me déplaisait pas. Cette illumination improvisée pour le jour du mariage ne répondait pas sans doute à l'ameublement de ce palais magique, mais elle produisait la clarté du soleil : c'était assez pour moi. Grâce aux progrès de l'industrie on ne sait plus en France ce que c'est qu'une bougie ; il me semble qu'il y a encore de véritables chandelles de cire en Russie. La table du souper était éclatante ; dans cette fête tout me semblait colossal, tout était innombrable, et je ne savais ce qu'il fallait admirer le plus de l'effet de l'ensemble ou de la grandeur et de la quantité des objets considérés séparément. Mille personnes étaient assises à la fois à cette table servie dans une seule salle.

Parmi ces mille personnes plus ou moins brillantes d'or et de diamants se trouvait le khan des Kirguises que j'avais vu le matin à la chapelle : il était accompagné de son fils et de leur suite ; j'ai remarqué aussi une vieille Reine de Géorgie détrônée depuis trente ans. Cette pauvre femme languit sans honneur à la cour de ses vainqueurs. Elle m'inspirerait une profonde pitié si elle ne ressemblait un peu trop à une figure échappée du cabinet de Curtius. Son visage est basané comme celui d'un homme habitué aux fatigues des camps et elle est ridiculement habillée. Nous nous laissons trop aisément aller à rire du malheur quand il nous apparaît sous une forme déplaisante. On voudrait que l'infortune embellît surtout une Reine de Géorgie ; il n'en est pas ainsi, au contraire ; et les cœurs deviennent bien vite injustes envers ce qui déplaît aux yeux : cette manière de se dispenser de la pitié n'est pas généreuse ; mais je l'avoue, je n'ai pu garder mon sérieux en voyant une tête royale coiffée d'une espèce de shako d'où pendait un voile fort singulier ; le reste de la personne répondait à la coiffure, et tandis que toutes les dames de la cour étaient en robes à queue, cette Reine d'Orient avait une jupe courte toute surchargée de broderies. Elle faisait rire et elle faisait peur, tant il y avait de mauvais goût dans son ajustement, d'ennui et en même temps de courtisanerie dans sa physionomie, de laideur dans ses traits, de disgrâce dans sa personne. Encore une fois on ne va pas si loin pour se croire obligé de plaindre des gens qui déplaisent.

L'habit national des dames russes à la cour est imposant et vieux de forme. Elles portent sur la tête une espèce de fortification d'une riche étoffe : cette coiffure ressemble à la forme d'un chapeau d'homme dont on aurait diminué la hauteur et retranché le fond qui reste ouvert par-dessus pour laisser voir à nu le derrière de la tête. Ce diadème, haut de plusieurs pouces, encadre agréablement le visage sans le couvrir : il est ordinairement brodé de pierres précieuses et placé au-dessus du front qu'il laisse à découvert. C'est un ornement ancien ; il donne à toute parure un air de noblesse et d'originalité qui sied à merveille aux belles personnes et qui enlaidit singulièrement les laides. Par malheur celles-ci sont en nombre à la cour de Russie, d'où l'on ne se retire guère qu'à la mort : tant les vieilles gens ont d'attache pour les charges qu'ils y remplissent ! En général, je vous le répète, la beauté des femmes est rare à Pétersbourg, mais dans le grand monde, la grâce et le charme suppléent le plus souvent à la régularité des traits, à la pureté des formes. Il y a pourtant quelques Géorgiennes qui réunissent les deux avantages. Ces astres brillent au milieu des femmes du Nord comme des étoiles dans la profonde obscurité des nuits méridionales. La forme de la robe de cour, avec ses longues manches et sa queue traînante, donne à toute la personne un aspect oriental qui rend l'ensemble d'un cercle fort imposant.

Un incident assez singulier m'a donné la mesure de la parfaite politesse de l'Empereur.

Pendant le bal un maître des cérémonies avait indiqué à ceux des étrangers qui paraissaient pour la première fois à cette cour la place qui leur était réservée à la table du souper. « Quand vous verrez le bal interrompu, nous avait-il dit à chacun, vous suivrez la foule jusque dans la galerie, là vous trouverez une grande table servie, et alors vous vous dirigerez vers la droite, où vous vous assiérez aux premières places que vous verrez libres. »

Il n'y avait qu'une seule et même table de mille couverts pour le corps diplomatique, les étrangers et toutes les personnes de la cour. Mais en entrant dans la salle, se trouvait à droite et en avant une petite table ronde à huit places.

Un Genevois, jeune homme instruit et spirituel, avait été présenté le soir même, en uniforme de garde national, habit qui d'ordinaire n'est pas agréable aux yeux de l'Empereur; néanmoins ce jeune Suisse paraissait parfaitement à son aise; soit suffisance naturelle, soit aisance républicaine, soit enfin simplicité de cœur, il semblait ne songer ni aux personnes qui l'entouraient ni à l'effet qu'il pouvait produire sur elles. J'enviais sa parfaite sécurité que j'étais loin de partager. Nos manières, quoique fort différentes, eurent le même succès; l'Empereur nous traita également bien l'un et l'autre.

Une personne expérimentée et spirituelle m'avait recommandé d'un ton moitié sérieux, moitié railleur, d'avoir le regard respectueux et l'air timide, si je voulais plaire au maître. Ce conseil était bien superflu, car pour entrer dans la hutte d'un charbonnier et faire connaissance avec lui, j'éprouverais une sorte d'embarras physique : tant la sauvagerie m'est naturelle!! Ce n'est pas pour rien qu'on a du sang allemand; j'eus donc tout naturellement la dose d'embarras et de réserve requise pour rassurer l'inquiète Majesté du Czar qui serait aussi grand qu'il veut le paraître, s'il était moins préoccupé de l'idée qu'on va lui manquer de respect. Nouvelle preuve de ma remarque qu'à cette cour on passe sa vie en répétitions générales! Cette inquiétude de l'Empereur n'est pourtant pas toujours dominante. Voici une preuve de la dignité naturelle de ce prince.

Je vous ai dit que le Genevois, loin de partager ma modestie surannée, n'était rien moins qu'inquiet. Il est jeune et il a l'esprit de son temps : c'est tout simple ; aussi admirais-je avec une sorte d'envie son air d'assurance chaque fois que l'Empereur lui parlait.

L'affabilité de Sa Majesté fut bientôt mise par le jeune Suisse à une épreuve plus décisive. Au moment de passer dans la salle du festin, le républicain se dirigeant vers la droite, selon l'instruction qu'il a reçue, fait d'abord attention à la petite table ronde et s'y assied intrépidement tout seul de sa personne, car cette table était vide. Un moment après, la foule des convives étant placée, l'Empereur, suivi de quelques officiers de son étroite intimité, vient s'asseoir à la même table ronde en face du bienheureux garde national de Genève. Je dois vous dire que l'Impératrice n'était pas à cette petite table. Le voyageur reste à sa place avec l'imperturbable sécurité que j'avais déjà tant admirée en lui et qui dans cette circonstance devenait une grâce d'état.

Une place manquait, car l'Empereur ne s'était pas attendu à ce neuvième convive. Mais avec une politesse dont l'élégance parfaite équivaut à la délicatesse d'un bon cœur, il ordonna tout bas à un homme de service d'apporter une chaise et un couvert de plus; ce qui fut exécuté sans bruit et sans trouble.

Placé à l'une des extrémités de la grande table, je me trouvais très-près de celle de l'Empereur, dont le mouvement ne put m'échapper ni par conséquent échapper à celui qui en était l'objet. Mais ce bienheureux jeune homme, loin de se troubler en s'apercevant qu'il s'était placé là contre l'intention du maître, soutint imperturbablement la conversation du souper avec ses deux plus proches voisins. Je me disais, il a peut-être du tact, il ne veut pas faire événement, et sans doute il n'attend que le moment où se lèvera l'Empereur pour aller à lui et pour lui adresser un mot d'explication. Point du tout!.... A peine le souper fini, mon homme, loin de s'excuser, semble trouver tout naturel l'honneur qu'il vient de recevoir. Le soir en rentrant chez lui, il aura mis tout bonnement sur son journal « souper avec l'Empereur. » Néanmoins Sa Majesté abrégea le plaisir; et se levant avant les personnes placées à la grande table, elle se mit à se promener derrière nous, tout en exigeant qu'on restât assis. Le grand-duc héritier accompagnait son père : j'ai vu ce jeune prince s'arrêter debout derrière la chaise d'un grand seigneur anglais, le marquis ***, et plaisanter avec le jeune lord ***, fils de ce même marquis. Les étrangers, restant assis comme tout le monde devant le prince et devant l'Empereur, leur répondaient le dos tourné et continuaient de manger.

Cet échantillon de la politesse anglaise vous prouve que l'Empereur de Russie a plus de simplicité dans les manières que n'en ont bien des particuliers maîtres de maison.

Je ne m'attendais guère à éprouver dans ce bal un plaisir tout à fait étranger aux personnes et aux objets qui m'entouraient; je veux parler de l'impression que m'ont toujours causée les grands phénomènes de la nature. La température du jour s'était élevée à 30 degrés, et, malgré la fraîcheur du soir, l'atmosphère du palais pendant la fête était étouffante. En sortant de table, je me réfugiai au plus vite dans l'embrasure d'une fenêtre ouverte. Là, complétement distrait de ce qui m'environnait, je fus tout à coup saisi d'admiration à la vue d'un de ces effets de lumière dont on ne jouit que dans le Nord et pendant la magique clarté des nuits du pôle. Plusieurs étages de nuages orageux très-noirs, très-lourds, partageaient le ciel par zones; il était minuit et demi; les nuits qui recommencent pour Pétersbourg sont encore si courtes qu'à peine a-t-on le temps de les remarquer; à cette heure, l'aube du jour apparaissait déjà dans la direction d'Archangel; le vent de terre était tombé, et, dans les intervalles qui séparaient les bandes de nuages immobiles, on voyait le fond du ciel semblable, tant le blanc en était vif et brillant, à des lames d'argent séparées par de massives guirlandes de broderie. Cette lumière se réfléchissait sur la Néva sans courant, car le golfe, encore agité par l'orage du jour, repoussait l'eau dans le lit du fleuve et donnait à la vaste nappe de cette rivière endormie l'apparence d'une mer de lait ou d'un lac de nacre.

La plus grande partie de Pétersbourg avec ses quais et les aiguilles de ses chapelles s'étendait devant mes yeux ; c'était une véritable composition de Breughel de Velours. Les teintes de ce tableau ne peuvent se rendre par des paroles ; l'église de Saint-Nicolas avec ses pavillons pour clochers, se détachait en bleu de lapis sur un ciel blanc ; les restes d'une illumination éteinte par l'aurore, brillaient encore sous le portique de la Bourse, monument grec qui termine avec une pompe théâtrale une des îles de la Néva, dans l'endroit où le fleuve se partage en deux bras principaux ; les colonnes éclairées du monument, dont le mauvais style disparaissait à cette heure et à cette distance, se répétaient dans l'eau du fleuve blanc où elles dessinaient un fronton et un péristyle d'or renversés ; tout le reste de la ville était d'un bleu cru comme le toit colorié de l'église de Saint-Nicolas, et comme le lointain des paysages des vieux peintres ; ce tableau fantastique, peint sur un fond d'outremer, encadré par une fenêtre dorée, contrastait d'une manière tout à fait surnaturelle avec la lumière des lustres et la pompe de l'intérieur du palais. On eût dit que la ville, le ciel, la mer, que la nature entière voulaient concourir aux splendeurs de cette cour et solenniser la fête donnée à sa fille par le souverain de ces immenses régions. L'aspect du ciel avait quelque chose de si étonnant qu'avec un peu d'imagination on aurait pu croire que des déserts de la Laponie à la Crimée, du Caucause et de la Vistule au Kamtschatka le roi du ciel répondait par quelque signe à l'appel du roi de la terre. Le ciel du Nord est riche en présages. Tout cela était extraordinaire et même beau.

J'étais absorbé dans une contemplation de plus en plus profonde, lorsque je fus réveillé par une voix de femme douce et pénétrante. « Que faites-vous donc là? me dit-elle. — Madame, j'admire; je ne sais faire que cela aujourd'hui. »

C'était l'Impératrice. Elle se trouvait seule avec moi dans l'embrasure de cette fenêtre qui ressemblait à un pavillon ouvert sur la Néva. « Moi, j'étouffe, reprit Sa Majesté, c'est moins poétique; mais vous avez bien raison d'admirer ce tableau, car il est magnifique. » Elle se mit à regarder avec moi :

« —Je suis sûre, ajouta-t-elle, que vous et moi nous sommes les seuls ici à remarquer cet effet de lumière.

—Tout ce que je vois est nouveau pour moi, madame, et je ne me consolerai jamais de n'être pas venu en Russie dans ma jeunesse.

—On est toujours jeune de cœur et d'imagination. » Je n'osais répondre, car l'Impératrice aussi bien que moi n'a plus que cette jeunesse-là, et c'est ce que je ne voulais pas lui faire sentir ; elle ne m'aurait pas laissé le temps et je n'aurais pas eu la hardiesse de lui dire combien elle a de dédommagements pour se consoler de la marche du temps. En s'éloignant elle me dit avec la grâce qui la distingue essentiellement : « Je me souviendrai d'avoir souffert et admiré avec vous. » Puis elle ajouta : « Je ne pars pas encore, nous nous reverrons ce soir. »

Je suis lié intimement avec une famille polonaise qui est celle de la femme qu'elle aime le mieux. La baronne ***, née comtesse ***, cette dame élevée en Prusse avec la fille du roi, a suivi la princesse en Russie et ne l'a jamais quittée ; elle s'est mariée à Pétersbourg où elle n'a d'autre état que celui d'amie de l'Impératrice. Une telle constance de sentiment les honore toutes deux. La baronne *** aura dit du bien de moi à l'Empereur et à l'Impératrice, et ma timidité naturelle, flatterie d'autant plus fine qu'elle est involontaire, a complété mon succès.

En sortant de la salle du souper pour passer dans

la galerie du bal, je m'approchai encore d'une fenêtre. Elle ouvrait sur la cour intérieure du palais ; j'eus là un spectacle d'un tout autre genre, mais aussi peu attendu, aussi surprenant que le lever de l'aurore dans le beau ciel de Pétersbourg. C'est la vue de la grande cour du palais d'hiver ; elle est carrée comme celle du Louvre. Pendant le bal, toute cette enceinte s'était remplie peu à peu de peuple ; les lueurs du crépuscule devenaient de plus en plus distinctes, et le jour paraissait ; en voyant cette foule muette d'admiration, ce peuple immobile, silencieux, et pour ainsi dire fasciné par les splendeurs du palais de son maître, humant avec un respect timide, avec une sorte de joie animale les émanations du royal festin, j'éprouvai une impression de plaisir. Enfin j'avais trouvé de la foule en Russie ; je ne voyais là-bas que des hommes ; pas un pouce de terrain ne paraissait, tant la presse était grande... Néanmoins dans les pays despotiques tous les divertissements du peuple me paraissent suspects quand ils concourent à ceux du prince ; la crainte et la flatterie des petits, l'orgueil et l'hypocrite générosité des grands, sont les seuls sentiments que je crois réels entre des hommes qui vivent sous le régime de l'autocratie russe.

Au milieu des fêtes de Pétersbourg, je ne puis oublier le voyage en Crimée de l'Impératrice Catherine et les façades de villages figurées de distance en distance en planches et en toiles peintes, à un quart de lieue de la route, pour faire croire à la souveraine triomphante que le désert s'était peuplé sous son règne. Des préoccupations semblables possèdent encore les esprits russes ; chacun masque le mal et figure le bien aux yeux du maître. C'est une permanente conjuration de sourires conspirant contre la vérité en faveur du contentement d'esprit de celui qui est censé vouloir et agir pour le bien de tous ; l'Empereur est le seul homme de l'Empire qui soit vivant ; car manger ce n'est pas vivre !...

Il faut convenir pourtant que ce peuple restait là presque volontairement ; rien ne me semblait le forcer à venir sous les fenêtres de l'Empereur pour sembler s'amuser ; il s'amusait donc, mais du seul plaisir de ses maîtres ; il s'amusait *moult tristement*, comme dit Froissart. Toutefois, les coiffures des femmes, les belles robes de drap et les éclatantes ceintures de laine ou de soie des hommes vêtus à la russe, c'est-à-dire à la persane, la diversité des couleurs, l'immobilité des personnes me faisaient l'illusion d'un immense tapis de Turquie jeté d'un bout de la cour à l'autre par ordre du magicien qui préside ici à tous les miracles. Un parterre de têtes, tel était le plus bel ornement du palais de l'Empereur pendant la première nuit des noces de sa fille; ce prince pensait là-dessus comme moi, car il fit remarquer complaisamment aux étrangers cette foule sans acclamations, qui témoignait par sa présence seule de la part qu'elle prenait au bonheur de ses maîtres. C'était l'ombre d'un peuple à genoux devant des dieux invisibles. Leurs Majestés sont les divinités de cet Élysée dont les habitants, pliés à la résignation, se forgent une félicité admirative toute composée de privations et de sacrifices.

Je m'aperçois que je parle ici comme les radicaux parlent à Paris; démocrate en Russie, je n'en suis pas moins, en France, un aristocrate obstiné; c'est qu'un paysan des environs de Paris, un petit bourgeois de chez nous, est plus libre que ne l'est un seigneur en Russie. Il faut voyager pour apprendre à quel point le cœur humain est sujet aux effets d'optique. Cette expérience confirme l'observation de madame de Staël, qui disait qu'en France « on est toujours ou le jacobin ou l'ultra de quelqu'un. »

Je suis rentré chez moi étourdi de la grandeur

et de la magnificence de l'Empereur, et plus étonné encore de l'admiration désintéressée du peuple pour des biens qu'il n'a pas, qu'il n'aura jamais et qu'il n'ose même pas regretter. Si je ne voyais tous les jours combien la liberté enfante d'ambitieux égoïstes, j'aurais peine à croire que le despotisme pût faire tant de philosophes désintéressés.

SOMMAIRE DE LA LETTRE DOUZIÈME.

Note. — Agitation de la vie à Pétersbourg. — Point de foule. — L'Empereur vraiment Russe. — L'Impératrice : son affabilité. — Importance qu'on attache en Russie à l'opinion des étrangers. — Comparaison de Paris et de Pétersbourg. — Définition de la politesse. — Fête au palais Michel. — La grande-duchesse Hélène. — Sa conversation. — Éclat des bals où les hommes sont en uniforme. — Illumination ingénieuse. — Verdure éclairée. — Musique lointaine. — Bosquet dans une galerie. — Jet d'eau dans la salle de bal. — Plantes exotiques. — Décoration toute en glaces. — Salle de danse. — Asile préparé pour l'Impératrice. — Résultat de la démocratie. — Ce qu'en penseront nos neveux. — Conversation intéressante avec l'Empereur. — Tour de son esprit. — La Russie expliquée. — Travaux qu'il entreprend au Kremlin. — Sa délicatesse. — Anecdote plaisante en note. — Politesse anglaise. — Le bal de l'Impératrice pour la famille d'***. — Portrait d'un Français. — M. de Barante. — Le grand chambellan. — Inadvertance d'un de ses subordonnés. — Dure réprimande de l'Empereur. — Difficulté qu'on trouve à voir les choses en Russie.

NOTE.

La lettre qu'on va lire a été portée de Pétersbourg à Paris par une personne sûre, et l'ami à qui elle était adressée me l'a conservée à cause de quelques détails qui lui ont paru curieux. Si le ton est plus louangeur que celui des lettres que je gardais, c'est parce qu'une trop grande sincérité aurait pu en certaine occurrence compromettre la personne obligeante qui m'avait offert de porter ma relation. Je me suis donc cru obligé dans cette lettre, mais seulement dans celle-ci, d'outrer le bien et d'atténuer le mal : ceci est un aveu, mais le moindre déguisement serait une faute dans un ouvrage dont le prix tient uniquement à l'exactitude scrupuleuse de l'écrivain. La fiction gâte le récit d'un voyage, par la même raison qu'un fait réel encadré et par conséquent plus ou moins dénaturé dans une œuvre d'imagination, la dépare.

Je désire donc que cette lettre soit lue avec un peu plus de précaution que les autres, et surtout qu'on n'en passe pas les notes qui lui servent de correctif.

LETTRE DOUZIÈME.

Pétersbourg, ce 19 juillet 1839.

Le croirez-vous ? il y a cinq jours que j'ai reçu votre lettre du 1ᵉʳ juillet, et, sans exagération, je n'ai pas eu le temps d'y répondre. Je n'aurais pu le prendre que sur mes nuits : mais avec les mortelles chaleurs de Laponie qui nous accablent, ne pas dormir serait dangereux.

Il faut être Russe et même Empereur pour résister à la fatigue de la vie de Pétersbourg en ce moment : le soir, des fêtes telles qu'on n'en voit qu'en Russie, le matin des félicitations de cour, des cérémonies, des réceptions ou bien des solennités publiques, des parades sur mer et sur terre : un vaisseau de 120 canons lancé dans la Néva devant toute la cour doublée de toute la ville : voilà ce qui absorbe mes forces et occupe ma curiosité. Avec des jours ainsi remplis, la correspondance devient impossible.

Quand je vous dis que la ville et la cour réunies ont vu lancer un vaisseau dans la Néva, le plus grand vaisseau qu'elle ait porté, ne vous figurez pas pour cela qu'il y eût foule à cette fête navale. L'espace est ce qui manque le moins aux Russes et ce qui leur nuit le plus; les quatre ou cinq cent mille hommes qui habitent Pétersbourg sans le peupler, se perdent dans la vague enceinte de cette ville immense dont le cœur est de granit et d'airain, le corps de plâtre et de mortier, et dont les extrémités sont de bois peint et de planches pourries. Ces planches sont plantées en guise de murailles, autour d'un marais désert[1]. Colosse aux pieds d'argile, cette ville d'une magnificence fabuleuse, ne ressemble à aucune des capitales du monde civilisé, quoique pour la bâtir on les ait copiées toutes : mais l'homme a beau aller chercher ses modèles au bout du monde, le sol et le climat sont ses maîtres, ils le forcent à faire du nouveau, même quand il ne voudrait que reproduire l'antique. J'ai vu le congrès de Vienne, mais je ne me souviens d'aucune réunion comparable pour la richesse des pierreries, des habits, pour la variété, le luxe des uniformes, ni pour la grandeur et l'ordonnance

[1] Les quais de la Néva sont de granit, la coupole de Saint-Isaac est de cuivre, le palais d'hiver, la colonne d'Alexandre sont de belle pierre, de marbre et de granit, la statue de Pierre Ier est d'airain.

LETTRE DOUZIÈME.

de l'ensemble, à la fête donnée par l'Empereur le soir du mariage de sa fille, dans ce même palais d'hiver brûlé il y a un an et qui renaît de ses cendres à la voix d'un seul homme.

Pierre-le-Grand n'est pas mort! Sa force morale vit toujours, agit toujours : Nicolas est le seul souverain russe qu'ait eu la Russie depuis le fondateur de sa capitale.

Vers la fin de la soirée donnée à la cour pour célébrer les noces de la grande-duchesse Marie, comme je me tenais à l'écart selon mon usage, l'Impératrice m'a fait chercher dans tout le bal pendant un quart d'heure par des officiers de service qui ne me trouvaient pas. J'étais absorbé par la beauté du ciel, et j'admirais la nuit, appuyé contre la fenêtre où l'Impératrice m'avait laissé. Depuis le souper je n'avais quitté cette place qu'un instant pour me trouver sur le passage de Leurs Majestés; mais n'ayant pas été aperçu j'étais retourné dans l'espèce de tribune d'où je contemplais à loisir le poétique spectacle d'un lever de soleil sur une grande ville pendant un bal de cour. Les officiers qui me cherchaient par ordre m'aperçurent enfin dans ma cachette, et se hâtèrent de me mener près de l'Impératrice qui m'attendait. Elle eut la bonté de me dire devant toute la cour : « M. de Custine, il y a bien longtemps que je vous demande, pourquoi me fuyez-vous?

— Madame, je me suis placé deux fois sur le passage de Votre Majesté, elle ne m'a pas vu.

— C'est votre faute, car je vous cherchais depuis que je suis rentrée dans la salle de bal. Je tiens à ce que vous voyiez ici toutes choses en détail, afin que vous emportiez de la Russie une opinion qui puisse rectifier celle des sots et des méchants.

— Madame, je suis loin de m'attribuer ce pouvoir; mais si mes impressions étaient communicatives, bientôt la France regarderait la Russie comme le pays des fées.

— Il ne faut pas vous en tenir aux apparences, vous devez juger le fond des choses car vous avez tout ce qu'il faut pour cela. Adieu, je ne voulais que vous dire bonsoir, la chaleur me fatigue; n'oubliez pas de vous faire montrer dans le plus grand détail mes nouveaux appartements, ils ont été refaits sur les idées de l'Empereur. Je donnerai des ordres pour qu'on vous fasse tout voir. »

En sortant elle me laissa l'objet de la curiosité

générale et de la bienveillance apparente des assistants.

Cette vie de la cour est si nouvelle pour moi qu'elle m'amuse : c'est un voyage dans l'ancien temps; je me crois à Versailles et reculé d'un siècle. La politesse et la magnificence, c'est ici le naturel; vous voyez combien Pétersbourg est loin de notre Paris actuel. Il y a du luxe à Paris, de la richesse, de l'élégance même; mais il n'y a plus ni grandeur ni urbanité : depuis la première révolution nous habitons un pays conquis où les spoliateurs et les spoliés se sont abrités ensemble, comme ils ont pu. Pour être poli, il faut avoir quelque chose à donner : la politesse est l'art de faire aux autres les honneurs des avantages qu'on possède, de son esprit, de ses richesses, de son rang, de son crédit et de tout autre moyen de plaisir : être poli, c'est savoir offrir et accepter avec grâce : mais quand personne n'a rien d'assuré, personne ne peut rien donner. En France, aujourd'hui rien ne s'échange de gré à gré, tout s'arrache à l'intérêt, à l'ambition ou à la peur. La conversation même tombe à plat, dès qu'un secret calcul ne l'anime pas. L'esprit n'a de valeur que d'après le parti qu'on en peut tirer.

La sécurité dans les conditions est la première base de l'urbanité dans les rapports de la société et la source des saillies de l'esprit dans la conversation.

A peine reposés du bal de la cour, nous avons eu hier une autre fête au palais Michel chez la grande-duchesse Hélène, belle-sœur de l'Empereur, femme du grand-duc Michel et fille du prince Paul de Wurtemberg qui habite Paris. Elle passe pour l'une des personnes les plus distinguées de l'Europe, sa conversation est extrêmement intéressante. J'ai eu l'honneur de lui être présenté avant le bal; dans ce premier moment elle ne m'a dit qu'un mot; mais pendant la soirée, elle m'a donné plusieurs fois l'occasion de causer avec elle. Voici ce que j'ai retenu de ses gracieuses paroles :

« On m'a dit que vous aviez à Paris et à la campagne une société fort agréable.

— Oui, Madame, j'aime les personnes d'esprit, et leur conversation est mon plus grand plaisir; mais j'étais loin de penser que Votre Altesse Impériale pût savoir ce détail.

— Nous connaissons Paris et nous savons qu'il s'y trouve peu de gens qui comprennent bien le

LETTRE DOUZIÈME.

temps actuel, tout en conservant le souvenir du temps passé. C'est sans doute de ces esprits-là qu'on rencontre chez vous. Nous aimons par leurs ouvrages plusieurs des personnes que vous voyez habituellement, surtout madame Gay et sa fille, madame de Girardin.

—Ces dames sont bien spirituelles et bien distinguées; j'ai le bonheur d'être leur ami.

—Vous avez là pour amis des esprits fort supérieurs. »

Rien n'est si rare que de se croire obligé d'être modeste pour les autres, c'est pourtant une nuance de sentiment que j'éprouvai en ce moment. Vous me direz que de toutes les modesties c'est celle qui coûte le moins à manifester. Égayez-vous là-dessus tant qu'il vous plaira, il n'en est pas moins vrai qu'il me semblait que j'aurais manqué de délicatesse en livrant trop crûment mes amis à une admiration dont mon amour-propre eût profité. A Paris, j'aurais dit tout net ce que je pensais, à Pétersbourg, je craignais d'avoir l'air de me faire valoir moi-même sous prétexte de rendre justice aux autres. La grande-duchesse insista : elle reprit :

« Nous lisons avec grand plaisir les livres de madame Gay, que vous en semble?

— Il me semble, Madame, qu'on y retrouve la société d'autrefois peinte par une personne qui la comprend.

— Pourquoi madame de Girardin n'écrit-elle plus ?

— Madame de Girardin est poëte, Madame, et pour un poëte, se taire c'est travailler.

— J'espère que telle est la cause de son silence, car avec cet esprit d'observation et ce beau talent poétique il serait dommage qu'elle ne fît plus que des ouvrages éphémères [1]. »

Dans cet entretien, je devais m'imposer la loi de ne faire qu'écouter et répondre ; mais je m'attendais à ce que d'autres noms prononcés par la grande-duchesse vinssent encore flatter mon orgueil patriotique et mettre ma réserve d'ami à de nouvelles épreuves.

Mon attente fut trompée ; la grande-duchesse qui passe sa vie dans le pays du tact par excellence, sait mieux que moi sans doute ce qu'il faut dire et ce qu'il faut taire ; craignant également la signification de mes paroles et celle de mon silence, elle ne prononça pas un mot de plus sur notre littérature contemporaine.

[1] Cette conversation est reproduite mot à mot.

Il est certains noms dont le son seul troublerait l'égalité d'âme et l'uniformité de pensée imposée despotiquement à tout ce qui veut vivre à la cour de Russie.

Voilà ce que je vous prie d'aller lire à mesdames Gay et de Girardin : je n'ai pas la force de recommencer ce récit dans une autre lettre, ni matériellement le temps d'écrire à personne. Mais, une fois pour toutes, je veux vous décrire les fêtes magiques auxquelles j'assiste ici chaque soir.

Chez nous les bals sont déparés par le triste habit des hommes, tandis que les uniformes variés et brillants des officiers russes donnent un éclat particulier aux salons de Pétersbourg. En Russie, la magnificence de la parure des femmes se trouve en accord avec l'or des habits militaires : et les danseurs n'ont pas l'air d'être les garçons apothicaires ou les clercs de procureur de leurs danseuses.

La façade extérieure du palais Michel, du côté du jardin, est ornée dans toute sa longueur d'un portique à l'italienne. Hier, on avait profité d'une chaleur de 26 degrés pour illuminer les entre-colonnements de cette galerie extérieure par des groupes de lampions d'un effet original. Ces lampions étaient de papier et ils avaient la forme de tulipes, de lyres, de vases... C'était élégant et nouveau.

A chaque fête que donne la grande-duchesse Hélène, elle imagine, m'a-t-on dit, quelque chose d'inconnu ailleurs; une telle réputation doit lui peser, car elle est difficile à soutenir. Aussi cette princesse, si belle, si spirituelle et qui est célèbre en Europe pour la grâce de ses manières et l'intérêt de sa conversation, m'a-t-elle paru moins naturelle et plus contrainte que les autres femmes de la famille Impériale. C'est un lourd fardeau à porter dans une cour que le renom d'une femme bel esprit. Celle-ci est une personne élégante, distinguée, mais elle a l'air de s'ennuyer : peut-être eût-elle vécu plus heureuse, si, née avec du bon sens, peu d'esprit et point d'instruction, elle fût restée une princesse allemande renfermée dans le cercle monotone des événements d'une petite souveraineté. L'obligation de faire les honneurs de la littérature française à la cour de l'Empereur Nicolas m'épouvante pour la grande-duchesse Hélène.

La lumière des groupes de lampions se reflétait d'une manière pittoresque sur les colonnes du palais et jusque sur les arbres du jardin. Il était rempli de peuple. Dans les fêtes de Pétersbourg le peuple sert d'ornement, comme une collection de plantes rares embellit une serre chaude. Du fond des massifs plusieurs orchestres exécutaient des symphonies militaires et se répondaient au loin avec une harmonie admirable. Des groupes d'arbres illuminés à feux couverts produisaient un effet charmant : rien n'est fantastique comme la verdure éclairée pendant une belle nuit. Hier il a recommencé à faire presque noir durant près d'une heure : de onze heures et demie à minuit et demi.

L'intérieur de la grande galerie où l'on dansait était tapissé avec un luxe merveilleux; quinze cents caisses et pots de fleurs des plus rares formaient un bosquet odorant. On voyait à l'une des extrémités de la salle, au plus épais d'un taillis de plantes exotiques, un bassin d'eau fraîche et limpide d'où jaillissait une gerbe sans cesse renaissante. Ces jets d'eau éclairés par des faisceaux de bougies, brillaient comme une poussière de diamants et rafraîchissaient l'air toujours agité par d'énormes branches de palmiers humides de pluie et de bananiers luisants de rosée, dont le vent de la valse secouait les perles sur la mousse du bosquet odorant. On aurait dit que toutes ces plantes étrangères, dont la racine était cachée sous un tapis de verdure, croissaient là dans leur terrain, et que le cortége des danseuses et des danseurs du Nord se promenait par enchantement sous les forêts des tropiques. On croyait rêver. Ce n'était pas seulement du luxe, c'était de la poésie. L'éclat de cette magique galerie était centuplé par une profusion de glaces que je n'avais encore vue nulle part. Les fenêtres donnant sur le portique dont je vous ai décrit l'ingénieuse illumination, restaient ouvertes à cause de la chaleur excessive de cette nuit d'été; mais, hors celles qui servaient d'issues, toutes les baies étaient cachées par d'énormes écrans dorés, à glaces d'un seul morceau, et le pied des écrans disparaissait dans des corbeilles de fleurs ; les dimensions de ces miroirs encadrés de dorures et rehaussés d'un nombre immense de bougies, m'ont paru prodigieuses. On croyait voir les portes d'un palais de fées. Ces glaces s'adaptaient comme des pièces de marqueterie à l'embrasure de la croisée qu'elles étaient destinées à dissimuler ; c'étaient des rideaux de diamant bordés d'or. Remarquez que la hauteur de la galerie est considérable, et que les jours dont elle est percée sont extrêmement larges. Les glaces remplissaient ces ouvertures sans toutefois intercepter entièrement l'air, car on avait laissé entre les écrans et les châssis ouverts un intervalle de plusieurs pouces, qui ne paraissait pas et qui suffisait cependant pour rafraîchir la température. Sur le panneau opposé à la galerie du jardin, on avait également appliqué des glaces à cadres dorés, de même grandeur que celles des croisées correspondantes. Cette salle est longue comme la moitié du palais. Vous pouvez vous figurer l'effet d'une telle magnificence. On ne savait où l'on était; les limites avaient disparu; tout devenait espace, lumière, dorure, fleurs, reflet, illusion : le mouvement de la foule et la foule elle-même se multipliaient à l'infini. Chacun des acteurs de cette scène en valait cent, tant les glaces produisaient d'effet. Ce palais de cristal sans ombres est fait pour une fête; il me paraissait que le bal fini, la salle allait disparaître avec les danseurs. Je n'ai rien vu de plus beau, mais le bal ressemblait à d'autres bals et ne répondait pas à la décoration extraordinaire de l'édifice. Je m'étonnais que ce peuple de danseurs n'imaginât pas quelque chose de nouveau à jouer sur un théâtre si différent de tous les lieux où l'on a coutume de danser et de s'ennuyer sous le prétexte de se réjouir. J'aurais voulu voir là des quadrilles, des surprises, des apparitions, des ballets, des théâtres mobiles. Il me semble qu'au moyen âge l'imagination avait plus de part aux divertissements de cour. Je n'ai vu danser au palais Michel que des polonaises, des valses et de ces contredanses dégénérées qu'on appelle des quadrilles dans le français-russe; même les mazourkes qu'on danse à Pétersbourg sont moins gaies et moins gracieuses que les vraies danses de Varsovie. La gravité russe ne pourrait s'accommoder de la vivacité, de la verve et de l'abandon des danses vraiment polonaises.

Sous les ombrages parfumés de la galerie que je vous ai décrite, l'Impératrice venait se reposer après chaque polonaise; elle trouvait là un abri contre la chaleur du jardin illuminé dont l'air, pendant cette orageuse nuit d'été, était tout aussi étouffant que celui de l'intérieur du palais.

Dans cette fête, j'ai eu le loisir de comparer les deux pays, et mes observations n'étaient pas à l'avantage de la France. La démocratie doit nuire à l'ordonnance d'une grande assemblée; la fête du palais Michel s'embellissait de tous les hommages, de tous les soins dont la souveraine était l'objet. Il faut une reine aux divertissements élégants, mais l'égalité a tant d'autres avantages qu'on peut bien lui sacrifier le luxe des plaisirs ; c'est ce que nous faisons en France avec un désintéressement méritoire ; seulement je crains que nos arrière-neveux n'aient changé d'avis quand le temps sera venu de jouir des perfectionnements préparés pour eux par des grands-pères trop généreux. Qui sait alors si ces générations, détrompées, ne diront pas en parlant de nous : « Séduits par une éloquence fausse, ils furent vaguement fanatiques et nous ont rendus positivement misérables ? »

Quoi qu'il en puisse être de cet avenir américain tant promis à l'Europe, je ne saurais assez vous faire admirer la fête du palais Michel. Admirez donc de toutes vos forces, et ce que je vous décris et ce que je ne puis vous peindre.

Avant l'heure du souper l'Impératrice assise sous son dais de verdure exotique me fit signe de m'approcher d'elle : à peine avais-je obéi que l'Empereur vint près du bassin magique dont la gerbe d'eau jaillissante nous éclairait de ses diamants en nous rafraîchissant de ses émanations embaumées. Il me prit par la main pour me mener à quelques pas du fauteuil de sa femme, et là il voulut bien causer avec moi plus d'un quart d'heure sur des choses intéressantes; car ce prince ne vous parle pas comme beaucoup d'autres princes, seulement pour qu'on voie qu'il vous parle.

Il me dit d'abord quelques mots sur la belle ordonnance de la fête. Je lui répondis « qu'avec une vie aussi active que la sienne, je m'étonnais qu'il pût trouver du temps pour tout et même pour partager les plaisirs de la foule.

— Heureusement, reprit-il, que la machine administrative est fort simple dans mon pays : car avec des distances qui rendent tout difficile, si la forme du gouvernement était compliquée, la tête d'un homme n'y suffirait pas. »

J'étais surpris et flatté de ce ton de franchise; l'Empereur qui, mieux que personne, entend ce qu'on ne lui dit pas, continua en répondant à ma pensée : « Si je vous parle de la sorte, c'est parce que je sais que vous pouvez me comprendre : nous continuons l'œuvre de Pierre-le-Grand.

— Il n'est pas mort, Sire, son génie et sa volonté gouvernent encore la Russie. »

Quand on cause en public avec l'Empereur, un grand cercle de courtisans se forme à une distance respectueuse. De là personne ne peut entendre ce

LETTRE DOUZIÈME.

que dit le maître sur lequel s'arrêtent cependant tous les regards.

Ce n'est pas le prince qui vous embarrasse quand il vous fait l'honneur de vous parler, c'est sa suite.

L'Empereur reprit : « Cette volonté est bien difficile à faire exécuter : la soumission vous fait croire à l'uniformité chez nous, détrompez-vous ; il n'y a pas de pays où il y ait autant de diversité de races, de mœurs, de religion et d'esprit qu'en Russie. La variété reste au fond, l'uniformité est à la superficie : et l'unité n'est qu'apparente. Vous voyez là près de nous vingt officiers : les deux premiers seuls sont Russes, les trois suivants sont des Polonais réconciliés, une partie des autres sont Allemands, il y a jusqu'à des khans de Kirguises qui m'amènent leurs fils pour les faire élever parmi mes cadets : en voici un, » me dit-il en me montrant du doigt un petit singe chinois dans son bizarre costume de velours tout chamarré d'or ; cet enfant de l'Asie était coiffé d'un haut bonnet droit, pointu, à grands rebords arrondis et retroussés, semblable à la coiffure d'un escamoteur.

« Là deux cent mille enfants sont élevés et instruits à mes frais avec cet enfant.

— Sire, tout se fait en grand en Russie : tout y est colossal.

— Trop colossal pour un homme.

— Quel homme fut jamais plus près de son peuple?

— Vous parlez de Pierre-le-Grand?

— Non, Sire.

— J'espère que vous ne vous bornerez pas à voir Pétersbourg : quel est votre plan de voyage dans mon pays?

— Sire, je désire partir aussitôt après la fête de Péterhoff.

— Pour aller?

— A Moscou et à Nijni.

— C'est bien; mais vous vous y prenez trop tôt : vous quitterez Moscou avant mon arrivée, cependant j'aurais été bien aise de vous y voir.

— Sire, ce mot de Votre Majesté me fera changer de projet.

— Tant mieux, nous vous montrerons les nouveaux travaux que nous faisons au Kremlin. Mon but est de rendre l'architecture de ces vieux édifices plus conforme à l'usage qu'on en fait aujourd'hui; le palais trop petit devenait incommode pour moi : vous assisterez aussi à une cérémonie curieuse dans la plaine de Borodino : j'y dois poser la première pierre d'un monument que je fais élever en commémoration de cette bataille. »

Je gardais le silence et sans doute l'expression de mon visage devint sérieuse. L'Empereur fixa ses yeux sur moi, puis il reprit d'un ton de bonté et avec une nuance de délicatesse et même de sensibilité qui me toucha : « le spectacle des manœuvres *au moins* vous intéressera. — Sire, tout m'intéresse en Russie. »

J'ai vu le vieux marquis D** qui n'a qu'une jambe, danser la polonaise avec l'Impératrice; tout estropié qu'il est il peut marcher cette danse qui n'est qu'une procession solennelle. Il est venu ici avec ses fils : ils voyagent vraiment en grands seigneurs : un yacht à eux les a portés de Londres jusqu'à Pétersbourg où ils se sont fait envoyer des chevaux anglais et des voitures anglaises en grand nombre. Leurs équipages sont les plus élégants s'ils ne sont les plus riches de Pétersbourg : on traite ici ces voyageurs avec une bienveillance marquée : ils vivent dans l'intimité de la famille Impériale ; le goût de la chasse et les souvenirs du voyage de l'Empereur à Londres quand il était grand-duc ont établi entre lui et le marquis D** cette espèce de familiarité qui me paraît devoir être plus agréable aux princes qu'aux particuliers devenus l'objet d'une telle faveur. Où l'amitié est impossible l'intimité me semble gênante. On dirait quelquefois à voir les manières des fils du marquis envers les personnes de la famille Impériale qu'ils pensent là-dessus comme moi. Si la franchise gagne les hommes de cour, où la louange se réfugiera-t-elle et la politesse avec elle ? [1]

[1] Quelques jours après que cette lettre fut écrite, il se passa dans l'intérieur de la cour une petite scène qui fera connaître les manières des jeunes gens les plus à la mode aujourd'hui en Angleterre, ceux-ci n'ont rien à reprocher ni à envier aux agréables les plus impolis de Paris : il y a loin de ce genre d'élégance brutale à la politesse des Buckingham, des Lauzun et des Richelieu. — L'Impératrice voulait donner un bal intime à cette famille près de quitter Pétersbourg. Elle commence par inviter elle-même le père qui danse si bien avec une jambe de bois. « Madame, répond le vieux marquis ***, on m'a comblé à Pétersbourg, mais tant de plaisirs surpassent mes forces : j'espère que Votre Majesté me permettra de prendre congé d'elle ce soir et de me retirer demain matin sur mon yacht pour retourner en Angleterre ; sans cela je mourrais de joie en Russie. — Eh bien, je renonce à vous, » reprend l'Impératrice, satisfaite de cette réponse polie, et digne de l'époque où le vieux lord dut entrer dans le monde ; puis se retournant vers les fils du marquis qui devaient prolonger leur séjour à Pétersbourg : « Je compte au moins sur vous, » dit-elle à l'aîné. — « Madame, répond celui-ci, nous avons pour ce jour-là une partie de chasse aux rennes. » L'Impératrice qu'on dit fière, ne se décourage pas,

Vous ne sauriez vous faire une idée de l'agitation de la vie que nous menons ici : le spectacle seul de tant de mouvement serait pour moi une fatigue.

Le jeune *** est à Pétersbourg, nous nous rencontrons partout, et avec plaisir : c'est le type du Français actuel, mais vraiment bien élevé. Il me paraît enchanté de tout : ce contentement est si naturel, qu'il est communicatif, aussi je crois que ce jeune homme plaît autant qu'il veut plaire ; il voyage bien, il a de l'instruction, recueille beaucoup de faits qu'il suppute mieux qu'il ne les classe, car à son âge on chiffre plus qu'on n'observe. Il est très-fort sur les dates, les mesures, les nombres et quelques autres données positives, ce qui fait que sa conversation m'intéresse et m'instruit. Mais quelle conversation variée que celle de notre ambassadeur ! Que d'esprit de trop pour les affaires, et combien la littérature le regretterait si le temps qu'il donne à la politique n'était encore une étude dont les lettres profiteront plus tard. Jamais homme

---

et s'adressant au cadet : « Vous, du moins, vous me resterez, » lui dit-elle. Le jeune homme, à bout d'excuses, ne sait que répondre, mais dans son dépit il appelle son frère et lui dit tout haut : « C'est donc moi qui suis la victime ? » Cette anecdote a fait la joie de la cour.

ne fut mieux à sa place, et ne parut moins occupé de son rôle; de la capacité sans importance : voilà aujourd'hui, ce me semble, la condition du succès pour tout Français occupé d'affaires publiques. Personne, depuis la Révolution de Juillet, n'a rempli aussi bien que M. de Barante la charge difficile d'ambassadeur de France à Pétersbourg.

Je joins ici le cérémonial observé pour toutes les fêtes du mariage de la grande-duchesse Marie. Cette lecture vous ennuiera comme celle de tout cérémonial. Mais il n'y a rien que de curieux dans un pays si éloigné du nôtre. La Russie est tellement inconnue chez nous, que les descriptions qu'on nous en fait nous intéressent toujours. La ressemblance de certaines choses m'étonne autant que la différence de certaines autres, et la comparaison entre deux pays séparés par une telle distance, et rapprochés par une influence mutuelle, ne peut manquer de piquer vivement la curiosité[1].

[1] Cérémonial de la Célébration du Mariage de Son Altesse Impériale Madame la Grande-Duchesse MARIE NICOLAIEVNA avec Son Altesse Sérénissime Monseigneur le duc MAXIMILIEN de LEUCHTENBERG, approuvé par Sa Majesté l'Empereur.

Le jour qui aura été choisi pour la cérémonie, une salve de cinq coups de canon, tirés des remparts de la forteresse de Saint-Pé-

LETTRE DOUZIÈME.

Le grand chambellan est mort avant le mariage. Cette charge vient d'être donnée au comte Golowkin, ancien ambassadeur de Russie en Chine, où

tersbourg, annoncera que dans cette journée devra avoir lieu la célébration du Mariage de Son Altesse Impériale Madame la Grande-Duchesse MARIE NICOLAIEVNA avec Son Altesse Sérénissime Monseigneur le Duc MAXIMILIEN de LEUCHTENBERG.

D'après les annonces qui auront été envoyées, les membres du Saint-Synode et du haut Clergé, la Cour et les autres personnes de distinction des deux sexes, les Ambassadeurs et Ministres étrangers, les Généraux, les Officiers de tout grade de la Garde et les Officiers supérieurs des autres troupes, se réuniront au Palais d'Hiver, à   heures du matin, les Dames en costume russe et les Cavaliers en grand uniforme.

Lorsque les Dames d'honneur, qui auront été appelées pour habiller l'Auguste Fiancée, sortiront des appartements intérieurs après avoir accompli cette fonction, un Maître des Cérémonies en avertira l'Auguste Fiancée, et l'accompagnera jusqu'aux appartements intérieurs.

Dans cette journée, l'Auguste Fiancée portera une couronne sur la tête, et par-dessus la robe, un manteau de velours ponceau, doublé d'hermine, dont la longue traîne sera portée aux côtés par quatre Chambellans, et à l'extrémité par le dignitaire en fonctions d'Écuyer de Son Altesse Impériale.

Leurs Majestés l'Empereur et l'Impératrice se rendront des appartements intérieurs, à la chapelle du Palais, dans l'ordre suivant :

I. Les Fourriers de la Cour et les Fourriers de la Chambre Impériale ;

il n'a pu pénétrer. Ce seigneur est entré en fonctions à l'occasion des fêtes du mariage, et il a moins d'expérience que n'en avait son prédéces-

II. Les Maîtres des Cérémonies et le Grand-Maître des Cérémonies ;

III. Les Gentilshommes de la Chambre, les Chambellans et les Cavaliers de la Cour Impériale, marchant deux à deux, les moins anciens en avant ;

IV. Les Premières Charges de la Cour, deux à deux, les moins anciens en avant ;

V. Un Maréchal de la Cour avec son Bâton ;

VI. Le Grand-Chambellan et le Grand-Maréchal de la Cour avec son Bâton ;

VII. Leurs Majestés l'Empereur et l'Impératrice, suivis du Ministre de la Maison de l'Empereur, ainsi que des Aides-de-Camp-Généraux et Aides-de-Camp de Sa Majesté Impériale, de service ;

VIII. Son Altesse Impériale Monseigneur le Césarévitch Grand-Duc Alexandre Nicolaievitch ;

IX. Leurs Altesses Impériales Messeigneurs les Grands-Ducs Constantin Nicolaievitch, Nicolas Nicolaievitch et Michel Nicolaievitch ;

X. Leurs Altesses Impériales Monseigneur le Grand-Duc Michel Pavlovitch et Madame la Grande-Duchesse Hélène Pavlovna ;

XI. Son Altesse Impériale Madame la Grande-Duchesse Marie Nicolaievna, avec son Auguste Fiancé, Son Altesse Sérénissime Monseigneur le Duc Maximilien de Leuchtenberg ;

XII. Leurs Altesses Impériales Mesdames les Grandes-Du-

seur. Un jeune chambellan, nommé par lui, vient d'encourir la colère de l'Empereur, et d'exposer son chef à une réprimande un peu sévère. C'était au bal de la grande-duchesse Hélène.

chesses Olga Nicolaievna, Alexandra Nicolaievna et Marie Mikhailovna;

XIII. Leurs Altesses Sérénissimes Monseigneur le Prince Pierre d'Oldenbourg et Madame la Princesse son Épouse.

Les Dames d'honneur, les Demoiselles d'honneur à portrait, les Demoiselles d'honneur de Sa Majesté l'Impératrice et de Leurs Altesses Impériales Mesdames les Grandes-Duchesses, ainsi que les autres personnes de distinction des deux sexes, suivront par ordre d'ancienneté.

A l'entrée de la Chapelle, Leurs Majestés Impériales seront reçues par les Membres du Saint-Synode et du haut Clergé, portant la Croix et l'eau bénite.

Au commencement du service divin, lorsque l'on chantera le verset : Господи силою твоею возвеселится Царь, Sa Majesté l'Empereur conduira les Augustes Fiancés à la place préparée pour la célébration du mariage, et en même temps les personnes désignées pour porter les couronnes s'approcheront des Augustes Fiancés.

Alors commencera, d'après le rit de l'Église Grecque, la Cérémonie du Mariage, pendant laquelle, après l'Évangile, on fera mention, dans la prière pour la Famille Impériale, de Madame la Grande-Duchesse Marie Nicolaievna et de son Époux.

Après la Cérémonie du Mariage, les Augustes Époux présenteront leurs remerciments à Leurs Majestés Impériales, et reviendront

L'Empereur causait avec l'ambassadeur d'Autriche. Le jeune chambellan reçoit de la grande-duchesse Marie l'ordre d'aller inviter, de sa part, cet

occuper leurs places. Le Métropolitain, assisté des Membres du Saint-Synode, commencera ensuite les prières d'actions de grâces, et lorsqu'on entonnera le *Te Deum*, il sera tiré des remparts de la forteresse de Saint-Pétersbourg, une salve de cent un coups de canon.

A l'issue de la cérémonie religieuse, les Membres du Saint-Synode et du haut Clergé offriront leurs félicitations à Leurs Majestés Impériales.

En sortant de la Chapelle Leurs Majestés Impériales et la Famille Impériale retourneront dans les appartements intérieurs avec le même cortége et dans l'ordre énoncé ci-dessus. A Leur arrivée dans la pièce où un Autel Catholique aura été dressé, Sa Majesté l'Empereur conduira les Augustes Époux à cet Autel, où la Cérémonie du Mariage sera alors célébrée d'après le rit Catholique-Romain ; à l'issue de cette cérémonie, la Famille Impériale rentrera dans l'intérieur des appartements, après avoir reçu les félicitations du Clergé Catholique-Romain.

Lorsque l'heure du banquet sera venue, et que les dignitaires des trois premières classes auront occupé les places qui leur auront été désignées, on viendra l'annoncer à Leurs Majestés Impériales qui se rendront à table accompagnées de la Famille Impériale, et précédées de la Cour.

Leurs Majestés Impériales et tous les Membres de la Famille Impériale seront servis à table par des Chambellans ; les coupes seront présentées à Leurs Majestés Impériales par les Grands Échansons ; aux Augustes nouveaux Époux par le dignitaire en

LETTRE DOUZIÈME.

ambassadeur à danser avec elle. Dans son zèle, le pauvre débutant, rompant le cercle que je vous ai décrit, arrive intrépidement jusqu'à la per-

fonctions d'Écuyer de la Cour de Son Altesse Impériale Madame la Grande-Duchesse ; à Leurs Altesses Impériales Monseigneur le Césarévitch Grand-Duc Héritier par le dignitaire faisant fonctions d'Écuyer de Son Altesse Impériale ; à Messeigneurs les Grands-Ducs et Mesdames les Grandes-Duchesses par des Chambellans.

Pendant le repas il y aura concert vocal et instrumental.

Les toasts seront portés au bruit des salves d'artillerie tirées des remparts de la forteresse de Saint-Pétersbourg.

Savoir :

1°. A la santé de Leurs Majestés Impériales. — 51 coups de canon.

2°. Des Augustes nouveaux Époux. — 31 coups de canon.

3°. De toute la Famille Impériale. — 31 coups de canon.

4°. De Son Altesse Royale Madame la Duchesse de Leuchtenberg. — 31 coups de canon.

5°. Du Clergé et de tous les fidèles sujets de Sa Majesté l'Empereur. — 31 coups de canon.

Après le banquet Leurs Majestés Impériales et la Famille Impériale retourneront avec le même cortége dans les appartements intérieurs.

Dans la soirée du même jour, il y aura un bal paré, auquel assisteront toutes les personnes de distinction des deux sexes, les Ambassadeurs et Ministres étrangers, et les personnes présentées à la Cour.

sonne de l'Empereur pour dire devant Sa Majesté elle-même à l'ambassadeur d'Autriche : « Monsieur

Avant la fin du bal, les personnes désignées par L'EMPEREUR pour recevoir les nouveaux Époux, se rendront dans les appartements de LEURS ALTESSES, où LEURS MAJESTÉS L'EMPEREUR et L'IMPÉRATRICE, précédés de la Cour, les accompagneront.

A l'entrée de ces appartements, LEURS MAJESTÉS IMPÉRIALES et les nouveaux Époux seront reçus par les personnes désignées à cet effet, et se rendront ensuite dans l'intérieur des appartements, où se trouvera une Dame d'Honneur pour le déshabillé de MADAME LA GRANDE-DUCHESSE.

Dans cette journée il sera récité des prières d'actions de grâces dans toutes les églises et les cloches sonneront, ainsi que les deux jours suivants ; la Capitale sera illuminée le soir, pendant trois jours.

* Le 3 juillet spectacle au Grand Théâtre en gala.

Le 4 juillet, les Augustes Époux recevront, à onze heures du matin, les félicitations des personnes de distinction des deux sexes admises à la Cour, et à une heure de l'après-midi, celle du Corps diplomatique.

Le soir, grand Bal dans la salle Blanche du Palais d'Hiver et Souper.

Le 6 juillet, Bal chez LEURS ALTESSES IMPÉRIALES MONSEIGNEUR LE GRAND-DUC MICHEL PAVLOVITCH et MADAME LA GRANDE-DUCHESSE HÉLÈNE PAVLOVNA.

Le 8 juillet, Bal chez le Prince d'OLDENBOURG.

Le 9 juillet, départ de la Cour IMPÉRIALE pour Péterhoff.

Le 11 juillet, Bal masqué public et illumination à Péterhoff.

* D'après le calendrier Julien.

le comte, madame la duchesse de Leuchtenberg vous prie à danser pour la première polonaise. »

L'Empereur, choqué de l'ignorance du nouveau chambellan, lui dit très-haut : « Vous venez d'être nommé à votre charge, Monsieur, apprenez donc à la remplir : d'abord ma fille ne s'appelle pas la duchesse de Leuchtenberg ; elle s'appelle la grande-duchesse Marie[1] ; ensuite vous devez savoir qu'on ne vient pas m'interrompre quand je cause avec quelqu'un[2].

Le nouveau chambellan qui recevait cette dure réprimande de la bouche même du maître, était malheureusement un pauvre gentilhomme polonais. La rigidité de l'Empereur ne se contenta pas de ce peu de mots : il fit appeler le grand chambellan, et lui recommanda d'être à l'avenir plus circonspect dans ses choix.

Cette scène rappelle ce qui se passait assez souvent à la cour de l'Empereur Napoléon. Les

---

[1] Ce titre lui avait été conservé en la mariant.
[2] Ne vous l'ai-je pas dit? à cette cour on passe sa vie en répétitions générales. Depuis Pierre Ier, un Empereur de Russie n'oublie jamais qu'il est chargé de tout enseigner lui-même à son peuple.

Russes achèteraient bien cher un passé de quelques siècles !

J'ai quitté le bal du palais Michel de fort bonne heure ; en sortant, je m'arrêtai sur l'escalier, où j'aurais voulu demeurer : c'était un bois d'orangers en fleurs. Je n'ai rien vu de plus magnifique, de mieux ordonné que cette fête ; mais je ne connais rien de si fatigant que l'admiration prolongée, surtout quand elle ne porte ni sur les phénomènes de la nature, ni sur les ouvrages de l'art.

Je vous quitte pour aller dîner chez un officier russe, le jeune comte de ***, qui m'a mené ce matin au cabinet de minéralogie, le plus beau, je crois, de l'Europe ; car les mines de l'Oural sont d'une richesse incomparable. On ne peut rien voir seul ici ; une personne du pays est toujours avec vous pour vous faire les honneurs des établissements publics, et il y a dans l'année peu de jours favorables pour les bien voir. L'été, on replâtre les édifices dégradés par le froid ; l'hiver, on va dans le monde, on danse, quand on ne gèle pas. Vous croirez que j'exagère, si je vous dis qu'on ne voit guère mieux la Russie à Pétersbourg qu'en France. Dégagez cette observation de sa forme paradoxale, vous aurez la vérité pure. Il est certain qu'il ne suffit pas de venir dans ce pays pour le connaître. Sans protection, vous n'auriez l'idée de rien, et souvent la protection vous tyrannise et vous expose à prendre des idées fausses [1].

[1] C'est ce qu'on veut.

SOMMAIRE DE LA LETTRE TREIZIÈME.

Ton des femmes de la cour. — Races diverses. — Les Finois. — Une représentation en gala à l'Opéra. — Entrée de l'Empereur et de sa cour dans la loge Impériale. — Aspect imposant de ce prince. — Son avénement au trône. — Courage de l'Impératrice. — Récit de cette scène par l'Empereur lui-même. — Nobles sentiments. — Révolution subite opérée dans son caractère. — Supercherie des conspirateurs. — Second portrait de l'Empereur. — Suite de sa conversation. — Maladie de l'Impératrice. — Opinion de l'Empereur sur les trois gouvernements : républicain, despotique, représentatif. — Sincérité de son langage. — Fête chez la duchesse d'Oldenbourg. — Bal magnifiquement champêtre. — Souper. — Bonhomie obligée des diplomates. — Parquet en plein air. — Luxe de fleurs exotiques. — Lutte des Russes contre la nature. — Mot d'un courtisan de l'Impératrice Catherine. — L'amie de l'Impératrice. — De quoi se compose une foule populaire en Russie. — L'Empereur cause avec moi à plusieurs reprises. — Affabilité souveraine. — Belles paroles de l'Empereur. — Quel est l'homme de l'empire qui m'inspire le plus de confiance. — Pourquoi. — L'aristocratie est le seul rempart de la liberté. — Résumé de mes jugements divers sur l'Empereur. — Esprit des courtisans. — Grands seigneurs sous le despotisme. — Parallèle de l'autocratie et de la démocratie. — Moyens divers pour arriver au même but. — Problème insoluble. — Restriction en faveur de la France. — Le spectacle en gala. — Les artistes à Pétersbourg. — Tout vrai talent est national.

LETTRE TREIZIÈME.

Pétersbourg, ce 2 juillet 1839.

Plusieurs des dames de la cour, mais en petit nombre, ont une réputation de beauté méritée, d'autres en ont une usurpée à force de coquetterie, d'agitation et de recherche, le tout imité de l'anglais, car les Russes du grand monde passent leur vie à chercher au loin les types de la mode; ils se trompent quelquefois dans le choix de leurs modèles; cette méprise produit alors une élégance fort étrange : l'élégance sans goût. Un Russe abandonné à lui-même passerait sa vie dans les transes de la vanité mécontente; il se croirait un barbare : rien ne nuit au naturel et, par conséquent, à l'esprit d'un peuple, comme cette préoccupation continuelle de la supériorité sociale des autres nations. Être humble, rougir de soi à force de fatuité, c'est une des bizarreries de l'amour-propre humain. J'ai déjà eu le temps de m'apercevoir que ce phénomène n'est pas rare en Russie où l'on peut étudier le caractère du parvenu dans toutes les castes et à tous les rangs.

En général, dans les diverses classes de la nation, la beauté est moins commune chez les femmes qu'elle ne l'est chez les hommes, ce qui n'empêche pas qu'on ne trouve parmi ceux-ci un grand nombre de physionomies plates et dénuées d'expression. Les races finoises ont les pommettes des joues saillantes, les yeux petits, ternes, enfoncés, le visage écrasé ; on dirait que tous ces hommes, à leur naissance, sont tombés sur le nez ; ils ont aussi la bouche difforme, et l'ensemble de leur figure, vrai masque d'esclave, est sans aucune expression. Le portrait que je vous fais là ressemble aux Finois, non aux Slaves.

J'ai rencontré beaucoup de personnes marquées de petite vérole, chose rare aujourd'hui dans le reste de l'Europe et qui atteste la négligence de l'administration russe sur un point important.

A Pétersbourg, les races sont tellement mêlées qu'on n'y peut avoir une idée de la vraie population de la Russie : les Allemands, les Suédois, les Livoniens, les Finois qui sont des espèces de Lapons descendus des hauteurs du pôle, les Kalmoucks et d'autres races tatares ont confondu leur sang avec celui des Slaves dont la beauté primitive s'est altérée peu à peu parmi les habitants de la capitale, ce qui me fait penser souvent à la justesse du mot de l'Empereur : « Pétersbourg est russe, mais ce n'est pas la Russie. »

J'ai vu à l'Opéra ce qu'on appelle une représentation *en gala*. La salle magnifiquement éclairée m'a paru grande et d'une belle forme. On ne connaît ici ni galeries ni balcons; il n'y a pas à Pétersbourg de bourgeoisie à placer pour gêner les architectes dans leur plan; les salles de spectacle peuvent donc être bâties sur des dessins simples et réguliers comme les théâtres d'Italie, où les femmes qui ne sont pas du grand monde vont au parterre.

Par une faveur particulière j'avais obtenu pour cette représentation un fauteuil au premier rang du parterre. Les jours de gala, ces fauteuils sont réservés aux plus grands seigneurs, c'est-à-dire aux plus grandes charges de la cour; nul n'y est admis qu'en uniforme, dans le costume de son grade et de sa place.

Mon voisin de droite, voyant à mon habit que j'étais étranger, m'adressa la parole en français avec la politesse hospitalière qui distingue à Pétersbourg les hommes des classes élevées et, jusqu'à un certain point, les hommes de toutes les classes, car ici tous sont polis : les grands par vanité pour faire preuve de bonne éducation; les petits par peur.

Après quelques mots de conversation insignifiante, je demandai à mon obligeant inconnu ce qu'on allait représenter : « C'est un ouvrage traduit du français, me répondit-il : *le Diable boiteux.* »

Je me creusais la tête inutilement pour savoir quel drame avait pu être traduit sous ce titre. Jugez de mon étonnement quand j'appris que la *traduction* était une pantomime calquée librement sur notre ballet du *Diable boiteux.*

Je n'ai pas beaucoup admiré le spectacle; j'étais surtout occupé des spectateurs. La cour arriva enfin; la loge Impériale est un brillant salon qui occupe le fond de la salle, et ce salon est encore plus éclairé que le reste du théâtre qui l'est beaucoup.

L'entrée de l'Empereur m'a paru imposante. Quand il approche du devant de sa loge, accompagné de l'Impératrice et suivi de leur famille et de la cour, le public se lève en masse. L'Empereur en grand uniforme d'un rouge éclatant est singulièrement beau. L'uniforme des Cosaques ne va bien qu'aux hommes très-jeunes; celui-ci sied mieux à un homme de l'âge de Sa Majesté; il rehausse la noblesse de ses traits et de sa taille. Avant de s'asseoir, l'Empereur salue l'assemblée avec la dignité pleine de politesse qui le caractérise. L'Impératrice salue en même temps ; mais ce qui m'a paru un manque de respect envers le public, c'est que leur suite même salue. La salle tout entière rend aux deux souverains révérence pour révérence, et, de plus, les couvre d'applaudissements et de *hourras*.

Ces démonstrations exagérées avaient un caractère officiel qui diminuait beaucoup de leur prix. La belle merveille qu'un Empereur applaudi chez lui par un parterre de courtisans choisis ! En Russie la vraie flatterie, ce serait l'apparence de l'indépendance. Les Russes n'ont pas découvert ce moyen détourné de plaire : à la vérité, l'emploi en pourrait parfois devenir périlleux, malgré l'ennui que la servilité des sujets doit causer au prince.

La soumission obligée qu'il rencontre habituellement est cause que l'Empereur actuel n'a éprouvé que deux jours en sa vie la satisfaction de mesurer sa puissance personnelle sur la foule assemblée, et c'était dans des émeutes. Il n'y a d'homme libre en Russie que le soldat révolté.

Vu du point où je me trouvais, et qui faisait à peu près le milieu entre les deux théâtres, la scène et la cour, l'Empereur me paraissait digne de commander aux hommes, tant il avait un grand air, tant sa figure est noble et majestueuse. Aussitôt je me suis rappelé sa conduite au moment où il est monté sur le trône, et cette belle page d'histoire m'a distrait du spectacle auquel j'assistais.

Ce que vous allez lire m'a été dit il y a peu de jours par l'Empereur lui-même; si je ne vous ai pas raconté cette conversation dans ma dernière lettre, c'est parce que les papiers qui contiendraient de pareils détails ne peuvent se confier à la poste russe ni même à aucun voyageur.

Le jour où Nicolas parvint au trône fut celui où la rébellion éclata dans la garde; à la première nouvelle de la révolte des troupes, l'Empereur et l'Impératrice descendirent *seuls* dans leur chapelle, et là, tombant à genoux sur les degrés de l'autel, ils se jurèrent l'un à l'autre, devant Dieu, de mourir en souverains s'ils ne pouvaient triompher de l'émeute.

L'Empereur jugeait le mal sérieux, car il venait d'apprendre que l'archevêque avait déjà tenté en vain d'apaiser les soldats. En Russie, lorsque le pouvoir religieux échoue, le désordre est redoutable.

Après avoir fait le signe de la croix, l'Empereur

partit pour aller maîtriser les rebelles par sa seule présence et par l'énergie calme de sa physionomie. Il m'a raconté lui-même cette scène en des termes plus modestes que ceux dont je viens de me servir; malheureusement je les ai oubliés parce qu'au premier abord je fus un peu troublé du tour inattendu que prenait notre conversation : je vais la reprendre au moment dont le souvenir m'est présent.

« Sire, Votre Majesté avait puisé sa force à la vraie source.

— J'ignorais ce que j'allais faire et dire, j'ai été inspiré.

— Pour avoir de pareilles inspirations, il faut les mériter.

— Je n'ai rien fait d'extraordinaire; j'ai dit aux soldats : Retournez à vos rangs, et au moment de passer le régiment en revue, j'ai crié : A genoux! Tous ont obéi. Ce qui m'a rendu fort c'est que l'instant d'auparavant je m'étais résigné à la mort. Je suis reconnaissant du succès; je n'en suis pas fier, car je n'y ai aucun mérite. »

Telles furent les nobles expressions dont se servit l'Empereur pour me raconter cette tragédie contemporaine.

Vous pouvez juger par là de l'intérêt des sujets

qui fournissent à sa conversation avec les étrangers qu'il veut bien honorer de sa bienveillance ; il y a loin de ce récit aux banalités de cour. Ceci doit vous faire comprendre l'espèce de pouvoir qu'il exerce sur nous comme sur ses peuples et sur sa famille. C'est le Louis XIV des Slaves.

Des témoins oculaires m'ont assuré qu'on le voyait grandir à chaque pas qu'il faisait en s'avançant au-devant des mutins. De taciturne, mélancolique et minutieux qu'il avait paru dans sa jeunesse, il devint un héros sitôt qu'il fut souverain. C'est le contraire de la plupart des princes qui promettent plus qu'ils ne tiennent.

Celui-ci est tellement dans son rôle que le trône est pour lui ce qu'est la scène pour un grand acteur. Son attitude devant la garde rebelle était si imposante, dit-on, que l'un des conjurés s'est approché de lui quatre fois pour le tuer pendant qu'il haranguait sa troupe et quatre fois le courage a manqué à ce misérable, comme au Cimbre de Marius.

Le moyen qu'avaient employé les conspirateurs pour soulever l'armée était un mensonge ridicule : on avait répandu le bruit que Nicolas usurpait la couronne contre son frère Constantin, lequel s'ache-

LETTRE TREIZIÈME.

minait, disait-on, vers Pétersbourg pour défendre ses droits les armes à la main. Voici le moyen qu'on avait pris pour décider les révoltés à crier sous les fenêtres du palais : Vive la constitution ! Les meneurs leur avaient persuadé que ce mot *constitution* était le nom de la femme de Constantin. Vous voyez qu'une idée de devoir était au fond du cœur des soldats, puisqu'ils croyaient que l'Empereur Nicolas usurpait la couronne, et qu'on n'a pu les entraîner à la rébellion que par une supercherie.

Le fait est que Constantin n'a refusé le trône que par faiblesse : il craignait d'être empoisonné. Dieu sait, et peut-être quelques hommes savent si son abdication le sauva du péril qu'il crut éviter.

C'était donc dans l'intérêt de la légitimité que les soldats trompés se révoltèrent contre leur souverain légitime.

On a remarqué que pendant tout le temps que l'Empereur resta devant les troupes, il ne mit pas une seule fois son cheval au galop, tant il avait de calme; mais il était très-pâle. Il faisait l'essai de sa puissance, et le succès de l'épreuve lui assura l'obéissance de sa nation.

Un tel homme ne peut être jugé d'après la mesure

qu'on applique aux hommes ordinaires. Sa voix grave et pleine d'autorité, son regard magnétique et fortement appuyé sur l'objet qui l'attire, mais rendu souvent froid et fixe par l'habitude de réprimer ses passions plus encore que de dissimuler ses pensées, car il est franc; son front superbe, ses traits qui tiennent de l'Apollon et du Jupiter, sa physionomie peu mobile, imposante, impérieuse, sa figure plus noble que douce, plus monumentale qu'humaine, exerce sur quiconque approche de sa personne un pouvoir souverain. Il devient l'arbitre des volontés d'autrui, parce qu'on voit qu'il est maître de sa propre volonté.

Voici ce que j'ai encore retenu de la suite de notre entretien :

« L'émeute apaisée, Sire, Votre Majesté a dû rentrer au palais dans une disposition bien différente de celle où elle était avant d'en sortir, car elle venait de s'assurer, avec le trône, l'admiration du monde et la sympathie de toutes les âmes élevées.

— Je ne le croyais pas; on a beaucoup trop vanté ce que j'ai fait alors. »

L'Empereur ne me dit pas qu'en revenant auprès

de sa femme, il la retrouva atteinte d'un tremblement de la tête, maladie nerveuse dont elle n'a jamais pu se guérir entièrement. Cette convulsion est à peine sensible; même elle ne l'est pas du tout les jours où l'Impératrice est calme et en bonne santé; mais, dès qu'elle souffre moralement ou physiquement, le mal revient et il augmente. Il faut que cette noble femme ait bien lutté contre l'inquiétude pendant que son mari s'exposait si audacieusement aux coups des assassins. En le voyant reparaître, elle l'embrassa sans parler; mais l'Empereur, après l'avoir rassurée, se sentit faiblir à son tour; redevenu homme un instant, il se jeta dans les bras d'un de ses plus fidèles serviteurs qui se trouvait présent à cette scène et s'écria : « Quel commencement de règne! »

Je publierai ces détails; il est bon de les faire connaître pour apprendre aux hommes obscurs à moins envier la fortune des grands.

Quelque inégalité apparente que les législateurs aient établie entre les diverses conditions des hommes civilisés, l'équité de la Providence se sauve dans une égalité secrète et que rien ne peut anéantir : celle qui naît des peines morales, lesquelles croissent ordinairement dans la même proportion que les privations physiques diminuent. Il y a moins d'injustice dans ce monde que les instituteurs des nations n'y en ont mis et que le vulgaire n'en aperçoit ; la nature est plus équitable que ne l'est la loi humaine.

Ces réflexions me passaient rapidement par l'esprit tandis que je causais avec l'Empereur : elles firent naître pour lui dans mon cœur un sentiment qu'il serait, je crois, un peu surpris d'inspirer, une indéfinissable pitié. J'eus soin de dissimuler le plus possible cette émotion, dont je n'aurais pas osé lui avouer la nature ni lui expliquer la cause, et je répliquai à ce qu'il me disait sur l'exagération des louanges que lui avait values sa conduite pendant l'émeute.

« Ce qu'il y a de certain, Sire, c'est qu'un des principaux motifs de ma curiosité, avant de venir en Russie, était le désir de m'approcher d'un prince qui exerce un tel pouvoir sur les hommes.

— Les Russes sont bons, mais il faut se rendre digne de gouverner un tel peuple.

— Votre Majesté a deviné ce qui convenait à la Russie mieux qu'aucun de ses prédécesseurs.

— Le despotisme existe encore en Russie, puisque c'est l'essence de mon gouvernement ;

mais il est d'accord avec le génie de la nation.

— Sire, vous arrêtez la Russie sur la route de l'imitation, et vous la rendez à elle-même.

— J'aime mon pays, et je crois l'avoir compris ; je vous assure que lorsque je suis bien las de toutes les misères du temps, je cherche à oublier le reste de l'Europe en me retirant vers l'intérieur de la Russie.

— Pour vous retremper à votre source ?

— Précisément ! Personne n'est plus Russe de cœur que je le suis. Je vais vous dire une chose que je ne dirais pas à un autre ; mais je sens que vous me comprendrez, vous. »

Ici l'Empereur s'interrompt et me regarde attentivement ; je continue d'écouter sans répliquer ; il poursuit :

« Je conçois la république, c'est un gouvernement net et sincère, ou qui du moins peut l'être ; je conçois la monarchie absolue, puisque je suis le chef d'un semblable ordre de choses, mais je ne conçois pas la monarchie représentative. C'est le gouvernement du mensonge, de la fraude, de la corruption ; et j'aimerais mieux reculer jusqu'à la Chine, que de l'adopter jamais.

— Sire, j'ai toujours regardé le gouvernement représentatif comme une transaction inévitable dans certaines sociétés, à certaines époques, mais ainsi que toutes les transactions, elle ne résout aucune question : elle ajourne les difficultés. »

L'Empereur semblait me dire : parlez. Je continuai :

« C'est une trêve signée entre la démocratie et la monarchie sous les auspices de deux tyrans fort bas : la peur et l'intérêt; et prolongée par l'orgueil de l'esprit qui se complaît dans la loquacité et par la vanité populaire qui se paie de mots. Enfin, c'est l'aristocratie de la parole substituée à celle de la naissance, car c'est le gouvernement des avocats.

— Monsieur, vous parlez avec vérité, me dit l'Empereur en me serrant la main ; j'ai été souverain représentatif [1] et le monde sait ce qu'il m'en a coûté pour n'avoir pas voulu me soumettre aux exigences de CET INFAME gouvernement (je cite littéralement). Acheter des voix, corrompre des consciences, séduire les uns afin de tromper les autres; tous ces moyens je les ai dédaignés comme avilissants pour ceux qui obéissent autant que pour celui qui commande et j'ai payé cher la peine de ma franchise; mais, Dieu soit loué, j'en ai fini pour toujours avec cette odieuse machine politique. Je ne serai plus

[1] En Pologne.

roi constitutionnel. J'ai trop besoin de dire ce que je pense pour consentir jamais à régner sur aucun peuple par la ruse et par l'intrigue. »

Le nom de la Pologne qui se présentait incessamment à nos esprits n'a pas été prononcé dans ce curieux entretien.

L'effet qu'il a produit sur moi fut grand; je me sentais subjugué : la noblesse des sentiments que l'Empereur venait de me montrer, la franchise de ses paroles me paraissait donner un grand relief à sa toute-puissance, j'étais ébloui je l'avoue!! Un homme qui, malgré mes idées d'indépendance, se faisait pardonner d'être souverain absolu de soixante millions d'hommes, était à mes yeux un être au-dessus de la nature, mais je me défiais de mon admiration, j'étais comme les bourgeois de chez nous lorsqu'ils se sentent près de se laisser prendre à la grâce, à l'adresse des hommes d'autrefois; leur bon goût les porte à s'abandonner à l'attrait qu'ils éprouvent, mais leurs principes résistent; ils demeurent roides et paraissent le plus insensibles qu'ils peuvent; c'est une lutte semblable que je soutenais. Il n'est pas dans ma nature de douter de la parole humaine au moment où je l'entends. Un homme qui parle est pour moi l'instrument de Dieu : ce n'est qu'à force de réflexion et d'expérience que je reconnais la possibilité du calcul et de la feinte. Vous appellerez cela de la niaiserie, c'en est peut-être, mais je me complais dans cette faiblesse d'esprit parce qu'elle tient à de la force d'âme; ma bonne foi me fait croire à la sincérité d'autrui, même à celle d'un Empereur de Russie.

La beauté de celui-ci est encore pour lui un moyen de persuasion : car cette beauté est morale autant que physique. J'en attribue l'effet à la vérité des sentiments qui se peignent habituellement sur sa physionomie, encore plus qu'à la régularité des traits de son visage. C'est à une fête chez la duchesse d'Oldenbourg que j'eus avec l'Empereur cette intéressante conversation. C'était un bal singulier et qui mérite encore de vous être décrit.

La duchesse d'Oldenbourg, née princesse de Nassau, est alliée de très-près à l'Empereur par son mari; elle avait voulu donner une soirée à l'occasion du mariage de la grande-duchesse Marie; mais ne pouvant renchérir sur les magnificences des fêtes précédentes ni rivaliser de richesse avec la cour, elle imagina d'improviser un bal champêtre dans sa maison des î'es.

LETTRE TREIZIÈME.

L'archiduc d'Autriche arrivé depuis deux jours pour assister aux fêtes de Pétersbourg, les ambassadeurs du monde entier (singuliers acteurs pour jouer une pastorale), toute la Russie enfin et tous les plus grands seigneurs étrangers se sont réunis en prenant un air de bonhomie dans un jardin parsemé de promeneurs et d'orchestres cachés parmi des bosquets lointains.

L'Empereur donne le ton de chaque fête : le mot d'ordre de ce jour-là était : naïveté décente ou l'élégante simplicité d'Horace.

Telle fut toute la soirée la disposition dominante de tous les esprits, y compris le corps diplomatique ; je croyais lire une églogue, non de Théocrite ou de Virgile, mais de Fontenelle.

On a dansé en plein air jusqu'à onze heures du soir, puis, quand des flots de rosée eurent assez inondé les têtes et les épaules des femmes jeunes et vieilles qui assistaient à ce triomphe de la volonté humaine contre le climat, on rentra dans le petit palais qui sert ordinairement d'habitation d'été à la duchesse d'Oldenbourg.

Au centre de la villa (en russe *datcha*) se trouve une rotonde tout éblouissante de dorures et de bougies : le bal continua dans cette salle, tandis que la foule non dansante inondait le reste de l'habitation. La lumière partait du centre, et dardait ses traits au dehors. On eût dit du soleil dont les rayons émergents portent en tous sens la chaleur et la vie dans les profondes solitudes de l'Empyrée. Cette éblouissante rotonde était à mes yeux l'orbite où tournait l'astre Impérial dont l'éclat illuminait tout le palais.

Au premier étage, on avait dressé des tentes sur des terrasses pour y mettre la table de l'Empereur et celle des personnes invitées au souper. Il régnait dans cette fête, moins nombreuse que les précédentes, un désordre si magnifiquement ordonné, qu'elle m'a plus diverti que toutes les autres. Sans parler de la gêne comique, exprimée par certaines physionomies obligées d'affecter pour un temps la simplicité champêtre, c'était une soirée tout à fait originale, une espèce de Tivoli Impérial où l'on se sentait presque libre, quoiqu'en présence d'un maître absolu. Le souverain qui s'amuse ne paraît plus un despote ; ce soir-là, l'Empereur s'amusait.

Je vous ai dit que jusqu'à l'heure d'entrer dans la rotonde, on avait dansé en plein air : heureusement que les excessives chaleurs de cette année avaient favorisé la duchesse dans son plan. Sa maison d'été est située dans la plus jolie partie des îles; c'est donc là qu'au milieu d'un jardin éblouissant de fleurs en pots, mais qui toutes paraissaient venues naturellement sur un gazon anglais, autre merveille, elle avait fait établir une salle de danse à découvert : c'était un superbe parquet de salon posé sur une pelouse, et entouré d'élégantes balustrades toutes garnies de fleurs. Cette salle originale, à laquelle le ciel servait de plafond, ressemblait assez au tillac d'un vaisseau pavoisé pour une fête maritime : on y accédait d'un côté par quelques marches qui partaient de la pelouse; de l'autre, par un perron adapté au vestibule de la maison, et déguisé sous des berceaux de fleurs exotiques. En ce pays, le luxe des fleurs rares supplée à la rareté des arbres. Les hommes qui l'habitent, et qui sont venus de l'Asie pour s'emprisonner dans les glaces du Nord, se souviennent du luxe oriental de leur première patrie; ils font ce qu'ils peuvent pour suppléer à la stérilité de la nature qui ne laisse venir en pleine terre que des pins et des bouleaux. L'art produit ici en serres chaudes une infinité d'arbustes et de plantes; et comme tout est factice, la peine n'est pas plus grande pour faire croître des fleurs d'Amérique que des violettes et des lilas de France. Ce n'est pas la fécondité primitive du sol qui orne et varie les habitations de luxe à Pétersbourg, c'est la civilisation qui met à profit les richesses du monde entier, afin de déguiser la pauvreté de la terre et l'avarice du ciel polaire. Ne vous étonnez donc plus des vanteries des Russes; la nature n'est pour eux qu'un ennemi de plus, vaincu par leur opiniâtreté; au fond de tous leurs divertissements, il y a la joie et l'orgueil du triomphe.

L'Impératrice, toute délicate qu'elle est, le cou nu, la tête découverte, a dansé chaque polonaise sur l'élégant parquet du bal magnifiquement champêtre que lui donnait sa cousine. En Russie, chacun poursuit sa carrière jusqu'au bout de ses forces. Le devoir d'une Impératrice est de s'amuser à la mort. Celle-ci remplira sa charge comme les autres esclaves remplissent la leur; elle dansera tant qu'elle pourra.

Cette princesse allemande, victime d'une frivolité qui doit lui paraître pesante comme les chaînes aux prisonniers, jouit en Russie d'un bonheur rare dans tous les pays, dans toutes les conditions, et unique dans la vie d'une Impératrice : elle a une amie.

Je vous ai déjà parlé de cette dame. C'est la baronne de ***, née comtesse de ***. Depuis le mariage de l'Impératrice, ces deux femmes, dont les destinées sont si différentes, ne se sont presque jamais quittées. La baronne, d'un caractère sincère, d'un cœur dévoué, n'a point profité de sa faveur; l'homme qu'elle a épousé est un des officiers de l'armée auxquels l'Empereur doit le plus, car le baron *** lui a sauvé la vie le jour de l'émeute de l'avénement au trône, en s'exposant pour lui avec un dévouement non calculé. Rien ne peut payer un tel acte de courage, aussi ne le paie-t-on pas.

D'ailleurs, en fait de reconnaissance, les princes ne comprennent que celle qu'ils inspirent, encore n'y tiennent-ils guère, car ils prévoient toujours l'ingratitude. La reconnaissance les déconcerte dans leurs calculs d'esprit plus qu'elle ne les console dans leurs peines de cœur. C'est une leçon qu'ils n'aiment pas à recevoir; il leur paraît plus commode et plus simple de mépriser le genre humain en masse. Ceci s'applique à tous les hommes puissants, mais surtout aux plus puissants.

Le jardin devenait sombre, une musique lointaine répondait à l'orchestre du bal, et chassait harmonieusement la tristesse de la nuit; tristesse trop naturelle dans ces bois monotones, sous ce climat ennemi de la joie. Le désert recommence aux îles où les marais et les pins de la Finlande encadrent les parcs les plus élégants.

Un bras détourné de la Néva coule lentement, car ici toute eau paraît dormante, devant les fenêtres de la petite maison de prince qu'habite la duchesse d'Oldenbourg. Ce soir-là, cette rivière était couverte de barques remplies de curieux, et le chemin fourmillait de piétons : foule sans nom, composé indéfinissable de bourgeois aussi esclaves que les paysans, d'ouvriers serfs, courtisans des courtisans qui se pressaient à travers les voitures des princes et des grands pour contempler la livrée du maître de leurs maîtres.

Ce spectacle me paraissait piquant et original. En Russie, les noms sont les mêmes qu'ailleurs, mais les choses sont tout autres. Je m'échappais souvent de l'enceinte destinée au bal pour aller sous les arbres du parc rêver à la tristesse d'une fête dans un tel pays. Cependant mes méditations étaient courtes, car ce jour-là l'Empereur voulait continuer à s'emparer de mon esprit. Avait-il démêlé dans le fond de ma pensée quelque prévention peu favorable, et qui pourtant n'était que le résultat de ce que j'avais entendu dire de lui avant de lui être présenté, ou trouvait-il divertissant de causer quelques instants avec un homme différent de ceux qui lui passent tous les jours devant les yeux ; ou bien Madame de *** avait-elle influé favorablement pour moi sur son esprit? je ne saurais m'expliquer nettement à moi-même la vraie cause de tant de grâce.

L'Empereur n'est pas seulement habitué à commander aux actions, il sait régner sur les cœurs ; peut-être a-t-il voulu conquérir le mien ; peut-être les glaces de ma timidité servaient-elles de stimulant à son amour-propre ; l'envie de plaire lui est naturelle. Forcer l'admiration, c'est encore se faire obéir. Peut-être avait-il le désir d'essayer son pouvoir sur un étranger ; peut-être enfin était-ce l'instinct d'un homme longtemps privé de la vérité, et qui croit rencontrer une fois un caractère véridique. Je vous le répète, j'ignore ses vrais motifs ; mais ce que je sais, c'est que ce soir-là je ne pouvais me trouver sur son passage, ni même dans un coin retiré de l'enceinte où il se tenait, sans qu'il m'obligeât à venir causer avec lui.

En me voyant rentrer dans le bal il me dit :

« Qu'avez-vous vu ce matin?

— Sire, j'ai vu le cabinet d'histoire naturelle et le fameux Mammouth de Sibérie.

— C'est un morceau unique dans le monde.

— Oui, Sire; il y a bien des choses en Russie qu'on ne trouve point ailleurs.

— Vous me flattez.

— Sire, je respecte trop Votre Majesté pour oser la flatter, mais je ne la crains peut-être plus assez, et je lui dis ingénument ma pensée, même quand la vérité ressemble à un compliment.

— Ceci en est un très-délicat, Monsieur; les étrangers nous gâtent.

— Sire, Votre Majesté a voulu que je fusse à mon aise avec elle, elle a réussi comme à tout ce qu'elle entreprend : elle m'a corrigé, du moins pour un temps, de ma timidité naturelle. »

Forcé d'éviter toute allusion aux grands intérêts politiques du jour, je désirais ramener la conversation vers un sujet qui m'intéressait au moins autant; j'ajoutai donc : « Je reconnais, chaque fois qu'elle me permet de m'approcher d'elle, le pouvoir qui a fait tomber ses ennemis à ses pieds le jour de son avénement au trône.

— On a contre nous dans votre pays des préventions dont il est plus difficile de triompher que des passions d'une armée révoltée.

— Sire, on vous voit de trop loin; si Votre Majesté était plus connue elle serait mieux appréciée, et elle trouverait chez nous comme ici beaucoup d'admirateurs. Le commencement de son règne lui a déjà valu de justes louanges; elle s'est encore élevée à la même hauteur à l'époque du choléra, et même plus haut; car à cette seconde émeute Votre Majesté a déployé la même autorité, mais tempérée par le plus noble dévouement à l'humanité; la force ne lui manque jamais dans le danger.

— Les moments dont vous me retracez le souvenir ont été les plus beaux de ma vie, sans doute; néanmoins ils m'ont paru les plus affreux.

— Je le comprends, Sire; pour dompter la nature en soi et dans les autres il faut un effort.....

— Un effort terrible, interrompit l'Empereur avec une expression qui me saisit, et c'est plus tard qu'on s'en ressent.

— Oui; mais on a été sublime.

— Je n'ai pas été sublime; je n'ai fait que mon métier : en pareille circonstance nul ne peut savoir ce qu'il dira. On court au-devant du péril sans se demander comment on s'en tirera.

— C'est Dieu qui vous a inspiré, Sire, et si l'on pouvait comparer deux choses aussi dissemblables que poésie et gouvernement, je dirais que vous avez agi comme les poëtes chantent : en écoutant la voix d'en haut.

— Il n'y avait nulle poésie dans mon fait. »

Je m'aperçus que ma comparaison n'avait pas paru flatteuse parce qu'elle n'avait pas été comprise dans le sens du mot poëte en latin ; à la cour on a coutume de regarder la poésie comme un jeu d'esprit ; il aurait fallu entamer une discussion afin de prouver qu'elle est la plus pure et la plus vive lumière de l'âme ; j'aimai mieux garder le silence : mais l'Empereur ne voulant pas sans doute, en s'éloignant de moi, me laisser le regret d'avoir pu lui déplaire, me retint encore longtemps au grand étonnement de la cour ; il reprit la conversation avec une bonté charmante.

« Quel est décidément votre plan de voyage? me dit-il.

— Sire, après la fête de Péterhoff je compte partir pour Moscou, d'où j'irai voir la foire de Nijni, mais à temps pour être de retour à Moscou avant l'arrivée de Votre Majesté.

— Tant mieux, je serais bien aise que vous pussiez examiner en détail mes travaux du Kremlin : mon habitation y était trop petite ; j'en fais construire une plus convenable et je vous expli-

LETTRE TREIZIÈME.

querai moi-même tous mes plans pour l'embellissement de cette partie de Moscou, que nous regardons comme le berceau de l'Empire. Mais vous n'avez pas de temps à perdre, car vous avez d'immenses espaces à parcourir; les distances, voilà le fléau de la Russie.

— Sire, ne vous en plaignez pas; ce sont des cadres à remplir, ailleurs la terre manque aux hommes : elle ne vous manquera jamais.

— Le temps me manque.

— L'avenir est à vous.

— On me connaît bien peu quand on me reproche mon ambition : loin de chercher à étendre notre territoire, je voudrais pouvoir resserrer autour de moi la population de la Russie tout entière. C'est uniquement sur la misère et la barbarie que je veux faire des conquêtes : améliorer le sort des Russes, ce serait mieux que de m'agrandir. Si vous saviez quel bon peuple est le peuple russe !!.... comme il a de la douceur, comme il est naturellement aimable et poli !... Vous le verrez à Péterhoff; mais c'est surtout ici au premier janvier que je voudrais vous le montrer. » Puis, revenant à son thème favori : « Mais il n'est pas facile, poursuivit-il, de se rendre digne de gouverner une telle nation.

— Votre Majesté a déjà fait beaucoup pour la Russie.

— Je crains quelquefois de n'avoir pas fait tout ce que j'aurais pu faire. »

Ce mot chrétien, parti du fond du cœur, me toucha aux larmes ; il me fit d'autant plus d'impression que je me disais tout bas : l'Empereur est plus fin que moi ; s'il avait un intérêt quelconque à dire cela, il sentirait qu'il ne faut pas le dire. Il m'a donc montré là tout simplement un beau et noble sentiment, le scrupule d'un souverain consciencieux. Ce cri d'humanité sortant d'une âme que tout a dû contribuer à enorgueillir, m'attendrit subitement. Nous étions en public, je cherchai à déguiser mon émotion ; mais lui, qui répond à ce qu'on pense plus qu'à ce qu'on dit (et c'est surtout à cette sagacité puissante que tient le charme de sa conversation, l'efficacité de sa volonté), il s'aperçut de l'impression qu'il venait de produire et que je cherchais à dissimuler, et, se rapprochant de moi au moment de s'éloigner, il me prit la main avec un air de bienveillance, et me la serra en me disant « Au revoir. »

L'Empereur est le seul homme de l'Empire avec lequel on puisse causer sans craindre les délateurs :

il est aussi le seul jusqu'à présent en qui j'aie reconnu des sentiments naturels et un langage sincère. Si je vivais en ce pays, et que j'eusse un secret à cacher, je commencerais par aller le lui confier.

Tout prestige, toute étiquette et toute flatterie à part, il me paraît un des premiers hommes de la Russie. A la vérité, aucun des autres ne m'a jugé digne de me parler avec autant de franchise que l'Empereur en a mis dans ses conversations avec moi.

S'il a, comme je le pense, plus de fierté que d'amour-propre, plus de dignité que d'arrogance, il devrait être satisfait de l'impression générale des divers portraits que je vous ai successivement tracés de lui, et surtout de l'impression que m'a causée son langage. A la vérité, je me défends de toute ma force contre l'attrait qu'il exerce. Certes, je ne suis rien moins que révolutionnaire, mais je suis révolutionné ; voilà ce que c'est que d'être né en France et que d'y vivre. Je trouve encore une meilleure raison pour vous expliquer la résistance que je crois devoir opposer à l'influence de l'Empereur sur moi. Aristocrate par caractère autant que par conviction, je sens que l'aristocratie seule peut résister aux séductions comme aux abus du pouvoir absolu.

Sans aristocratie il n'y a que tyrannie dans les monarchies, comme dans les démocraties, le spectacle du despotisme me révolte malgré moi, et blesse toutes les idées de liberté qui ont leur source dans mes sentiments intimes et dans mes croyances politiques. Nul aristocrate ne peut se soumettre sans répugnance à voir passer le niveau despotique sur les peuples ; c'est pourtant ce qui arrive dans les démocraties pures comme dans les monarchies absolues.

Au surplus, il me semble que si j'étais souverain j'aimerais la société des esprits qui reconnaîtraient en moi l'homme à travers le prince, surtout si, dépouillé de mes titres et réduit à moi-même, j'avais encore le droit d'être jugé un homme sincère, ferme et probe. Interrogez-vous sérieusement, et dites-moi si, de tout ce que je vous ai raconté de l'Empereur Nicolas depuis mon arrivée en Russie, il résulte que ce prince soit au-dessous de l'idée que vous vous étiez formée de son caractère avant d'avoir lu mes lettres.

Nos fréquents entretiens en public m'ont valu ici de nombreuses connaissances et reconnaissances. Plusieurs personnes que j'avais rencontrées ailleurs, se jettent à ma tête ; mais seulement depuis qu'elles m'ont vu l'objet de la bienveillance particulière du maître ; notez que ces personnes sont des premières de la cour ; mais c'est l'habitude des gens du monde, et surtout des hommes en place, d'être économes de tout, excepté de calculs ambitieux. Pour conserver, en vivant à la cour, des sentiments au-dessus du vulgaire, il faudrait être doué d'une âme très-noble ; or, les âmes nobles sont rares.

On ne peut trop le répéter, il n'y a pas de grand seigneur en Russie, parce qu'il n'y a pas de caractères indépendants, excepté les âmes d'élite, qui sont en trop petit nombre pour que le monde obéisse à leurs instincts : c'est la fierté qu'inspire la haute naissance, qui rend l'homme indépendant plus que la richesse, plus que le rang qu'on acquiert par industrie : or, sans indépendance, point de grand seigneur.

Ce pays, si différent du nôtre à bien des égards, se rapproche cependant de la France sous un rapport : il manque de hiérarchie sociale. Grâce à cette lacune dans le corps politique, l'égalité universelle existe en Russie comme elle existe en France ; aussi dans l'un et l'autre pays la masse des hommes a-t-elle l'esprit inquiet : chez nous elle s'agite avec éclat, en Russie les passions politiques sont concentrées. En France chacun peut arriver à tout en partant de la tribune; en Russie, en partant de la cour : le dernier des hommes, s'il sait plaire au maître, peut devenir demain le premier après l'Empereur. La faveur de ce dieu est un appât qui fait faire des prodiges aux ambitieux comme le désir de la popularité produit chez nous des métamorphoses miraculeuses. On devient flatteur profond à Pétersbourg de même qu'orateur sublime à Paris. Quel talent d'observation n'a-t-il pas fallu aux courtisans russes pour découvrir qu'un moyen de plaire à l'Empereur est de se promener l'hiver sans redingote dans les rues de Pétersbourg! Cette flatterie au climat a coûté la vie à plus d'un ambitieux. Ambitieux est même trop dire, car ici on flatte avec désintéressement. Deux fanatismes, deux passions plus analogues qu'elles ne le paraissent, l'orgueil populaire et l'abnégation servile du courtisan font des prodiges : l'une élève la parole au comble de l'éloquence, l'autre donne la force du silence; mais toutes deux marchent au même but. Voilà donc sous le despotisme sans bornes les esprits aussi émus, aussi tourmentés que sous la république, avec cette différence que l'agitation muette des sujets de l'autocratie trouble plus profondément les âmes à cause du secret que l'ambition est forcée de s'imposer pour réussir sous un gouvernement absolu. Chez nous, les sacrifices, pour être profitables, doivent être publics; ici, au contraire, ils doivent rester ignorés. Le souverain tout-puissant ne déteste rien tant qu'un sujet *publiquement* dévoué : tout zèle qui va au delà d'une obéissance aveugle et servile lui devient importun et suspect; les exceptions ouvrent la porte aux prétentions : les prétentions se transforment en droits; et sous un despote, un sujet qui se croit des droits est un rebelle.

Le maréchal Paskiewitch pourrait attester la vérité de ces remarques : on n'ose l'écraser, mais on l'annule tant qu'on peut.

Avant ce voyage mes idées sur le despotisme m'avaient été suggérées par l'étude que j'avais faite des sociétés autrichienne et prussienne. Je ne songeais pas que ces États ne sont despotiques que de nom, et que les mœurs y servent de correctif aux institutions : je me disais : Là, des peuples gouvernés despotiquement me paraissent les plus heureux hommes de la terre; le despotisme mitigé par la douceur des habitudes n'est donc pas une chose aussi détestable que nos philosophes nous le disent ; je ne savais pas encore ce que c'est que la rencontre d'un gouvernement absolu et d'une nation d'esclaves.

C'est en Russie qu'il faut venir pour voir le résultat de cette terrible combinaison de l'esprit et de la science de l'Europe avec le génie de l'Asie : je la trouve d'autant plus redoutable qu'elle peut durer, parce que l'ambition et la peur, passions qui ailleurs perdent les hommes en les faisant trop parler, engendrent ici le silence. Ce silence violent produit un calme forcé, un ordre apparent plus fort et plus affreux que l'anarchie, parce que le malaise qu'il cause paraît éternel.

Je n'admets que bien peu d'idées fondamentales en politique, attendu qu'en fait de gouvernement je crois à l'efficacité des circonstances plus qu'à celle des principes ; mais mon indifférence ne va pas jusqu'à tolérer des institutions qui me paraissent nécessairement exclure la dignité des caractères.

Peut-être qu'une justice indépendante et qu'une aristocratie forte mettraient du calme dans les esprits russes, de l'élévation dans les âmes, du bonheur dans le pays ; mais je ne crois pas que l'Empereur songe à ce moyen d'améliorer la condition de ses peuples : quelque supérieur qu'un homme puisse être, il ne renonce pas volontairement à faire par lui-même le bien d'autrui.

De quel droit d'ailleurs reprocherions-nous à l'Empereur de Russie son amour de l'autorité? La révolution n'est-elle pas aussi tyrannique à Paris que le despotisme l'est à Saint-Pétersbourg ?

Toutefois nous nous devons à nous-même de faire ici une restriction pour constater la différence qu'il y a entre l'état social des deux pays. En France, la tyrannie révolutionnaire est un mal de transition; en Russie, la tyrannie du despotisme est une révolution permanente.

Vous êtes bien heureux que je me sois distrait du sujet de cette lettre, je l'avais commencée pour vous décrire le théâtre illuminé, la représentation en gala et pour vous analyser la *traduction*, pantomime (expression russe) d'un ballet français. Si je m'en étais souvenu vous auriez ressenti le contrecoup de mon ennui, car cette solennité dramatique m'a fatigué sans m'éblouir en dépit des habits dorés des spectateurs; mais aussi la danse de l'Opéra de Pétersbourg sans mademoiselle Taglioni est raide et froide comme toutes les danses des théâtres européens quand elles ne sont pas exécutées par les premiers talents du monde, et la présence de la cour ne réchauffe personne, ni acteurs ni spectateurs. Vous savez que devant le souverain il n'est pas permis d'applaudir.

Les arts, disciplinés comme ils le sont à Pétersbourg, produisent des intermèdes de commande, bons pour amuser des soldats pendant les entr'actes des exercices militaires. C'est plus ou moins magnifique : c'est royal, Impérial....; ce n'est pas amusant. Ici les artistes s'enrichissent ; ils ne s'inspirent pas : la richesse et l'élégance sont utiles aux talents ; mais ce qui leur est indispensable, c'est le bon goût et la liberté d'esprit du public qui le juge.

Les Russes ne sont pas encore arrivés au point de civilisation où l'on peut réellement jouir des arts. Jusqu'à présent leur enthousiasme en ce genre est pure vanité; c'est une prétention, ainsi que leurs passions pour l'architecture grecque et pour le fronton et la colonne classique. Que ce peuple rentre en lui-même, qu'il écoute son génie primitif, et, s'il a reçu du ciel le sentiment des arts, il renoncera aux copies pour produire ce que Dieu et la nature attendent de lui ; jusque-là toutes ses magnificences à la suite ne vaudront jamais, pour le petit nombre de Russes vrais amateurs du beau qui végètent à Pétersbourg, un séjour à Paris ou un voyage en Italie.

La salle de l'Opéra est bâtie sur le dessin des salles de Milan et de Naples; mais celles-ci sont plus nobles et d'un effet plus harmonieux que tout ce que j'ai vu jusqu'à présent dans ce genre en Russie.

SOMMAIRE DE LA LETTRE QUATORZIÈME.

Population de Pétersbourg. — Ce qu'il faut croire des récits des Russes. — L'attelage à quatre chevaux. — Solitude des rues. — Profusion de colonnes. — Caractère de l'architecture sous le despotisme. — Architectes français. — Place du Carrousel à Paris. — Place du Grand-Duc à Florence. — Perspective Newski. — Pavé de bois. — Vrai caractère d'une ville slave. — La débâcle. — Crise naturelle périodique. — Intérieur des habitations. — Le lit russe. — Coucher des gens de service. — Visite au prince ***. — Cabinet de verdure dans les salons. — Beauté du peuple slave. — Le regard des hommes de cette race. — Leur aspect original. — Cochers russes. — Leur adresse. — Leur silence. — Les voitures. — Les harnais. — Petit postillon. — Condition des cochers et des chevaux de remise. — Hommes qui meurent de froid. — Propos d'une dame russe à ce sujet. — Valeur qu'a la vie dans ce pays. — Le feldjæger. — Ce qu'il représente. — Effets du despotisme sur l'imagination. — Ce qu'a de poétique un tel gouvernement. — Contraste entre les hommes et les choses. — Caractère slave. — Architecture pittoresque des églises. — Les voitures et les équipages russes. — Flèches de la citadelle et de l'Amirauté. — Clochers innombrables. — Description de l'ensemble de Pétersbourg. — Il est beau malgré le mauvais style de l'architecture. — Aspect particulier de la Néva. — Contradiction dans les choses. — Beautés du crépuscule. — La nature belle même près du pôle. — Idée religieuse. — Races teutoniques antipathiques aux Russes. — Le gouvernement des Slaves en Pologne. — Quelques traits de ressemblance entre les Russes et les Espagnols. —Influence des races dans l'histoire. —Chaleur de l'été de cette année.—Approvisionnements de Lois pour l'hiver.—Charrettes qui le transportent.—La peur est silencieuse. — Adresse du peuple russe. — Son temps d'épreuves.— Rareté du combustible à Pétersbourg.—Dilapidation des forêts. — Charrettes russes. — Mauvais ustensiles. — Les Romains du Nord. — Rapports des peuples avec leurs gouvernements. — Barques de foin sur la Néva. — Le badigeonneur russe. — Laideur et malpropreté des femmes dans les basses classes. —Beauté des hommes.—Rareté des femmes à Pétersbourg.— Souvenir des mœurs asiatiques. — Tristesse inévitable d'une ville militaire.

LETTRE QUATORZIÈME.

Pétersbourg, ce 22 juillet 1839.

La population de Pétersbourg est de quatre cent cinquante mille âmes sans la garnison, à ce que disent les Russes bons patriotes; mais des gens bien informés et qui, conséquemment, passent ici pour malintentionnés, m'assurent qu'elle n'atteint pas à quatre cent mille, y compris la garnison. Ce qu'il y a de certain, c'est que cette ville de palais, avec ses immenses espaces vides qu'on appelle des places, ressemble à des parties de champs clos de planches. Les petites maisons de bois dominent dans les quartiers éloignés du centre.

Les Russes, sortis d'une agglomération de peuplades longtemps nomades et toujours guerrières, n'ont pas encore complétement oublié la vie du bivouac. Tous les peuples fraîchement arrivés de l'Asie campent en Europe comme les Turcs. Pétersbourg est l'état-major d'une armée et non la capitale d'une nation. Toute magnifique qu'est cette ville militaire, elle paraît nue à l'œil d'un homme de l'Occident.

Les distances sont le fléau de la Russie, m'a dit l'Empereur; c'est une remarque dont on peut vérifier la justesse dans les rues même de Pétersbourg : aussi n'est-ce pas par luxe qu'on s'y promène en voiture à quatre chevaux conduits par un cocher et un postillon. Là une visite est une excursion. Les chevaux russes, pleins de feu et de nerf, n'ont pas autant de force musculaire que les nôtres; la rudesse des pavés les fatigue : deux chevaux auraient de la peine à traîner longtemps dans les rues de Pétersbourg une voiture ordinaire; l'attelage de quatre est donc un objet de première nécessité pour quiconque veut aller un peu dans le monde.

Parmi les gens du pays, tous n'ont pas le droit d'avoir quatre chevaux à leur voiture; on n'accorde cette permission qu'à des personnes d'un certain rang.

Pour peu que vous vous éloigniez du centre de la ville, vous vous perdez dans des terrains vagues, bordés de baraques qui semblent destinées à loger des ouvriers rassemblés là provisoirement pour quelque grand travail. Ce sont des magasins de fourrages, des hangars remplis d'habillements et de toutes sortes d'approvisionnements pour les soldats : on se croit au moment d'une revue ou à la veille d'une foire qui n'arrive jamais. L'herbe croît dans ces soi-disant rues, toujours désertes, parce qu'elles sont trop spacieuses pour la population qui les parcourt.

Tant de pérystiles ont été ajoutés aux maisons, tant de portiques ornent les casernes qui représentent des palais, un tel luxe de décorations d'emprunt a présidé à la construction de cette capitale provisoire, que je compte moins d'hommes que de colonnes sur les places de Pétersbourg, toujours silencieuses et tristes, à cause de leur grandeur et surtout de leur imperturbable régularité. L'équerre et le cordeau s'accordent si bien avec la manière de voir des souverains absolus, que les angles droits sont l'écueil de l'architecture despotique. L'architecture vivante, passez-moi l'expression, ne se commande pas; elle naît pour ainsi dire d'elle-même, et sort comme involontairement du génie et des besoins d'un peuple. Faire une grande nation, c'est créer immanquablement une architecture : je ne serais pas étonné si l'on venait à prouver qu'il y a eu autant d'architectures originales que de langues mères.

Au reste, la manie de la symétrie n'est pas particulière aux Russes. C'est chez nous un héritage de l'Empire. Sans ce mauvais goût des architectes parisiens, il y a longtemps que nous aurions un plan raisonnable pour orner et terminer notre monstrueuse place du Carrousel; mais la nécessité des parallèles arrête tout.

Lorsque des artistes de génie réunirent successivement leurs efforts pour faire de la place du Grand-Duc à Florence une des plus belles choses du monde, ils n'étaient pas tyrannisés par la passion des lignes droites et des monuments symétriques, ils concevaient le beau dans sa liberté, hors des carrés longs et des carrés parfaits. A défaut du sentiment de l'art et des libres créations de la fantaisie s'exerçant sur les données populaires qu'elles représentent, une justesse de coup d'œil mathématique a présidé à la création de Pétersbourg. Aussi ne peut-on oublier un instant, en parcourant cette patrie des monuments sans génie, que c'est une ville née d'un homme et non d'un peuple. Les conceptions y paraissent étroites, quoique les dimensions y soient énormes. C'est que tout peut se commander, hors la grâce, sœur de l'imagination.

La principale rue de Pétersbourg est la Perspective Newski, l'une des trois avenues qui aboutis-

LETTRE QUATORZIÈME.

sent au palais de l'Amirauté. Ces trois lignes, formant patte d'oie, divisent régulièrement en cinq parties la ville méridionale, qui prend la forme d'un éventail comme Versailles. Cette ville, en partie plus moderne que le port, créé près des îles par Pierre Ier, s'est étendue sur la rive gauche de la Néva, malgré la volonté de fer du fondateur; cette fois la peur de l'inondation l'a emporté sur la peur de la désobéissance, et la tyrannie de la nature a vaincu le despotisme de l'homme.

Cette Perspective Newski mérite de vous être décrite avec quelque détail. C'est une belle rue longue d'une lieue, large comme nos boulevards, et dans plusieurs parties de laquelle on a planté des arbres aussi malheureux que ceux de Paris : elle sert de promenade et de rendez-vous à tous les désœuvrés de la ville. A la vérité, il y en a peu, car ici on ne remue guère pour remuer, chaque pas que chacun fait ayant son but indépendant du plaisir. Porter un ordre, faire sa cour, obéir à un maître quel qu'il soit, voilà ce qui met en mouvement la plus grande partie de la population de Pétersbourg et de l'Empire.

D'abominables cailloux en tête de chat servent de pavés à ce boulevard, appelé la Perspective. Mais ici du moins ainsi que dans quelques autres des principales rues, on a incrusté au milieu des pierres des blocs de bois qui font glissoirs pour les roues des voitures; ces belles voies au rez du pavé sont formées par une marqueterie en dés et quelquefois en octogones de sapins profondément encaissés. Elles consistent chacune en deux bandes larges de deux à trois pieds et séparées par une raie de cailloux ordinaires sur laquelle marche le limonier : deux de ces voies, c'est-à-dire quatre bandes de bois longent la Perspective Newski, l'une à droite, l'autre à gauche de la rue, sans toucher aux maisons, dont elles sont encore séparées par des dalles; ces dernières terrasses sont de pierre et servent de trottoirs aux piétons. Ces beaux promenoirs diffèrent beaucoup des misérables trottoirs en planches qui déshonorent encore aujourd'hui quelques-unes des rues écartées. Il y a donc quatre lignes de dalles dans cette belle et vaste perspective qui s'étend, tout en se dépeuplant insensiblement, en s'enlaidissant et en s'attristant graduellement, jusqu'aux limites indéterminées de la ville habitable, c'est-à-dire jusque vers les confins de la barbarie asiatique dont Pétersbourg est toujours assiégé; car on retrouve le désert à l'extrémité de ses rues les plus somptueuses. Un peu au delà du pont d'Aniskoff vous rencontrez une rue qu'on appelle la rue Jelognaia, laquelle conduit à un désert nommé la place d'Alexandre. Je doute que l'Empereur Nicolas ait jamais vu cette rue. La superbe ville, créée par Pierre-le-Grand, embellie par Catherine II, tirée au cordeau par tous les autres souverains, à travers une lande spongieuse et presque toujours submergée; se perd enfin dans un horrible mélange d'échoppes et d'ateliers, amas confus d'édifices sans nom, vastes places sans dessin et que le désordre naturel et la saleté innée du peuple de ce pays laissent depuis cent ans s'encombrer de débris de toutes choses, d'immondices de tous genres. Ces ordures s'entassent d'année en année dans les villes russes pour protester contre la prétention des princes allemands, qui se flattent de policer foncièrement les nations slaves. Le caractère primitif de ces peuples, quelque défiguré qu'il soit par le joug qu'on lui impose, se fait jour au moins dans quelque coin de leurs villes de despotes et de leurs maisons d'esclaves; et si même ils ont de ces choses qu'on appelle des villes et des maisons, ce n'est pas parce qu'ils les aiment ou qu'ils en sentent le besoin, c'est parce qu'on leur a dit qu'il faut les avoir ou plutôt les subir pour marcher de front avec les vieilles races de l'Occident civilisé ; c'est surtout parce que, s'ils s'avisaient de discuter contre les hommes qui les conduisent et les instruisent militairement, ces hommes étant tout à la fois leurs caporaux et leurs pédagogues, on les renverrait à coups de fouet dans leur patrie d'Asie. Ces pauvres oiseaux exotiques mis en cage par la civilisation européenne sont les victimes de la manie ou, pour mieux dire, de l'ambition profondément calculée des Czars, conquérants du monde à venir, et qui savent bien qu'avant de nous subjuguer il faut nous imiter.

Une horde de Calmoucks qui campent sous des baraques autour d'un amas de temples antiques, une ville grecque improvisée pour des Tatares comme une décoration de théâtre, décoration magnifique, mais sans goût, préparée pour servir de cadre à un drame réel et terrible, voilà ce qu'on aperçoit du premier coup d'œil à Saint-Pétersbourg.

Je vous ai parlé du malheur des arbres condamnés à servir d'ornement à la Perspective Newski : ces pauvres bouleaux malingres vivent tout juste assez pour ne pas mourir; ils seront bientôt aussi à plaindre que les ormes des boulevards et des champs Elysées de Paris, que nous voyons lentement dépérir, piqués au cœur par les boutiquiers qu'ils offusquent, desséchés par le gaz et à demi enterrés dans le bitume : triste spectacle offert pendant la belle saison aux habitués de Tortoni et du cirque olympique. Les arbres de Pétersbourg n'ont pas un meilleur sort : l'été la poussière les ronge, l'hiver la neige les ensevelit, puis le dégel les écorche, les coupe, les déracine.

La nature et l'histoire ne sont pour rien dans la civilisation russe ; rien n'est sorti du sol ni du peuple : il n'y a pas eu de progrès, un beau jour tout fut importé de l'étranger. Dans ce triomphe de l'imitation il y a plus de métier que d'art ; c'est la différence d'une gravure à un dessin.

Rien, dit-on, ne peut donner l'idée du bouleversement des rues de Pétersbourg à la fonte des neiges. Durant les quinze jours qui suivent la débâcle la Néva charrie des blocs de glace ; tous les ponts sont enlevés, les communications sont pendant quelques jours interrompues entre les deux principales parties de la ville ; plusieurs quartiers restent isolés. On m'a conté la mort d'une personne considérable causée par l'impossibilité de faire venir son médecin durant ces jours désastreux. Alors les rues ressemblent à des lits de torrents furieux où l'inondation élève en passant ses barricades annuelles.

Peu de crises politiques causeraient autant de dommages que cette révolte annuelle de la nature contre une civilisation incomplète et impossible.

Depuis qu'on m'a décrit le dégel de Pétersbourg, je ne me plains plus du pavé, tout détestable qu'il est, car il est à refaire tous les ans. C'est un triomphe de volonté que de circuler onze mois en voiture dans une ville ainsi labourée par les zéphyrs du pôle.

Passé midi, la Perspective Newski, la grande place du palais, les quais, les ponts sont traversés par une assez grande quantité de voitures de diverses sortes et de formes singulières; ce mouvement égaie un peu la tristesse habituelle de cette ville, la plus monotone des capitales de l'Europe.

L'intérieur des habitations est également triste, parce que, malgré la magnificence de l'ameublement entassé à l'anglaise dans certaines pièces destinées à recevoir du monde, on entrevoit dans l'ombre une saleté domestique, un désordre naturel et profond qui rappelle l'Asie.

Le meuble dont on use le moins dans une maison russe, c'est le lit. Des femmes de service couchent dans des soupentes, pareilles à celles des anciennes loges de portiers en France, tandis que les hommes se roulent sur l'escalier, dans les vestibules, et même, dit-on, dans le salon sur des coussins qu'ils jettent à terre pour la nuit.

Ce matin j'ai fait une visite au prince ***. C'est un grand seigneur, ruiné, infirme, malade, hydropique ; il souffre au point de ne pouvoir se lever, et néanmoins il n'a pas de quoi se coucher, je veux dire qu'il n'a pas ce qu'on appelle un lit dans les pays où la civilisation date de loin. Il loge dans la maison de sa sœur, qui est absente. Seul, au fond de ce palais nu, il passe la nuit sur une banquette de bois, recouverte d'un tapis et de quelques oreillers. Ceci ne peut être attribué au goût particulier d'un homme : dans toutes les maisons russes où je suis entré, j'ai vu que le paravent est nécessaire au lit des Slaves, comme le musc l'est à leur personne : profonde malpropreté qui n'exclut pas toujours l'élégance apparente. Quelquefois on a un lit de parade, objet de luxe dont on fait montre par respect pour la mode européenne, mais dont on ne fait pas d'usage.

Il y a un ornement particulier aux habitations de quelques Russes élégants : c'est un petit jardin factice dans un coin du salon. Trois longues caisses à fleurs enserrent une fenêtre, et forment une salle de verdure (*altana*), espèce de kiosque qui rappelle ceux des jardins. Les caisses sont surmontées d'une palissade ou balustrade en bois des îles ou en bois doré, faisant barrière à hauteur d'homme. Ce petit boudoir découvert s'entoure de lierre et d'autres plantes grimpantes qui serpentent le long du treillage, et produisent un effet agréable au milieu d'un vaste appartement rempli de dorure et obstrué de meubles; ainsi dans un salon brillant la vue est récréée par un peu de verdure et de fraîcheur, choses de luxe pour ce pays. Là se tient la maîtresse de la maison, assise devant une table; près d'elle on voit quelques chaises, deux ou trois personnes au plus peuvent entrer à la fois dans cette retraite peu profonde, mais pourtant assez secrète pour plaire à l'imagination.

L'effet de cette espèce de bosquet de chambre m'a paru agréable, et l'idée en est raisonnable, dans un pays où le mystère doit présider à toute conversation intime. Je crois cet usage importé de l'Asie.

Je ne serais pas surpris si on introduisait un jour dans quelque maison de Paris le jardin artificiel des salons russes. Il ne déparerait pas la demeure des femmes d'État les plus à la mode en France aujourd'hui. Je me réjouirais de cette innovation, ne fût-ce que pour faire pièce aux anglomanes, à qui je ne pardonnerai jamais le mal qu'ils ont fait au bon goût et au véritable esprit français.

Les Slaves, lorsqu'ils sont beaux, ont une taille svelte, élégante, et qui cependant donne l'idée de la force; ils ont tous les yeux coupés en amandes; et le regard fourbe et furtif des peuples de l'Asie. Leurs yeux, qu'ils soient noirs ou bleus, sont toujours transparents, ils ont de la vivacité, du mouvement et beaucoup de charme parce qu'ils rient.

Ce peuple, sérieux par nécessité plus que par nature, n'ose guère rire que du regard; mais à force de paroles réprimées, ce regard, animé par le silence, supplée à l'éloquence, tant il donne de passion à la physionomie. Il est presque toujours spirituel, quelquefois doux, lent, plus souvent triste jusqu'à la férocité; il tient de celui de la bête fauve prise au piége.

Ces hommes nés pour guider un char, ont de la race, ainsi que les chevaux qu'ils conduisent : leur aspect étrange et la légèreté de leurs bêtes rendent les rues de Pétersbourg amusantes à parcourir. Ainsi, grâce à ses habitants et malgré ses architectes, cette ville ne ressemble à aucune des villes européennes.

Les cochers russes sont assis droits sur leurs siéges ; ils mènent leurs chevaux toujours grand train, mais avec beaucoup de sûreté, quoiqu'un peu rudement : la justesse, la promptitude de leur coup d'œil est admirable ; et, soit qu'ils conduisent à deux ou à quatre chevaux, ils ont toujours deux rênes pour chaque cheval, et les tiennent à pleines mains, avec force, les bras tendus en avant, très-loin du corps ; nul embarras ne les arrête. Bêtes et hommes à demi sauvages parcourent précipitamment la ville avec un air de liberté inquiétant ; mais la nature les a rendus prestes, adroits ; aussi, malgré l'extrême audace de ces cochers, les accidents sont-ils rares dans les rues de Pétersbourg. Souvent ces hommes n'ont pas de fouet ; quand ils en ont un, il est si court qu'ils ne peuvent s'en servir. Ne faisant pas non plus usage de la voix, ils ne mènent que des rênes et du frein. Vous pouvez parcourir Pétersbourg pendant des heures sans entendre un seul cri. Si les piétons ne se rangent pas assez vite, le falleiter (postillon de volée qui monte *le cheval de droite* des attelages à quatre chevaux) pousse un petit glapissement, assez semblable aux gémissements aigus d'une marmotte relancée dans son gîte; à ce bruit menaçant, qui veut dire : Rangez-vous! tout s'écarte, et la voiture a passé, comme par magie, sans ralentir son train.

Les équipages sont en général dépourvus de goût et mal tenus; les voitures, mal lavées, mal peintes, encore plus mal vernies, n'ont pas de véritable élégance : si l'on en fait venir une d'Angleterre, elle ne résiste que peu de temps aux pavés de Pétersbourg et au train des chevaux russes. Les harnais solides, légers et gracieux sont faits d'excellent cuir; en somme, malgré la négligence des gens d'écurie, et le peu d'invention des ouvriers, l'ensemble des équipages a un caractère original et pittoresque qui remplace jusqu'à un certain point le soin minutieux dont on se pique ailleurs; et comme les grands seigneurs vont toujours à quatre chevaux, les cérémonies de la cour ont bon air, même vues de la rue.

On n'attelle quatre chevaux de front que pour les voyages et les longues courses hors de la ville; dans Pétersbourg les chevaux vont toujours deux à deux; les traits de volée sont démesurément longs; l'enfant qui les mène est costumé à la persanne de même que le cocher : cet habit, nommé *armiac*, ne convient pourtant qu'à l'homme assis sur son siége; il n'est pas commode pour enfourcher un cheval, mais malgré ce désavantage le postillon russe est leste et hardi.

Je ne saurais vous peindre le sérieux, la fierté silencieuse, l'adresse, l'imperturbable témérité de ces petits polissons slaves; leur insolence et leur habileté font ma joie chaque fois que je me promène dans la ville; voilà pourquoi je vous parle d'eux souvent et en détail; enfin, et c'est chose plus rare ici qu'ailleurs, ils ont l'air heureux.

Il est dans la nature de l'homme d'éprouver du contentement à bien faire ce qu'il fait; les cochers et les postillons russes étant des plus habiles du monde peuvent se trouver satisfaits de leur condition, quelque dure qu'elle soit d'ailleurs.

Il faut dire aussi que ceux qui sont au service des seigneurs se piquent d'élégance et paraissent bien soignés, mais les chevaux de remise et leurs tristes conducteurs me font pitié, tant leur vie est dure : ils demeurent dans la rue depuis le matin jusqu'au soir, à la porte de la personne qui les loue ou sur les places que la police leur assigne. Les bêtes toujours attelées, et les hommes toujours sur le siége, mangent à leur poste, sans l'abandonner un instant. Pauvres chevaux!... je plains moins les hommes; le Russe a le goût de la servitude. On donne aux chevaux des auges portatives, posées sur des tréteaux : ainsi vous trouvez votre voiture prête chaque fois que vous voulez sortir sans qu'il soit nécessaire de la commander.

Cependant les cochers ne vivent de cette manière que pendant l'été, pour l'hiver ils ont des hangars bâtis au milieu des places les plus fréquentées. On allume de grands feux autour de ces abris à portée des spectacles, des palais et de tous les lieux où se donnent des fêtes, et c'est là que se réchauffent les domestiques; néanmoins il ne se passe guère de nuit de bal au mois de janvier sans qu'un homme ou deux meurent de froid dans la rue; les précautions mêmes prouvent le danger plutôt qu'elles ne l'écartent, et les dénégations obstinées des Russes me confirment la vérité du fait que je vous rapporte.

Une femme, plus sincère que les autres, m'a répondu aux questions réitérées que je lui adressais à ce sujet : « C'est possible, mais je n'en ai jamais entendu parler. » Dénégation qui vaut un aveu précieux. Il faut venir ici pour savoir jusqu'où l'homme riche peut porter le dédain pour la vie de l'homme pauvre, et pour apprendre en général le peu de valeur qu'a la vie aux yeux de l'homme condamné à vivre sous l'absolutisme.

En Russie l'existence est pénible pour tout le monde; l'Empereur n'y est guère moins rompu à la fatigue que le dernier des serfs. On m'a montré son lit : la dureté de cette couche étonnerait nos laboureurs. Ici tous les hommes sont forcés de se répéter une vérité sévère : c'est que le but de la vie n'est pas sur la terre, et que le moyen de l'atteindre n'est pas le plaisir.

L'inexorable image du devoir et de la soumission vous apparaît à chaque instant et ne vous permet pas d'oublier la rude condition de l'existence humaine : le travail et la douleur! Il n'est permis de subsister en Russie qu'en sacrifiant tout à l'amour de la patrie terrestre, sanctifié par la foi en la patrie céleste.

Si par moment, au milieu d'une promenade publique, la rencontre de quelques oisifs me fait illusion en me persuadant qu'il pourrait y avoir en Russie comme ailleurs, des hommes qui s'amuseraient pour s'amuser, des hommes pour qui le plaisir serait une affaire, je suis détrompé à l'instant par la vue du feldjæger qui passe silencieusement au grand galop dans sa téléga. Le feld-

LETTRE QUATORZIÈME. 175

jæger est l'homme du pouvoir ; il est la parole du maître ; télégraphe vivant, il va porter un ordre à un autre homme aussi ignorant que lui de la pensée qui les fait mouvoir : cet autre automate l'attend à cent, à mille, à quinze cents lieues dans les terres. La téléga sur laquelle chemine l'homme de fer, est de toutes les voitures de voyage la plus incommode. Figurez-vous une petite charrette à deux bancs de cuir sans ressorts et sans dossier ; aucun autre équipage ne peut servir dans les chemins de traverse auxquels aboutissent toutes les grandes routes commencées jusqu'à ce jour à travers ce vague et sauvage empire. Le premier banc est réservé au postillon ou au cocher qui change à chaque relais, le second au courrier qui voyage jusqu'à la mort, laquelle vient de bonne heure pour les hommes voués à ce dur métier.

Ceux que je vois rapidement traverser dans toutes les directions les belles rues de la ville me représentent aussitôt les solitudes où ils vont s'enfoncer : je les suis en imagination, et au bout de leur course m'apparaît la Sibérie, le Kamtschatka, le désert salé, la muraille de la Chine, la Laponie, la mer Glaciale, la Nouvelle-Zemble, la Perse, le Caucase ; ces noms historiques, presque fabuleux, produisent sur ma pensée l'effet d'un lointain vaporeux dans un grand paysage ; mais vous pouvez vous imaginer combien ce genre de rêverie attriste l'âme !... Néanmoins l'apparition de ces courriers sourds, aveugles et muets, est un aliment poétique incessamment fourni à l'esprit de l'étranger. Cet homme, né pour vivre et mourir sur sa charrette, répand à lui seul un intérêt mélancolique sur les moindres scènes de la vie ; rien de prosaïque ne peut subsister dans l'esprit en présence de tant de souffrances et de tant de grandeur. Il faut convenir que si le despotisme rend malheureux les peuples qu'il opprime, il a été inventé pour le plaisir des voyageurs qu'il jette dans un étonnement toujours nouveau. Sous la liberté, tout se publie et s'oublie, car tout est vu d'un coup d'œil ; sous le gouvernement absolu, tout se cache, mais tout se devine, de là un vif intérêt : on retient, on remarque les moindres circonstances, une secrète curiosité anime la conversation rendue plus piquante par le mystère, et par l'absence même d'intérêt apparent ; là l'esprit est paré de ses voiles comme la beauté chez les musulmans ; si les habitants d'un pays ainsi gouverné ne peuvent s'y amuser de bon cœur, un étranger ne s'y peut déplaire de bonne foi. Moins on jugerait le fond des choses, et plus l'apparence devrait intéresser. Moi je pense un peu trop à ce que je ne vois pas pour être tout à fait satisfait de ce que je vois; néanmoins, tout en m'affligeant, le spectacle me paraît attachant.

La Russie n'a point de passé, disent les amateurs de l'antiquité. C'est vrai, mais l'avenir et l'espace y servent de pâture aux imaginations les plus ardentes. Le philosophe est à plaindre en Russie, le poëte peut et doit s'y plaire.

Il n'y a de poëtes vraiment malheureux que ceux qui sont condamnés à languir sous le régime de la publicité. Quand tout le monde peut tout dire, le poëte n'a plus qu'à se taire. La poésie est un mystère qui sert à exprimer plus que la parole; elle ne saurait subsister chez les peuples qui ont perdu la pudeur de la pensée. La vision, l'allégorie, l'apologue, c'est la vérité poétique; or, dans les pays de publicité, cette vérité-là est tuée par la réalité, toujours trop grossière au gré de la fantaisie.

Il faut que la nature ait mis un sentiment profondément poétique dans l'âme des Russes, peuple moqueur et mélancolique, pour qu'ils aient trouvé le moyen de donner un aspect original et pittoresque à des villes bâties par des hommes entièrement dépourvus d'imagination, et cela dans le pays le plus plat, le plus triste, le plus monotone, et le plus nu de la terre. Des plaines éternelles, de sombres et plates solitudes : voilà la Russie. Cependant si je pouvais vous montrer Pétersbourg, ses rues et ses habitants tels que je les vois, je vous ferais un tableau de genre à chaque ligne. Tant le génie de la nation slave a puissamment réagi contre la stérile manie de son gouvernement. Ce gouvernement antinational n'avance que par évolutions militaires : il rappelle la Prusse sous son premier roi.

Je vous ai décrit une ville sans caractère, plutôt pompeuse qu'imposante, plus vaste que belle, remplie d'édifices sans style, sans goût, sans signification historique. Mais pour être complet, c'est-à-dire vrai, il fallait en même temps faire mouvoir à vos yeux, dans ce cadre prétentieux et ridicule, des hommes naturellement gracieux, et qui avec leur génie oriental, ont su s'approprier une ville bâtie pour un peuple qui n'existe nulle part; car Pétersbourg a été fait par des hommes riches, et dont l'esprit s'était formé en comparant, sans étude approfondie, les divers pays de l'Europe. Cette légion de voyageurs plus ou moins raffinés, plus expérimentés que savants, était une nation artificielle, un choix d'esprits intelligents et habiles recrutés chez toutes les nations du monde : ce n'était pas le peuple russe, celui-ci est narquois comme l'esclave qui se console de son joug en s'en moquant tout bas; superstitieux, fanfaron, brave et paresseux comme le soldat; poétique, musical et réfléchi comme le berger; car les habitudes des races nomades seront longtemps dominantes parmi les Slaves; tout cela ne s'accorde ni avec le style des édifices ni avec le plan des rues de Pétersbourg, il y a évidemment scission ici entre l'architecte et l'habitant. Les ingénieurs européens sont venus dire aux Moscovites comment ils devaient construire et orner une capitale digne de l'admiration de l'Europe et ceux-ci, avec leur soumission militaire, ont cédé à la force du commandement. Pierre-le-Grand a bâti Pétersbourg contre les Suédois bien plus que pour les Russes; mais le naturel du peuple s'est fait jour malgré son respect pour les caprices du maître, et malgré sa défiance de soi-même; et c'est à cette désobéissance involontaire que la Russie doit son cachet d'originalité : rien n'a pu effacer le caractère primitif des habitants; ce triomphe des facultés innées contre une éducation mal dirigée, est un spectacle intéressant pour tout voyageur capable de l'apprécier.

Heureusement pour le peintre et pour le poëte que les Russes sont essentiellement religieux : leurs églises, au moins, sont à eux ; la forme immuable des édifices pieux fait partie du culte et la superstition défend ces forteresses religieuses contre la manie des figures de mathématique en pierres de taille, des carrés longs, des surfaces planes et des lignes droites; enfin contre l'architecture militaire plutôt que classique qui donne à chacune des villes de ce pays l'air d'un camp destiné à durer quelques semaines pendant les grandes manœuvres.

On reconnaît également le génie d'un peuple nomade dans les chariots, les voitures, les harnais et les attelages russes. Figurez-vous des essaims, des nuées de drowskas rasant la terre. Vous vous rappelez ce que je vous ai dit ailleurs de cette voiture mouche. Elle est si petite qu'elle disparaît entièrement sous l'homme : représentez-vous-la roulant entre de longues files de maisons bien alignées, très-basses, mais au-dessus desquelles on découvre les aiguilles d'une multitude d'églises et de quelques monuments célèbres : si cet ensemble n'est pas beau, il est au moins étonnant. Ces flèches dorées ou peintes rompent les lignes monotones des toits de la ville; elles percent les airs de dards tellement aigus qu'à peine l'œil peut-il distinguer le point où leur dorure s'éteint dans la brume d'un ciel polaire. La flèche de la citadelle, racine et berceau de Pétersbourg, et celle de l'Amirauté revêtue de l'or des ducats de Hollande offerts au Czar Pierre par la république des Provinces-Unies, sont les plus remarquables. Ces aigrettes monumentales, imitées des parures asiatiques, dont sont ornés, dit-on, les édifices de Moscou, me paraissent d'une hauteur et d'une hardiesse vraiment extraordinaires. On ne conçoit pas qu'elles se soutiennent en l'air : c'est un ornement vraiment russe : figurez-vous donc un assemblage immense de dômes accompagnés des quatre campaniles obligés chez les Grecs modernes pour faire une église. Imaginez-vous une multitude de coupoles argentées, dorées, azurées, étoilées et les toits des palais peints en vert d'émeraude ou d'outremer, les places ornées de statues de bronze en l'honneur des principaux personnages historiques de la Russie et des Empereurs : bordez ce tableau d'un fleuve immense qui, les jours de calme, sert de miroir, et les jours de tempête, de repoussoir à tous les objets ; joignez-y le pont de bateaux de Troïtza jeté sur le point le plus large de la Néva, entre le champ de Mars, où la statue de Suwarrow se perd dans l'espace, et la citadelle où dorment dans leurs tombeaux dépouillés d'ornements Pierre-le-Grand et sa famille[1] ; enfin rappelez-vous que la nappe d'eau de la Néva toujours pleine, coule à rez de terre et respecte à peine au milieu de la ville une île toute bordée d'édifices à colonnes grecques, supportés par leurs fondements de granit et bâtis d'après des dessins de temples païens ; si vous saisissez bien cet ensemble, vous comprendrez comment Pétersbourg est une ville infiniment pittoresque, malgré le mauvais goût de son architecture d'emprunt, malgré la teinte marécageuse des campagnes qui l'environnent, malgré l'absence totale d'accidents dans le terrain et la pâleur des beaux jours d'été sous le terne climat du Nord.

Le peu de mouvement du fleuve aux approches de son embouchure où très-souvent la mer le force de s'arrêter et même de rebrousser chemin, ajoute encore à la singularité de la scène.

[1] Le rit grec défend la sculpture dans les églises.

Ne me reprochez pas mes contradictions, je les ai aperçues avant vous sans vouloir les éviter, car elles sont dans les choses; ceci soit dit une fois pour toutes. Comment vous donner l'idée réelle de ce que je vous dépeins si ce n'est en me contredisant à chaque mot? Si j'étais moins sincère je vous paraîtrais plus conséquent : considérez que dans l'ordre physique comme dans l'ordre moral, la vérité n'est qu'un assemblage de contrastes tellement criants qu'on dirait que la nature et la société n'ont été créées que pour faire tenir ensemble des éléments qui sans elles devraient s'abhorrer et s'exclure.

Rien n'est triste comme le ciel de Pétersbourg à midi; mais si le jour est sans éclat sous cette latitude, les soirs, les matins y sont superbes, c'est alors qu'on voit se répandre dans l'air et sur la glace des eaux presque sans rivages qui continuent le ciel, certaines gerbes de lumière, des jets, des bouquets de feu que je n'avais encore aperçus nulle part.

Le crépuscule qui dure ici les trois quarts de la vie est riche en accidents admirables; le soleil d'été, un moment submergé vers minuit, nage longtemps à l'horizon au niveau de la Néva et des basses terres qui la bordent; il darde dans le vide des lueurs d'incendie qui rendraient belle la nature la plus pauvre ; ce qu'on éprouve à cet aspect ce n'est pas l'enthousiasme que produit la couleur des paysages de la zone torride, c'est l'attrait d'un rêve, c'est l'irrésistible pouvoir d'un sommeil plein de souvenirs et d'espérances. La promenade des îles à cette heure-là est une véritable idylle. Sans doute il manque beaucoup de choses à ces sites pour en faire de beaux tableaux bien composés, mais la nature a plus de puissance que l'art sur l'imagination de l'homme ; son aspect ingénu suffit sous toutes les zones au besoin d'admiration qu'il a dans l'âme : et comment placerait-il mieux ce sentiment ? Dieu, aux environs du pôle, a beau réduire la terre au dernier degré d'aplatissement et de nudité, malgré cette misère, le spectacle de la création sera toujours pour l'œil de l'homme le plus éloquent interprète des desseins du Créateur. Les têtes chauves n'ont-elles pas leur beauté ? quant à moi je trouve les sites des environs de Pétersbourg plus que beaux, ils ont un caractère de tristesse sublime, et qui équivaut bien pour la profondeur de l'impression à la richesse et à la variété des paysages les plus célèbres de la terre. Ce n'est pas une œuvre pompeuse, artificielle, une invention agréable, c'est une profonde solitude, une solitude terrible et belle comme la mort. D'un bout de ses plaines, d'un rivage de ses mers à l'autre, la Russie entend la voix de Dieu que rien n'arrête, et qui dit à l'homme enorgueilli de la mesquine magnificence de ses pauvres villes : Tu as beau faire, je suis toujours le plus grand ! souvent un visage dénué de beauté a plus d'expression, plus de physionomie, et se grave dans notre souvenir d'une manière plus ineffaçable que des traits réguliers qui ne peignent ni passion ni sentiment. Tel est l'effet de nos préoccupations d'immortalité que ce qui intéresse surtout l'habitant de la terre, c'est ce qui lui parle d'autre chose que de la terre. Admirez la puissance des dons primitifs chez les nations : pendant plus de cent ans les Russes bien élevés, les grands seigneurs, les savants, les puissants du pays ont été mendier des idées et copier des modèles dans toutes les sociétés de l'Europe; eh bien ! cette ridicule fantaisie de princes et de courtisans n'a pas empêché le peuple de rester original [1].

Cette race spirituelle est trop fine de sa nature,

---

[1] Ce reproche qui tombe sur Pierre I*er* et sur ses successeurs immédiats complète l'éloge de l'Empereur Nicolas, qui a commencé d'arrêter ce torrent.

elle a le tact trop délicat pour se pouvoir confondre avec les peuples teutoniques. La bourgeoise Allemagne est encore aujourd'hui plus étrangère à la Russie que ne l'est l'Espagne avec ses peuples de sang arabe. La lenteur, la lourdeur, la grossièreté, la timidité, la gaucherie, sont antipathiques au génie des Slaves. Ils supporteraient mieux la vengeance et la tyrannie; les vertus germaniques elles-mêmes sont odieuses aux Russes; aussi en peu d'années ceux-ci, malgré leurs atrocités religieuses et politiques, ont-ils fait plus de progrès dans l'opinion à Varsovie, que les Prussiens, malgré les rares et solides qualités qui distinguent la race allemande; je ne dis pas que ceci soit un bien, je le note comme un fait : tous les frères ne s'aiment pas, mais tous se comprennent.

Quant à l'analogie que je crois découvrir sur certains points entre les Russes et les Espagnols, elle s'explique par les rapports qui ont pu exister originairement entre les tribus arabes et quelques-unes des hordes qui passèrent de l'Asie en Moscovie. L'architecture mauresque a du rapport avec la byzantine, type de la vraie architecture moscovite. Le génie des peuples asiatiques errants en Afrique ne saurait être contraire à celui des autres

LETTRE QUATORZIÈME.

nations de l'Orient à peine établies en Europe : l'histoire s'explique par l'influence progressive des races, ce sont des fatalités sociales comme les caractères sont des fatalités personnelles.

Sans la différence de religion, sans les mœurs diverses des peuples, je me croirais ici dans une des plaines les plus élevées et les plus stériles de la Castille. A la vérité il y fait une chaleur d'Afrique; depuis vingt ans la Russie n'a pas vu un été aussi brûlant.

Malgré une chaleur des tropiques, je vois déjà les Russes faire leur provision de bois. Des bateaux chargés de bûches de bouleaux, le seul chauffage dont on fasse usage ici où le chêne est un arbre de luxe, obstruent les nombreux et larges canaux qui coupent en tous sens cette ville bâtie sur le modèle d'Amsterdam, car dans les principales rues de Pétersbourg coule un bras de la Néva; cette eau disparaît l'hiver sous la neige, et l'été sous la quantité de barques qui se pressent le long des quais pour déposer à terre leurs approvisionnements.

Ce bois est d'avance scié très-court; puis au sortir des bateaux, on le place sur des voitures assez singulières. Ces charrettes d'une simplicité primitive consistent en deux gaules qui font brancards et qui sont destinées à lier le train de devant avec celui de derrière : on entasse sur ces longues perches très-rapprochées l'une de l'autre, car la voie du char est étroite, un rang de bûches montées comme une muraille à la hauteur de sept ou huit pieds. Vu de côté, cet échafaudage est une maison qui marche. On lie le bois sur la charrette avec une chaîne : si la chaîne vient à se lâcher dans les secousses du pavé, le conducteur la resserre chemin faisant avec une corde et un bâton qu'il emploie en forme de tourniquet, sans arrêter ni même ralentir son cheval. On voit l'homme pendu à son pan de bois pour en relier avec effort toutes les parties : on dirait d'un écureuil qui se balance à sa corde dans une cage, ou à sa branche dans une forêt, et pendant cette opération silencieuse, la muraille de bois continue silencieusement son chemin dans la rue qu'elle suit sans encombres, car sous ce gouvernement violent, tout se passe sans heurt, ni paroles, ni bruit. C'est que la peur inspire à l'homme une mansuétude calculée, plus sûre que la douceur naturelle.

Je n'ai pas vu un seul de ces chancelants édifices s'écrouler pendant les scabreux, et souvent les longs trajets qu'on leur fait faire à travers la ville.

Le peuple russe est souverainement adroit : c'est contre le vœu de la nature que cette race d'hommes a été poussée près du pôle par les révolutions humaines et qu'elle y est retenue par les nécessités politiques. Qui pénétrerait plus avant dans les vues de la Providence, reconnaîtrait peut-être que la guerre contre les éléments est la rude épreuve à laquelle Dieu a voulu soumettre cette nation marquée par lui pour en dominer un jour beaucoup d'autres. La lutte est l'école de la Providence.

Le combustible devient rare en Russie. Le bois se paie à Pétersbourg aussi cher qu'à Paris. Il est telle maison ici dont le chauffage coûte, par hiver, de neuf à dix mille francs. En voyant la dilapidation des forêts, on se demande avec inquiétude de quel bois se chauffera la génération qui suivra celle-ci.

Pardonnez-moi la plaisanterie : je pense souvent que ce serait une mesure de prudence de la part des peuples qui jouissent d'un beau climat que de fournir aux Russes de quoi faire bon feu chez eux. Ils regretteraient moins le soleil.

Les charrettes destinées à emporter les immondices de la ville sont petites et incommodes ; avec une telle machine un homme et un cheval ne peuvent faire que peu d'ouvrage en un jour. Généralement les Russes manifestent leur intelligence plutôt par la manière d'employer de mauvais ustensiles que par le soin qu'ils mettent à perfectionner ceux qu'ils ont. Doués de peu d'invention, ils manquent, le plus souvent, des mécaniques appropriées au but qu'ils veulent atteindre. Ce peuple, qui a tant de grâce et de facilité, est dépourvu de génie créateur. Encore une fois, les Russes sont les Romains du Nord. Les uns et les autres ont tiré leurs sciences et leurs arts de l'étranger. Ils ont de l'esprit, mais c'est un esprit imitateur, et par conséquent plus ironique que fécond ; cet esprit contrefait tout, il n'imagine rien.

La moquerie est le trait dominant du caractère des tyrans et des esclaves. Toute nation opprimée a l'esprit tourné au dénigrement, à la satire, à la caricature ; elle se venge de son inaction et de son abaissement par des sarcasmes. Reste à calculer et à formuler le rapport qui existe entre les nations et les constitutions qu'elles se donnent ou qu'elles subissent. Mon opinion est que chaque nation policée a pour gouvernement le seul qu'elle puisse avoir. Je ne prétends pas vous imposer ni même vous exposer ce système. C'est un travail que je laisse à de plus dignes et à de plus savants que moi ;

mon but aujourd'hui est moins ambitieux, c'est de vous décrire ce qui me frappe dans les rues et sur les quais de Pétersbourg.

En quelques endroits la Néva est toute couverte de barques de foin. Ces rustiques édifices sont plus grands que bien des maisons; et leur aspect me paraît pittoresque et ingénieux comme tout ce que les Slaves ne doivent qu'à eux-mêmes. Ces barques, habitées par les hommes qui les conduisent, sont tendues de tapis de paille, espèce de sparterie qui, toute grossière qu'elle est, donne un air de pavillon oriental, de jonque chinoise au mobile édifice : ce n'est qu'à Pétersbourg que j'ai vu des murailles de foin tapissées de paillassons, et des familles sortir de dessous ce foin comme des bêtes s'élancent de leurs tanières.

Le métier de badigeonneur devient important dans une ville où l'intérieur des maisons reste en proie à des fourmilières de vermine, tandis que l'extérieur est régulièrement dégradé par les hivers. En Russie, il faut recrépir chaque année tout édifice qu'on veut préserver d'une prompte destruction.

La manière dont le badigeonneur russe fait son métier est curieuse : il n'a que trois mois par an pour travailler au dehors des maisons. Vous jugez que le nombre des ouvriers doit être considérable : on en rencontre à chaque coin de rue. Ces hommes, assis au péril de leur vie sur une planchette mal attachée à une grande corde flottante, se balancent comme des insectes contre les édifices qu'ils reblanchissent. Quelque chose de semblable a lieu chez nous, où des ouvriers se pendent aussi aux nœuds d'une corde pour monter et descendre le long des maisons. Mais en France les badigeonneurs toujours en petit nombre, sont bien moins téméraires que les Russes. En tout lieu l'homme apprécie sa vie ce qu'elle vaut.

Figurez-vous des centaines d'araignées pendues au fil de leurs toiles déchirées par l'orage, et qu'elles s'empressent de réparer avec une dextérité, une activité merveilleuse, et vous aurez l'idée du travail des badigeonneurs dans les rues de Pétersbourg pendant le court été du Nord. Les maisons n'ont guère plus de trois étages; elles sont blanches, mais leur apparence est trompeuse, car on les croirait propres. Moi qui sais la vérité sur l'intérieur, je passe devant ces brillantes façades avec un respectueux dégoût.

En province, on badigeonne les villes où l'Empereur doit passer : est-ce un honneur rendu au souverain, ou veut-on lui faire illusion sur la misère du pays?

En général, les Russes portent avec eux une odeur désagréable, et dont on s'aperçoit même de loin. Les gens du monde sentent le musc, et les gens du peuple le chou aigre, mêlé d'une exhalaison d'oignons et de vieux cuirs gras parfumés. Ces senteurs ne varient pas.

Vous pouvez conclure de là que les trente mille sujets de l'Empereur qui viennent au 1er janvier lui offrir leurs félicitations jusque dans son palais, et les six ou sept mille que nous verrons demain se presser dans l'intérieur du château de Péterhoff pour fêter leur Impératrice, doivent laisser sur leur passage un parfum redoutable.

De toutes les femmes du peuple que j'ai rencontrées jusqu'ici dans les rues, pas une seule ne m'a semblé belle; et le plus grand nombre d'entre elles m'a paru d'une laideur remarquable et d'une malpropreté repoussante. On s'étonne en pensant que ce sont là les épouses et les mères de ces hommes aux traits si fins, si réguliers, aux profils grecs, à la taille élégante et souple, qu'on aperçoit même parmi les dernières classes de la nation. Rien de si beau que les vieillards, de si affreux que les vieilles femmes russes. J'ai vu peu de bourgeoises. Une des singularités de Pétersbourg, c'est que le nombre des femmes relativement à celui des hommes y est moindre que dans les capitales des autres pays ; on m'assure qu'elles forment tout au plus le tiers de la population totale de la ville.

Cette rareté fait qu'elles ne sont que trop fêtées : on leur témoigne tant d'empressement qu'il n'en est guère qui se risquent seules passé une certaine heure dans les rues des quartiers peu populeux. Dans la capitale d'un pays tout militaire et chez un peuple adonné à l'ivrognerie, cette retenue me paraît assez motivée. En général les femmes russes se montrent moins en public que les Françaises; il ne faudrait pas remonter bien haut pour arriver au temps où elles passaient leur vie enfermées comme les femmes de l'Asie. Cette réserve dont le souvenir se perpétue, rappelle comme tant d'autres coutumes russes l'origine de ce peuple. Elle contribue à la tristesse des fêtes et des rues de Pétersbourg. Ce qu'on voit de plus beau dans cette ville, ce sont les parades, tant il est vrai que c'est à bon droit que je vous ai dit que toute ville russe, à commencer par la capitale, est un camp un peu plus stable et plus pacifique qu'un bivouac.

On compte peu de cafés dans Pétersbourg : il n'y a point de bals publics autorisés dans l'intérieur de la ville; les promenades ne sont guère fréquentées et on les parcourt avec une gravité peu réjouissante.

Mais si la peur rend ici les hommes sérieux, elle les rend aussi fort polis. Je n'ai jamais vu autant de gens se traiter avec égard et cela dans toutes les classes. Le cocher de drowska salue imperturbablement son camarade qui n'a garde de passer à côté de lui sans lui rendre révérence pour révérence; le portefaix salue le badigeonneur et ainsi des autres. Le chapeau et le bâton sont en Russie des objets de première nécessité. Cette urbanité est peut-être jouée, je la crois au moins forcée; cependant la seule apparence de l'aménité contribue à l'agrément de la vie. Si la politesse menteuse a tant d'avantages, quel charme ne devrait pas avoir la vraie politesse, la politesse du cœur?

Le séjour de Pétersbourg serait tout à fait agréable pour un voyageur qui croirait aux paroles et qui aurait en même temps du caractère. Mais il en faudrait beaucoup afin de refuser les fêtes et de renoncer aux dîners, véritables fléaux de la société russe et l'on peut dire de toutes les sociétés où sont admis les étrangers et d'où par conséquent l'intimité est bannie.

Je n'ai accepté ici que bien peu d'invitations chez les particuliers : j'étais surtout curieux des solennités de cour; mais j'en ai assez vu; on se blase vite sur des merveilles où le cœur n'a rien à sentir. Si l'on était amoureux, on pourrait se résigner à suivre au palais une femme qu'on aimerait tout en maudissant le sort qui l'attache à une société uniquement animée par l'ambition, la peur et la vanité. On a beau dire que le grand monde est le même partout; la Russie est aujourd'hui le pays de l'Europe où les intrigues de cour tiennent le plus de place dans l'existence de chaque individu.

SOMMAIRE DE LA LETTRE QUINZIÈME.

Fête de Péterhoff. — Le peuple dans le palais de son maître. — Ce qu'il y a de réel dans cet acte de popularité. — L'Asie et l'Europe en présence. — Prestige attaché à la personne de l'Empereur. — Pourquoi l'Impératrice Catherine instituait des écoles en Russie. — Vanité russe. — L'Empereur y pourra-t-il remédier? — Fausse civilisation. — Plan de l'Empereur Nicolas. — La Russie telle qu'on la montre aux étrangers et la Russie telle qu'elle est. — Souvenirs du voyage de l'Impératrice Catherine en Crimée. — Ce que les Russes pensent des diplomates étrangers. — Hospitalité russe. — Le fond des choses. — Dissimulation à l'ordre du jour. — Étrangers complices des Russes. — Ce que c'est que la popularité des Empereurs de Russie. — Composition de la foule admise dans le palais. — Enfants de prêtres. — Noblesse secondaire. — Peine de mort. — Comment elle est abolie. — Tristesse des physionomies. — Motifs du voyageur pour venir visiter la Russie. — Déceptions. — Conditions de l'homme en Russie. — L'Empereur lui-même est à plaindre. — Compensation. — Oppression. — La Sibérie. — Manière dont l'étranger doit se conduire pour être bien vu en Russie. — Esprit caustique des Russes. — Leur sens politique. — Danger que court l'étranger en Russie. — Probité du *mugic*, paysan russe. — La montre de l'ambassadeur de Sardaigne. — Autres vols. — Moyen de gouvernement. — Faute énorme. — Le *Journal des Débats*, pourquoi l'Empereur le lit. — Réflexions. — Digressions. — Politique de l'Empereur. — Politique du journal. — Beauté du site de Péterhoff. — Le parc. — Points de vue. — Efforts de l'art. — Illuminations. — Féerie. — Voitures, piétons: leur nombre. — Bivouac bourgeois. — Nombre des lampions. —

Temps qu'il faut pour les allumer. — Campements de la foule autour de Péterhoff. — Équipages parqués. — Valeur du peuple russe. — Palais anglais. — Manière dont le corps diplomatique et les étrangers invités sont traités. — Où je passe la nuit. — Lit portatif. — Bivouacs militaires. — Silence de la foule. — La gaîté manque. — Bon ordre obligé. — Le bal. — Les appartements. — Manière dont l'Empereur sillonne la foule. — Son air. — Danses polonaises. — Illumination des vaisseaux. — Ouragan. — Accidents sur mer pendant la fête. — Mystère. — Prix de la vie sous le despotisme. — Tristes présages. — Chiffre de l'Impératrice éteint. — L'homme qui veut le rallumer, ce qu'il lui en coûte. — Distribution de la journée de l'Impératrice. — Inévitable frivolité. — Tristesse des anniversaires. — Promenade en *lignes*. — Description de cette voiture. — Rencontre d'une dame russe en ligne. — Sa conversation. — Magnificence de la promenade nocturne. — Lac de Marly. — Souvenirs de Versailles. — Maison de Pierre-le-Grand. — Grottes, cascades illuminées. — Départ de la foule après la fête. — Image de la retraite de Moscou. — Revue du corps des cadets passée par l'Empereur. — Toujours la cour. — Ce qu'il faut pour supporter cette vie. — Triomphe d'un cadet. — Évolutions des soldats circassiens.

LETTRE QUINZIÈME.

Péterhoff, ce 23 juillet 1839.

Il faut considérer la fête de Péterhoff de deux points de vue différents : le matériel et le moral; sous ces deux rapports le même spectacle produit des impressions diverses.

Je n'ai rien vu de plus beau pour les yeux, de plus triste pour la pensée que cette réunion soi-disant nationale de courtisans et de paysans, qui se réunissent de fait dans les mêmes salons sans se rapprocher de cœur. Socialement ceci me déplaît, parce qu'il me paraît que l'Empereur, par ce faux luxe de popularité, abaisse les grands sans relever les petits. Tous les hommes sont égaux devant Dieu, et, pour un Russe, Dieu c'est le maître : ce maître suprême est si loin de la terre qu'il ne voit point de distance entre le serf et le seigneur; des hauteurs où réside sa sublimité, les petites nuances qui divisent l'humanité échappent à ses regards divins. C'est ainsi que les aspérités qui hérissent la surface du globe s'évanouiraient aux yeux d'un habitant du soleil.

Lorsque l'Empereur ouvre librement en apparence son palais aux paysans privilégiés, aux bourgeois choisis qu'il admet deux fois par an à l'honneur de lui faire leur cour [1], il ne dit pas au laboureur, au marchand : « Tu es un homme comme moi ; » mais il dit au grand seigneur : « Tu es un esclave comme eux ; et moi, votre dieu, je plane sur vous tous également. » Telle est, toute fiction politique à part, le sens moral de cette fête, et voilà ce qui en gâte le spectacle à mes yeux. Au surplus, j'ai remarqué qu'il plaisait au maître et aux serfs beaucoup plus qu'aux courtisans de profession.

Chercher un simulacre de popularité dans l'égalité des autres, c'est un jeu cruel, une plaisanterie de despote qui pouvait éblouir les hommes d'un autre siècle, mais qui ne saurait tromper des peuples parvenus à l'âge de l'expérience et de la réflexion. Ce n'est pas l'Empereur Nicolas qui a eu recours à une telle supercherie ; mais puisqu'il n'a pas inventé cette puérilité politique, il serait digne de lui de l'abolir. Il est vrai que rien ne s'abolit sans pé-

---

[1] Au 1er janvier à Pétersbourg et à Péterhoff pour la fête de l'Impératrice.

ril en Russie; les peuples qui manquent de garantie, ne s'appuient que sur les habitudes. L'attachement opiniâtre à la coutume défendue par l'émeute et le poison, est une des bases de la constitution, et la mort périodique des souverains prouve aux Russes que cette *constitution* sait se faire respecter. L'équilibre d'une telle machine est pour moi un profond et douloureux mystère.

Comme décoration, comme assemblage pittoresque d'hommes de tous états, comme revue de costumes magnifiques ou singuliers, on ne saurait faire assez d'éloges de la fête de Péterhoff. Rien de ce que j'en avais lu, de ce qu'on m'en avait raconté n'aurait pu me donner l'idée d'une telle féerie; l'imagination était restée au-dessous de la réalité.

Figurez-vous un palais bâti sur une terrasse dont la hauteur équivaut à une montagne dans un pays de plaines à perte de vue, pays tellement plat, que, d'une élévation de soixante pieds, vous jouissez d'un horizon immense; au-dessous de cette imposante construction commence un vaste parc qui ne finit qu'à la mer, où vous apercevez une ligne de vaisseaux de guerre qui le soir de la fête doivent être illuminés : c'est de la magie; le feu qui s'allume brille et s'étend, comme un incendie, depuis les bosquets et les terrasses du palais jusque sur les flots du golfe de Finlande. Dans le parc les lampions font l'effet du jour. Vous y voyez des arbres diversement éclairés par des soleils de toutes couleurs ; ce n'est pas par milliers, par dix milliers que l'on compte les lumières de ces jardins d'Armide, c'est par centaines de mille, et vous admirez tout cela à travers les fenêtres d'un château pris d'assaut par un peuple aussi respectueux que s'il avait passé sa vie à la cour.

Néanmoins dans cette foule, où l'on cherche à effacer les rangs, toutes les classes se retrouvent sans se confondre. Quelques attaques qu'ait portées le despotisme à l'aristocratie, il y a encore des castes en Russie.

C'est un point de ressemblance de plus avec l'Orient, et ce n'est pas une des contradictions les moins frappantes de l'ordre social tel que l'ont fait les mœurs du peuple combinées avec le gouvernement du pays. Ainsi à cette fête de l'Impératrice, vraie bacchanale du pouvoir absolu, j'ai reconnu l'image de l'ordre qui règne dans l'État sous le désordre apparent du bal. C'étaient toujours des marchands, des soldats, des laboureurs, des courtisans que je rencontrais, et tous se distinguaient à leur costume : un habit qui n'indiquerait pas le rang de l'homme, un homme qui n'aurait de valeur que son mérite personnel, seraient ici des anomalies, des inventions européennes importées par des novateurs inquiets et d'imprudents voyageurs. N'oubliez pas que nous sommes aux confins de l'Asie : un Russe en frac chez lui me fait l'effet d'un étranger.

Les vrais Russes à barbe pensent là-dessus comme moi, et ils se promettent bien de faire un beau jour main basse sur tous ces *freluquets* infidèles aux anciens usages, indifférents aux vrais intérêts de la patrie, et qui trahissent leur pays pour rivaliser de civilisation avec l'étranger.

La Russie est placée sur la limite de deux continents : ce qui vient de l'Europe n'est pas de nature à s'amalgamer complétement avec ce qui a été apporté de l'Asie. Cette société n'a jusqu'à présent été policée qu'en souffrant la violence et l'incohérence des deux civilisations en présence, mais encore très-diverses ; c'est pour le voyageur une source d'observations intéressantes sinon consolantes.

Le bal est une cohue ; il est soi-disant masqué

parce que les hommes y portent sous le bras un petit chiffon de soie baptisé manteau vénitien, et qui flotte ridiculement par-dessus les uniformes. Les salles du vieux palais remplies de monde sont un océan de têtes à cheveux gras, toutes dominées par la noble tête de l'Empereur, de qui la taille, la voix et la volonté planent sur son peuple. Ce prince paraît digne et capable de subjuguer les esprits comme il surpasse les corps; une sorte de prestige me semble attaché à sa personne; à Péterhoff, comme à la parade, comme à la guerre, comme dans tout l'Empire, comme à tous les moments de sa vie, vous voyez en lui l'homme qui règne.

Ce règne perpétuel et perpétuellement adoré serait une vraie comédie, si de cette représentation permanente ne dépendait l'existence de soixante millions d'hommes qui ne vivent que parce que l'homme que vous voyez là, devant vous, en attitude d'Empereur, leur accorde la permission de respirer et leur dicte la manière d'user de cette permission; c'est le droit divin appliqué au mécanisme de la vie sociale; tel est le côté sérieux de la représentation : de là dérivent des faits tellement graves que la peur qu'on en a étouffe l'envie d'en rire.

Il n'existe pas aujourd'hui sur la terre un seul homme qui jouisse d'un tel pouvoir, et qui en use : pas en Turquie, pas même en Chine. Figurez-vous l'habileté de nos gouvernements éprouvés par des siècles d'exercice, mise au service d'une société encore jeune et féroce, les rubriques des administrations de l'Occident aidant de toute l'expérience moderne le despotisme de l'Orient, la discipline européenne soutenant la tyrannie de l'Asie, la police appliquée à cacher la barbarie pour la perpétuer au lieu de l'étouffer; la brutalité, la cruauté disciplinées, la tactique des armées de l'Europe servant à fortifier la politique de l'Orient : faites-vous l'idée d'un peuple à demi sauvage, qu'on a enrégimenté sans le civiliser; et vous comprendrez l'état moral et social du peuple russe.

Profiter des progrès administratifs des nations européennes pour gouverner soixante millions d'hommes à l'orientale, tel est, depuis Pierre Ier, le problème à résoudre pour les hommes qui dirigent la Russie.

Les règnes de Catherine-la-Grande et d'Alexandre n'ont fait que prolonger l'enfance systématique de cette nation qui n'existe encore que de nom.

Catherine avait institué des écoles pour contenter les philosophes français dont sa vanité quêtait les louanges. Le gouverneur de Moscou, l'un de ses anciens favoris, récompensé par un pompeux exil dans l'ancienne capitale de l'Empire, lui écrivait un jour que personne n'envoyait ses enfants à l'école ; l'Impératrice répondit à peu près en ces termes :

« Mon cher prince, ne vous plaignez pas de ce « que les Russes n'ont pas le désir de s'instruire ; « si j'institue des écoles ce n'est pas pour nous, « c'est pour l'Europe, où IL FAUT MAINTENIR NOTRE « RANG DANS L'OPINION ; mais du jour où nos paysans « voudraient s'éclairer, ni vous ni moi nous ne res- « terions à nos places. »

Cette lettre a été lue par une personne en laquelle j'ai toute confiance ; sans doute en l'écrivant l'Impératrice était en distraction, et c'est précisément parce qu'elle était sujette à de telles absences qu'on la trouvait si aimable et qu'elle exerçait tant de puissance sur l'esprit des hommes à imagination.

Les Russes nieront l'authenticité de l'anecdote selon leur tactique ordinaire ; mais si je ne suis pas sûr de l'exactitude des paroles, je puis affirmer qu'elles expriment la vraie pensée de la souveraine. Ceci doit suffire pour vous et pour moi.

Vous pouvez reconnaître à ce trait l'esprit de vanité qui gouverne et tourmente les Russes, et qui pervertit jusque dans sa source le pouvoir établi sur eux.

Cette malheureuse opinion européenne est un fantôme qui les poursuit dans le secret de leur pensée, et qui réduit pour eux la civilisation à un tour de passe-passe exécuté plus ou moins adroitement.

L'Empereur actuel avec son jugement sain, son esprit clair, a vu l'écueil, mais pourra-t-il l'éviter? Il faut plus que la force de Pierre-le-Grand pour remédier au mal causé par ce premier corrupteur des Russes.

Aujourd'hui la difficulté est double; l'esprit du paysan, resté rude et barbare, regimbe contre la culture, tandis que ses habitudes, sa complexion le soumettent au frein; en même temps la fausse élégance des grands seigneurs contrarie le caractère national sur lequel il faudrait s'appuyer pour ennoblir le peuple : quelle complication! qui déliera ce nouveau nœud gordien?....

J'admire l'Empereur Nicolas, un homme de génie peut seul accomplir la tâche qu'il s'est imposée. Il a vu le mal, il a entrevu le remède et s'efforce de l'appliquer : lumière et volonté, voilà ce qui fait les grands princes.

Cependant un règne peut-il suffire pour guérir des maux qui datent d'un siècle et demi? Le mal est si enraciné qu'il frappe même l'œil des étrangers un peu attentifs, et pourtant la Russie est un pays où tout le monde conspire à tromper le voyageur.

Savez-vous ce que c'est que de voyager en Russie? Pour un esprit léger, c'est se nourrir d'illusions ; mais pour quiconque a les yeux ouverts et joint à un peu de puissance d'observation une humeur indépendante, c'est un travail continu, opiniâtre, et qui consiste à discerner péniblement à tout propos deux nations luttant dans une multitude. Ces deux nations, c'est la Russie telle qu'elle est, et la Russie telle qu'on voudrait la montrer à l'Europe.

L'Empereur, moins que personne, est garanti contre le piége des illusions. Rappelez-vous le voyage de Catherine à Cherson : elle traversait des déserts, mais on lui bâtissait des lignes de villages à une demi-lieue du chemin par lequel elle passait; et comme elle n'allait pas regarder derrière les coulisses de ce théâtre où le tyran jouait le niais, elle crut ses provinces méridionales peuplées, tandis qu'elles restaient frappées d'une stérilité causée par l'oppression de son gouvernement bien plus que par les rigueurs de la nature. La finesse des hommes chargés par l'Empereur des détails de l'administration russe expose encore aujourd'hui le souverain à des déceptions du même genre. Aussi ce fait me revient-il souvent à la mémoire.

Le corps diplomatique, et en général les Occidentaux, ont toujours été considérés, par ce gouvernement à l'esprit byzantin et par la Russie tout entière, comme des espions malveillants et jaloux. Il y a ce rapport entre les Russes et les Chinois que les uns et les autres croient toujours que les étrangers les envient; ils nous jugent d'après eux.

Aussi l'hospitalité moscovite tant vantée est-elle devenue un art qui se résout en une politique très-fine; il consiste à rendre ses hôtes contents aux moindres frais possibles de sincérité. Parmi les voyageurs, ceux qui se laissent le plus débonnairement et le plus longtemps piper, sont les mieux vus. Ici la politesse n'est que l'art de se déguiser réciproquement la double peur qu'on éprouve et qu'on inspire. J'entrevois au fond de toute chose une violence hypocrite, pire que la tyrannie de Bati, dont la Russie moderne est moins loin qu'on ne voudrait nous le faire croire. J'entends parler partout le langage de la philosophie, et partout je vois l'oppression à l'ordre du jour. On me dit : « Nous voudrions bien pouvoir nous passer d'arbitraire, nous serions plus riches et plus forts; mais nous avons affaire à des peuples de l'Asie. » En même temps on pense : « Nous voudrions bien pouvoir nous dispenser de parler libéralisme, philanthropie, nous serions plus heureux et plus forts; mais nous avons à traiter avec les gouvernements de l'Europe. »

Il faut le dire, les Russes de toutes les classes conspirent avec un accord merveilleux à faire triompher chez eux la duplicité. Ils ont une dextérité dans le mensonge, un naturel dans la fausseté dont le succès révolte ma sincérité autant qu'il m'épouvante. Tout ce que j'admire ailleurs, je le hais ici parce que je le trouve payé trop cher : l'ordre, la patience, le calme, l'élégance, la politesse, le respect, les rapports naturels et moraux qui doivent s'établir entre celui qui conçoit et celui qui exécute, enfin tout ce qui fait le prix, le charme des sociétés bien organisées, tout ce qui donne un sens et un but aux institutions politiques se confond ici dans un seul sentiment, la crainte. En Russie, la crainte remplace, c'est-à-dire paralyse la pensée ; ce sentiment, quand il règne seul, ne peut produire que des apparences de civilisation : n'en déplaise aux législateurs à vue courte, la crainte ne sera jamais l'âme d'une société bien organisée ; ce n'est pas l'ordre, c'est le voile du chaos, voilà tout : où la liberté manque, manquent l'âme et la vérité. La Russie est un corps sans vie ; un colosse qui subsiste par la tête, mais dont tous les membres, également privés de force, languissent !... De là une inquiétude profonde, un malaise inexprimable, et ce malaise ne tient pas, comme chez les nouveaux révolutionnaires français, au vague des idées, à l'abus, à l'ennui de la prospérité matérielle, aux jalousies qui naissent de la concurrence ; il est l'expression d'une souffrance positive, l'indice d'une maladie organique.

Je crois que de toutes les parties de la terre, la Russie est celle où les hommes ont le moins de bonheur réel. Nous ne sommes pas heureux chez nous, mais nous sentons que le bonheur dépend de nous ; chez les Russes, il est impossible. Figurez-vous les passions républicaines (car encore une fois sous l'Empereur de Russie règne l'égalité fictive) bouillonnant dans le silence du despotisme : c'est une combinaison effrayante, surtout par l'avenir qu'elle présage au monde. La Russie est une chaudière d'eau bouillante bien fermée, mais placée sur un feu qui devient toujours plus ardent : je crains l'explosion; et ce qui n'est pas fait pour me rassurer, c'est que l'Empereur a plusieurs fois éprouvé la même crainte que moi dans le cours de son règne laborieux : laborieux dans la paix comme dans la guerre; car de nos jours les empires sont comme des machines qui s'usent au repos. La prudence les paralyse, l'inquiétude les dévore. C'est donc cette tête sans corps, ce souverain sans peuple qui donne des fêtes populaires. Il me semble qu'avant de faire de la popularité, il faudrait faire un peuple.

A la vérité ce pays se prête merveilleusement à tous les genres de fraude; il existe ailleurs des esclaves, mais, pour trouver autant d'esclaves courtisans, c'est en Russie qu'il faut venir. On ne sait de quoi s'émerveiller le plus de l'inconséquence ou de l'hypocrisie : Catherine II n'est pas morte; car malgré le caractère si franc de son petit-fils, c'est toujours par la dissimulation que la

Russie est gouvernée..... En ce pays, la tyrannie avouée serait un progrès.

Sur ce point, comme sur bien d'autres, les étrangers qui ont décrit la Russie sont d'accord avec les Russes pour tromper le monde. Peut-on être plus traîtreusement complaisants que la plupart de ces écrivains accourus ici de tous les coins de l'Europe pour faire de la sensibilité sur la touchante familiarité qui règne entre l'Empereur de Russie et son peuple? Le prestige du despotisme serait-il donc si grand qu'il subjuguerait même les simples curieux? Ou ce pays n'a encore été peint que par des hommes dont la position, dont le caractère ne leur permettaient pas l'indépendance, ou les esprits les plus sincères perdent la liberté du jugement dès qu'ils entrent en Russie.

Quant à moi, je me défends de cette influence par l'aversion que j'ai pour la feinte.

Je ne hais qu'un mal, et si je le hais, c'est parce que je crois qu'il engendre et suppose tous les autres maux : ce mal, c'est le mensonge. Aussi m'efforcé-je de le démasquer partout où je le rencontre; c'est l'horreur que j'ai pour la fausseté qui me donne le désir et le courage d'écrire ce voyage : je l'ai entrepris par curiosité, je le raconterai par devoir.

La passion de la vérité est une muse qui tient lieu de force, de jeunesse, de lumière. Ce sentiment va si loin en moi qu'il me fait aimer le temps où nous vivons; si notre siècle est un peu grossier, il est du moins plus sincère que ne le fut celui qui l'a précédé; il se distingue par la répugnance quelquefois brutale qu'il montre pour toutes les affectations, et je partage cette aversion. La haine de l'hypocrisie est le flambeau dont je me sers pour me guider dans le labyrinthe du monde : ceux qui trompent les hommes, de quelque manière que ce soit, me paraissent des empoisonneurs, et les plus élevés, les plus puissants, sont les plus coupables. Quand la parole ment, quand l'écrit ment, quand l'action ment, je les déteste : quand le silence ment comme en Russie, je l'interprète. C'est le punir.

Voilà ce qui m'a empêché hier de jouir, par la pensée, d'un spectacle que j'admirais des yeux malgré moi; s'il n'était pas touchant, comme on voulait me le faire croire, il était pompeux, magnifique, singulier, nouveau; mais il paraissait trompeur; cette idée suffisait pour lui ôter son prestige à mes yeux. La passion de la vérité qui domine aujourd'hui les cœurs français est encore inconnue en Russie.

Après tout, quelle est donc cette foule baptisée peuple, et dont l'Europe se croit obligée de vanter niaisement la respectueuse familiarité en présence de ses souverains? ne vous y trompez pas : ce sont des esclaves d'esclaves. Les grands seigneurs envoient pour fêter l'Impératrice des paysans choisis et qu'on dit venus là au hasard; ces serfs d'élite sont admis à l'honneur de venir représenter dans le palais un peuple qui n'existe point ailleurs; ils font foule avec la domesticité de la cour dont on accorde également l'entrée ce jour-là aux marchands les mieux famés, les plus connus par leur dévouement, car il faut quelques hommes à barbe pour satisfaire les vrais, les vieux Russes. Voilà en réalité ce que c'est que ce peuple dont les excellents sentiments sont donnés pour exemple aux autres peuples par les souverains de la Russie, depuis l'Impératrice Élisabeth! C'est, je crois, de ce règne que datent ces sortes de fêtes; aujourd'hui l'Empereur Nicolas, avec son caractère de fer, son admirable droiture d'intention, et toute l'autorité que lui assurent ses vertus publiques et privées, n'en pourrait peut-être pas abolir l'usage. Il est donc vrai que, même sous le gouvernement le plus absolu en apparence les choses sont plus fortes que les hommes. Le despotisme ne se montre à découvert que par moments sous les tyrans ou sous les fous dont la fureur l'énerve.

Rien n'est si périlleux pour un homme, quelque élevé qu'il soit au-dessus des autres, que de dire à une nation : « On t'a trompée, et je ne veux plus être complice de ton erreur. » Le vulgaire tient au mensonge, même à celui qui lui nuit, plus qu'à la vérité, parce que l'orgueil humain préfère ce qui vient de l'homme à ce qui vient de Dieu. Ceci est vrai sous tous les gouvernements, mais c'est doublement vrai sous le despotisme.

Une indépendance comme celle des *mugics* de Péterhoff n'inquiète qui que ce soit. Voilà une liberté, une égalité comme il en faut aux despotes ! on peut vanter celle-là sans risque : mais conseillez à la Russie une émancipation graduelle, vous verrez ce qu'on vous fera, ce qu'on dira de vous en ce pays.

J'entendais hier tous les gens de la cour en passant près de moi vanter la politesse de leurs serfs. « Allez donc donner une fête pareille en France, »

disaient-ils. J'étais bien tenté de leur répondre :
« Pour comparer nos deux peuples, attendez que
le vôtre existe. »

Je me rappelais en même temps une fête donnée
par moi à des gens du peuple, à Séville ; c'était
pourtant sous le despotisme de Ferdinand VII ;
la vraie politesse de ces hommes libres, de fait si
ce n'est de droit, me fournissait un objet de comparaison peu favorable aux Russes[1].

La Russie est l'Empire des catalogues : à lire
comme collection d'étiquettes, c'est superbe ; mais
gardez-vous d'aller plus loin que les titres. Si vous
ouvrez le livre, vous n'y trouverez rien de ce
qu'il annonce : tous les chapitres sont indiqués,
mais tous sont à faire. Combien de forêts ne sont
que des marécages où vous ne couperiez pas un
fagot !... Les régiments éloignés sont des cadres où
il n'y a pas un homme ; les villes, les routes sont
en projet, la nation elle-même n'est encore qu'une
affiche placardée sur l'Europe, dupe d'une imprudente fiction diplomatique[2]. Je n'ai trouvé ici de

[1] *Voyez* l'Espagne sous Ferdinand VII.

[2] L'auteur, en laissant cette boutade, la donne pour ce qu'elle
vaut. Son humeur aigrie par l'affectation d'une popularité impossible le pousse à la révolte contre une déception d'autant plus dangereuse qu'elle a trompé de bons esprits.

vie propre qu'à l'Empereur et de naturel qu'à la cour.

Les marchands, qui formeraient une classe moyenne, sont en si petit nombre qu'ils ne peuvent marquer dans l'État; d'ailleurs presque tous sont étrangers. Les écrivains se comptent par un ou deux à chaque génération : les artistes sont comme les écrivains; leur petit nombre les fait estimer, mais si leur rareté sert à leur fortune personnelle, elle nuit à leur influence sociale. Il n'y a pas d'avocats dans un pays où il n'y a pas de justice; où donc trouver cette classe moyenne qui fait la force des États et sans laquelle un peuple n'est qu'un troupeau conduit par quelques limiers habilement dressés?

Je n'ai pas mentionné une espèce d'hommes qui ne doivent être comptés ni parmi les grands ni parmi les petits : ce sont les fils de prêtres; presque tous deviennent des employés subalternes; et ce peuple de commis est la plaie de la Russie [1] : il forme une espèce de corps de noblesse obscure très-hostile aux grands seigneurs; une noblesse dont l'esprit est antiaristocratique dans la vraie signi-

---

[1] *Voir* plus loin la lettre datée de Yarowslaw.

fication politique du mot, et qui en même temps est très-pesante aux serfs : ce sont ces hommes incommodes à l'État, fruits du schisme, lequel permit au prêtre d'avoir une femme, qui commenceront la prochaine révolution de la Russie.

Le corps de cette noblesse secondaire se recrute également des administrateurs, des artistes, des employés de tous genres venus de l'étranger et de leurs enfants ennoblis : voyez-vous dans tout cela l'élément d'un peuple vraiment russe, et digne et capable de justifier, d'apprécier la popularité du souverain?

Encore une fois, tout est déception en Russie, et la gracieuse familiarité du Czar accueillant dans son palais ses serfs et les serfs de ses courtisans n'est qu'une dérision de plus.

La peine de mort n'existe pas en ce pays, hors pour crime de haute trahison ; pourtant il est de certains coupables qu'on veut tuer. Or, voici comment on s'y prend pour concilier la douceur des codes avec la férocité traditionnelle des mœurs : quand un criminel est condamné à plus de cent coups de knout, le bourreau qui sait ce que signifie cet arrêt, tue par humanité le patient au troisième coup en le frappant dans un endroit mortel. Mais la peine de mort est abolie!...¹ Mentir ainsi à la loi n'est-ce pas faire pis que de proclamer la tyrannie la plus audacieuse?

Parmi les six ou sept mille représentants de cette fausse nation russe entassés hier au soir dans le palais de Péterhoff, j'ai vainement cherché une figure gaie ; on ne rit pas quand on ment.

Vous pouvez m'en croire sur ces résultats du gouvernement absolu, car lorsque je suis venu examiner ce pays c'était dans l'espoir d'y trouver un remède contre les maux qui menacent le nôtre. Si vous pensez que je juge la Russie trop sévèrement, n'accusez que l'impression involontaire que je reçois chaque jour des choses et des personnes, et que tout ami de l'humanité en recevrait à ma place s'il s'efforçait de regarder comme je le fais au delà de ce qu'on lui montre.

Cet Empire, tout immense qu'il est, n'est qu'une prison dont l'Empereur tient la clef; et dans cet État, qui ne peut vivre que de conquêtes, rien n'approche en pleine paix, du malheur des sujets, si ce n'est le malheur du prince. La vie du geôlier m'a toujours paru si semblable à celle du prisonnier

¹ *Voyez* la brochure de M. Tolstoï intitulée : *Coup d'œil sur la législation russe*, etc., etc.

que je ne puis me lasser d'admirer le prestige d'imagination qui fait que l'un de ces deux hommes se croit infiniment moins à plaindre que l'autre.

L'homme ne connaît ici ni les vraies jouissances sociales des esprits cultivés, ni la liberté absolue et brutale du sauvage, ni l'indépendance d'action du demi-sauvage, du barbare; je ne vois de compensation au malheur de naître sous ce régime que les rêves de l'orgueil et l'espoir de la domination : c'est à cette passion que j'en reviens chaque fois que je veux analyser la vie morale des habitants de la Russie. Le Russe pense et vit en soldat!...

Un soldat, quel que soit son pays, n'est guère citoyen; il l'est ici moins que partout ailleurs; c'est un prisonnier à vie condamné à garder des prisonniers.

Remarquez bien qu'en Russie le mot de prison indique quelque chose de plus que ce qu'il signifie ailleurs. Quand on pense à toutes les cruautés souterraines dérobées à notre pitié par la discipline du silence dans un pays où tout homme fait en naissant l'apprentissage de la discrétion, on frémit. Il faut venir ici pour prendre la réserve en haine; tant de prudence révèle une tyrannie secrète, et dont l'image me devient présente en tous lieux.

Chaque mouvement de physionomie, chaque réticence, chaque inflexion de voix m'apprend le danger de la confiance et du naturel.

Il n'est pas jusqu'à l'aspect des maisons qui ne reporte ma pensée vers les douloureuses conditions de l'existence humaine dans ce pays.

Si je passe le seuil du palais de quelque grand seigneur et que j'y voie régner une saleté dégoûtante, mal déguisée sous un luxe non trompeur; si, pour ainsi dire, je respire la vermine jusque sous le toit de l'opulence, je ne me dis pas : voici des défauts, et partant de la sincérité!... non, je ne m'arrête point à ce qui frappe mes sens, je vais plus loin, et je me représente aussitôt l'ordure qui doit empester les cachots d'un pays où les hommes opulents ne craignent pas la malpropreté pour eux-mêmes; lorsque je souffre de l'humidité de ma chambre, je pense aux malheureux exposés à celle des cachots sous-marins de Kronstadt, de la forteresse de Pétersbourg et de bien d'autres souterrains dont j'ignore jusqu'au nom; le teint hâve des soldats que je vois passer dans la rue me retrace les rapines des employés chargés de l'approvisionnement de l'armée; la fraude de ces traîtres rétribués par l'Empereur pour nourrir ses gardes, qu'ils affament, est écrite en traits de plomb sur le visage livide des infortunés privés d'une nourriture saine et même suffisante, par des hommes qui ne pensent qu'à s'enrichir vite, sans craindre de déshonorer le gouvernement qu'ils volent, ni d'encourir la malédiction des esclaves enrégimentés qu'ils tuent ; enfin, à chaque pas que je fais ici, je vois se lever devant moi le fantôme de la Sibérie, et je pense à tout ce que signifie le nom de ce désert politique, de cet abîme de misères, de ce cimetière des vivants ; monde des douleurs fabuleuses, terre peuplée de criminels infâmes et de héros sublimes, colonie sans laquelle cet Empire serait incomplet comme un palais sans caves.

Tels sont les sombres tableaux qui se présentent à mon imagination au moment où l'on nous vante les rapports touchants du Czar avec ses sujets. Non certes, je ne suis point disposé à me laisser éblouir par la popularité Impériale ; au contraire je le suis à perdre l'amitié des Russes plutôt que la liberté d'esprit dont j'use pour juger leurs ruses et les moyens employés par eux afin de nous tromper et de se tromper eux-mêmes ; mais je crains peu leur colère, car je leur rends la justice de croire qu'au fond du cœur ils jugent leur pays plus sévèrement que je ne le juge, parce qu'ils le connaissent mieux que je ne le connais. En me blâmant tout haut, ils m'absoudront tout bas; c'est assez pour moi. Un voyageur qui se laisserait endoctriner ici par les gens du pays pourrait parcourir l'Empire d'un bout à l'autre et revenir chez lui sans avoir fait autre chose qu'un cours de façades : c'est là ce qu'il faut pour plaire à mes hôtes, je le vois; mais à ce prix leur hospitalité me coûterait trop cher; j'aime mieux renoncer à leurs éloges que de perdre le véritable, l'unique fruit de mon voyage : l'expérience.

Pourvu qu'un étranger se montre niaisement actif, qu'il se lève de bonne heure après s'être couché tard, qu'il ne manque pas un bal après avoir assisté à toutes les manœuvres, en un mot, qu'il s'agite au point de ne pouvoir penser, il est le bien venu partout, on le juge avec bienveillance, on le fête; une foule d'inconnus lui serreront la main chaque fois que l'Empereur lui aura parlé, ou souri, et en partant il sera déclaré un voyageur distingué. Il me semble voir le bourgeois gentilhomme turlupiné par le mufti de Molière. Les Russes ont fait un mot français excellent pour désigner leur hospitalité politique : en parlant des étrangers, qu'ils aveuglent à force de fêtes : il faut les *enguirlander,* disent-ils¹. Mais qu'il se garde de montrer que le zèle du métier se ralentit en lui ; au premier symptôme de fatigue, ou de clairvoyance ; à la moindre négligence qui trahirait non pas l'ennui, mais la faculté de s'ennuyer, il verrait se lever contre lui, comme un serpent irrité, l'esprit russe, le plus caustique des esprits².

La moquerie, cette impuissante consolation de l'opprimé, est ici le plaisir du paysan, comme le sarcasme est l'élégance du grand seigneur ; l'ironie et l'imitation sont les seuls talents naturels que j'aie reconnus aux Russes. L'étranger une fois en butte au venin de leur critique ne s'en relèverait pas ; il serait passé aux langues comme un déserteur aux baguettes ; avili, abattu, il finirait par tomber sous les pieds d'une tourbe d'ambitieux, les plus impitoyables, les plus bronzés qu'il y ait

¹ *Voyez* la conclusion au quatrième volume.

² Un moyen de flatterie connu et dont le succès est assuré, c'est de se montrer l'hiver aux yeux de l'Empereur dans les rues de Pétersbourg sans redingote ou sans pelisse, flatterie héroïque et qui peut coûter la vie à celui qui la met en pratique. On conçoit qu'il est facile de déplaire dans un pays où de telles manières de plaire sont en usage.

au monde. Les ambitieux ont toujours plaisir à tuer un homme. « Étouffons-le par précaution ; c'en est toujours un de moins : un homme est presque un rival, car il pourrait le devenir. »

Ce n'est pas à la cour qu'il faut vivre pour conserver quelque illusion sur l'hospitalité orientale pratiquée en Russie. Ici l'hospitalité est comme ces vieux refrains chantés par les peuples même après que la chanson n'a plus de sens pour ceux qui la répètent ; l'Empereur donne le ton de ce refrain, et les courtisans reprennent en chœur. Les courtisans russes me font l'effet de marionnettes dont les ficelles sont trop grosses.

Je ne crois pas davantage à la probité du *mugic*. On m'assure avec emphase qu'il ne déroberait pas une fleur dans les jardins de son Czar ; là-dessus je ne dispute point ; je sais les miracles qu'on obtient de la peur ; mais ce que je sais aussi c'est que ce peuple modèle, ce paysan de cour, ne se fait point faute de voler les grands seigneurs ses rivaux d'un jour, si, trop attendris de sa présence au palais et trop confiants dans les sentiments d'honneur du serf ennobli pour un jour, ils cessent un instant de veiller sur les mouvements de ses mains.

Hier au bal Impérial et populaire du palais de

Péterhoff, l'ambassadeur de Sardaigne a eu sa montre fort adroitement enlevée du gousset, malgré la chaîne de sûreté qui devait la défendre. Beaucoup de personnes ont perdu dans la bagarre leurs mouchoirs et d'autres objets. On m'a pris à moi une bourse garnie de quelques ducats, et je me suis consolé de cette perte en riant sous cape des éloges prodigués à la probité de ce peuple par ses seigneurs. Ceux-ci savent bien ce que valent leurs belles phrases; mais je ne suis pas fâché de le savoir aussi bien qu'eux.

En voyant toutes leurs finesses inutiles, je cherche les dupes de ces puérils mensonges, et je m'écrie comme Basile : « Qui trompe-t-on ici? tout le monde est dans le secret. »

Les Russes ont beau dire et beau faire, tout observateur sincère ne verra chez eux que des Grecs du Bas-Empire formés à la stratégie moderne par les Prussiens du xviii° siècle et par les Français du xix°.

La popularité d'un autocrate me paraît aussi suspecte en Russie, que l'est à mes yeux la bonne foi des hommes qui prêchent en France la démocratie absolue au nom de la liberté : sophismes sanglants!... Détruire la liberté en prêchant le libéralisme, c'est assassiner, car la société vit de vérité;

faire de la tyrannie patriarcale, c'est encore assassiner !......

J'ai une idée fixe : c'est qu'on peut et qu'on doit régner sur les hommes sans les tromper. Si dans la vie privée le mensonge est une bassesse, dans la vie publique c'est un crime; tout gouvernement qui ment est un conspirateur plus dangereux que le meurtrier qu'il fait décapiter légalement; et, malgré l'exemple de certains grands esprits gâtés par un siècle de beaux esprits, le crime, c'est-à-dire le mensonge, est la plus énorme des fautes : en renonçant à la vérité, le génie abdique; et, par un renversement étrange, c'est alors le maître qui s'humilie devant l'esclave, car l'homme qui trompe est au-dessous de l'homme trompé. Ceci s'applique au gouvernement, à la littérature, comme à la religion.

Mon idée sur la possibilité de faire servir la sincérité chrétienne à la politique n'est pas si creuse qu'elle peut le paraître aux habiles, car c'est aussi celle de l'Empereur Nicolas, esprit pratique et lucide s'il en est. Je ne crois pas qu'il y ait aujourd'hui sur aucun trône un prince qui déteste autant le mensonge et qui mente aussi peu que ce prince.

Il s'est fait le champion du pouvoir monarchique

en Europe, et vous savez s'il soutient ce rôle avec franchise. On ne le voit pas, comme certain gouvernement, prêcher dans chaque localité une politique différente selon les intérêts purement mercantiles ; loin de là, il favorise partout indistinctement les principes qui s'accordent avec son système : voilà comme il est royaliste absolu. Est-ce ainsi que l'Angleterre est libérale, constitutionnelle et favorable à la philanthropie ?

L'Empereur Nicolas lit tous les jours lui-même, d'un bout à l'autre, un journal français, un seul : le *Journal des Débats*. Il ne parcourt les autres que lorsqu'on lui indique quelque article intéressant.

Soutenir le pouvoir pour sauver l'ordre social, c'est en France le but des meilleurs esprits ; c'est aussi la pensée constante du *Journal des Débats*, pensée défendue avec une supériorité de raison qui explique la considération accordée à cette feuille dans notre pays comme dans le reste de l'Europe.

La France souffre du mal du siècle ; elle en est plus malade qu'aucun autre pays : ce mal, c'est la haine de l'autorité ; le remède consiste donc à fortifier l'autorité, voilà ce que pensent l'Empereur à Pétersbourg et le *Journal des Débats* à Paris.

Mais, comme ils ne s'accordent que sur le but, ils sont d'autant plus ennemis qu'ils semblent plus rapprochés l'un de l'autre. Le choix des moyens ne divise-t-il pas souvent des esprits réunis sous la même bannière? On se rencontrait alliés, on se sépare ennemis.

La légitimité par droit d'héritage paraît à l'Empereur de Russie l'unique moyen d'arriver à son but, et en forçant un peu le sens ordinaire du vieux mot légitimité, sous prétexte qu'il en existe une autre plus sûre, celle de l'élection basée sur les vrais intérêts du pays, le *Journal des Débats* élève autel contre autel au nom du salut des sociétés.

Or, du combat de ces deux légitimités, dont l'une est aveugle comme la nécessité, l'autre flottante comme la passion, il résulte une colère d'autant plus vive que les raisons décisives manquent aux avocats des deux systèmes qui se servent des mêmes termes pour arriver à des conclusions opposées.

Ce qu'il y a de certain parmi tant de doutes, c'est que tout homme qui se retracera l'histoire de Russie depuis l'origine de cet Empire, mais surtout depuis l'avénement des Romanoff, ne pourra que s'émerveiller de voir le prince qui règne aujourd'hui sur ce pays se porter le défenseur du dogme monarchique de la légitimité par droit d'héritage, selon le sens que dans sa religion politique la France donnait autrefois au mot légitimité; tandis qu'en faisant un retour sur lui-même et sur les moyens violents employés par plusieurs de ses ancêtres pour transmettre le pouvoir à leurs successeurs, il apprendrait de la logique des événements à préférer la légitimité du *Journal des Débats*.

Je me complais dans les digressions; vous le savez depuis longtemps : cette espèce de désordre séduit mon imagination, éprise de tout ce qui ressemble à de la liberté. Je ne m'en corrigerais que s'il fallait chaque fois m'en excuser, et multiplier les précautions oratoires pour varier les transitions, parce qu'alors la peine passerait le plaisir.

Le site de Péterhoff est jusqu'à présent le plus beau tableau naturel que j'aie vu en Russie. Une falaise peu élevée domine la mer qui commence à l'extrémité du parc, environ à un tiers de lieue au-dessous du palais, lequel est bâti au bord de cette petite falaise coupée presque à pic par la nature. En cet endroit, on y a pratiqué de magnifiques rampes; vous descendez de terrasse en terrasse jusque dans le parc, où vous trouvez des bosquets, majestueux par l'épaisseur de leur ombre et par leur étendue. Ce parc est orné de jets d'eau et de cascades artificielles, dans le goût de celles de Versailles; et il est assez varié pour un jardin dessiné à la manière de Lenotre. Il s'y trouve certains points élevés, certaines fabriques d'où l'on découvre la mer, les côtes de la Finlande, puis l'arsenal de la marine russe, l'île de Cronstadt avec ses remparts de granit à fleur d'eau, et plus loin, à neuf lieues vers la droite, Pétersbourg la blanche ville, qui de loin paraît gaie et brillante, et qui, avec ses amas de palais aux toits peints, ses îles, ses temples aux colonnes plâtrées, ses forêts de clochers semblables à des minarets, ressemble vers le soir à une forêt de sapins dont les pyramides argentées seraient illuminées par un incendie.

Du milieu de cette forêt coupée par des bras de rivière, on voit déboucher, ou du moins on devine les divers lits de la Néva, laquelle se divise près du golfe et vient finir à la mer dans toute la majesté d'un grand fleuve dont la magnifique embouchure fait oublier qu'il n'a que dix-huit lieues de cours. Encore une apparence! On dirait qu'ici la nature est d'accord avec les hommes pour entourer d'illusions le voyageur ébloui. Ce paysage est plat, froid, mais grandiose, et sa tristesse impose.

La végétation ne répand que peu de variété dans les sites de l'Ingrie ; celle des jardins est toute factice, celle de la campagne consiste en quelques bouquets de bouleaux, d'un vert triste, et en des allées du même arbre, plantées comme limites entre des prés marécageux, des bois noueux et malingres et des champs cultivés où le froment ne vient pas ; car qu'est-ce qui vient sous le soixantième degré de latitude ?

Quand je pense à tous les obstacles que l'homme a vaincus ici pour y vivre en société, pour bâtir une ville et loger plus qu'un roi, dans des repaires d'ours et de loups, comme on disait à Catherine, et pour l'y maintenir avec la magnificence convenable à la vanité des grands princes et des grands peuples, je ne vois pas une laitue, pas une rose, sans être tenté de crier au miracle. Si Pétersbourg est une Laponie badigeonnée, Péterhoff est le palais d'Armide sous verre. Je ne me crois pas en plein air quand je vois tant de choses pompeuses, délicates, brillantes, et que je pense qu'à quelques degrés plus haut l'année se divise en deux jours et deux crépuscules de trois mois chacun. C'est alors surtout que je ne puis m'empêcher d'admirer!!...

J'admire le triomphe de la volonté humaine partout où je le reconnais, ce qui ne m'oblige pas d'admirer bien souvent.

On fait une lieue en voiture dans le parc Impérial de Péterhoff sans passer deux fois par la même allée; or, figurez-vous ce parc tout de feu. Dans ce pays glacial et privé de vive lumière, les illuminations sont un incendie; on dirait que la nuit doit consoler du jour. Les arbres disparaissent sous une décoration de diamants; dans chaque allée il y a autant de lampions que de feuilles : c'est l'Asie, non l'Asie réelle, l'Asie moderne, mais la fabuleuse Bagdad des *Mille et une Nuits*, ou la plus fabuleuse Babylone de Sémiramis.

On dit que le jour de la fête de l'Impératrice six mille voitures, trente mille piétons et une innombrable quantité de barques sortent de Pétersbourg pour venir former des campements autour de Péterhoff. C'est le seul jour et le seul lieu où j'aie vu de la foule en Russie. Un bivouac bourgeois dans un pays tout militaire est une rareté. Ce n'est pas que l'armée manque à la fête, une partie de la garde et le corps des cadets sont également cantonnés autour de la résidence souveraine; et tout ce monde, officiers, soldats, marchands, serfs, maîtres, seigneurs, errent ensemble dans des bois d'où la nuit est chassée par deux cent cinquante mille lampions.

On m'a dit ce chiffre, je vous le répète au hasard; car pour moi deux cent mille ou deux millions c'est tout un; je n'ai pas de mesure dans l'œil : mais ce que je sais, c'est que cette masse de feu jette une lumière artificielle dont n'approche pas la clarté naturelle du jour du Nord. En Russie l'Empereur fait pâlir le soleil. A cette époque de l'été les nuits recommencent, elles allongent rapidement, et sans l'illumination il aurait fait noir pendant quelques heures sous les grandes allées du parc de Péterhoff.

On dit encore qu'en trente-cinq minutes tous les lampions du parc sont allumés par dix-huit cents hommes; la partie des illuminations qui fait face au château s'éclaire en cinq minutes. Elle comprend entre autres un canal qui correspond au principal balcon du palais, et s'enfonce en ligne droite dans le parc vers la mer, à une grande distance. Cette perspective est d'un effet magique, la nappe d'eau du canal est tellement bordée de lumières, elle reflète des clartés si vives, qu'on la prend pour du feu. L'Arioste aurait peut-être l'imagination assez brillante pour vous peindre tant de merveilles dans la langue des fées; il y a du goût et de la fantaisie dans l'usage qu'on a fait ici de cette prodigieuse masse de lumière : on a donné à divers groupes de lampions, heureusement dispersés, des formes originales : ce sont des fleurs grandes comme des arbres, des soleils, des vases, des berceaux de pampres imitant les *pergole*[1] italiennes, des obélisques, des colonnes, des murailles ciselées à la manière mauresque ; enfin tout un monde fantastique vous passe sous les yeux sans que rien fixe vos regards, car les merveilles se succèdent avec une inexprimable rapidité. Vous êtes distrait d'une fortification de feu par des draperies, par des dentelles de pierres précieuses ; tout brille, tout brûle, tout est de flamme et de diamant, on craint que ce magnifique spectacle ne finisse par un tas de cendres comme un incendie.

Mais ce qu'il y a de plus étonnant vu du palais, c'est toujours le grand canal, qui ressemble à une lave immobile dans une forêt embrasée.

---

[1] Treilles.

A l'extrémité de ce canal s'élève, sur une énorme pyramide de feux de couleur (elle a, je crois, soixante et dix pieds de haut), le chiffre de l'Impératrice, qui brille d'un blanc éclatant au-dessus de toutes les lumières rouges, vertes et bleues qui l'environnent : on dirait d'une aigrette de diamants entourée de pierres de couleur. Tout cela est sur une si grande échelle que vous doutez de ce que vous voyez. De tels efforts pour une fête annuelle, c'est impossible, dites-vous; ce que je vois est trop grand pour être réel, c'est le rêve d'un géant amoureux raconté par un poëte fou.

Il y a quelque chose d'aussi prodigieux que la fête elle-même, ce sont les épisodes auxquels elle donne lieu. Pendant deux ou trois nuits toute cette foule, dont je vous ai parlé, campe autour du village et se disperse à une assez grande distance du château. Beaucoup de femmes couchent dans leur voiture, des paysannes dorment dans leurs charrettes; tous ces équipages, renfermés par centaines dans des enclos de planches, forment des camps très-amusants à parcourir, et qui seraient dignes d'être reproduits par quelque artiste spirituel.

Le Russe a le génie du pittoresque ; et les villes d'un jour qu'il improvise pour ses fêtes sont bien plus amusantes, elles ont un caractère bien plus national que les véritables villes bâties en Russie par des étrangers. A Péterhoff, chevaux, maîtres et cochers, tout est réuni dans des enceintes de bois; ces bivouacs sont indispensables, car il n'y a dans le village qu'un petit nombre de maisons passablement sales, dont les chambres se paient deux cents et jusqu'à cinq cents roubles par nuit : le rouble de papier équivaut à vingt-trois sols de France.

Ce qui accroît mon malaise depuis que je vis parmi les Russes, c'est que tout me révèle la valeur réelle de ce peuple opprimé. L'idée de ce qu'il pourrait faire, s'il était libre, exaspère la colère que je ressens, en voyant ce qu'il fait aujourd'hui.

Les ambassadeurs, avec leur famille et leur suite, ainsi que les étrangers présentés, sont logés et hébergés aux frais de l'Empereur; on réserve à cet effet un vaste et charmant édifice en forme de pavillon carré, appelé le palais anglais. Cette habitation est située à un quart de lieue du palais Impérial, à l'extrémité du village, dans un beau parc dessiné à l'anglaise, et qui paraît naturel, tant il est pittoresque. L'abondance et la beauté des eaux, le mouvement du terrain, choses rares dans les environs de Pétersbourg, rendent ce jardin agréable. Cette année le nombre des étrangers étant plus grand que de coutume, ils n'ont pu trouver place dans le palais anglais, qu'on a été forcé de réserver aux charges et aux personnes invitées d'office; je n'y ai donc point couché, mais j'y dîne tous les jours, avec le corps diplomatique et sept à huit cents personnes, à une table parfaitement bien servie. Voilà, certes, une magnifique hospitalité!... Lorsqu'on loge au village, il faut faire mettre ses chevaux et s'habiller en uniforme pour aller dîner à cette table présidée par un des grands officiers de l'Empire.

Pour la nuit le directeur-général des théâtres de la cour a mis à ma disposition deux loges d'acteurs dans la salle de spectacle de Péterhoff, et ce logement m'est envié par tout le monde. Je n'y manque de rien, si ce n'est d'un lit. Heureusement que j'ai apporté mon petit lit de fer de Pétersbourg. C'est un objet de première nécessité pour un Européen qui voyage en Russie, et qui ne veut pas s'accoutumer à passer la nuit roulé dans un tapis sur un banc ou sur un escalier. On se munit ici de son lit comme on porte son manteau en Espagne!....
A défaut de paille, chose rare dans un pays où le

blé ne vient pas, mon matelas se remplit de foin; on en trouve à peu près partout.

Si l'on ne veut pas se charger d'un lit, il faut au moins porter avec soi la toile d'une paillasse. C'est ce que je fais pour mon valet de chambre qui n'est pas plus que moi résigné à dormir à la russe. Même je me passerais de lit encore plus facilement que lui, puisque j'ai employé près de deux nuits à vous écrire ce que vous lisez.

Les bivouacs d'amateurs sont ce qu'il y a de plus pittoresque à Péterhoff, car dans les campements des soldats on retrouve l'uniformité militaire. Les Hulans bivouaquent au milieu d'une prairie, autour d'un étang, aux environs du palais, et près de là est aussi campé le régiment des gardes à cheval de l'Impératrice sans compter les Circassiens casernés à l'une des extrémités du village; enfin les cadets sont en partie distribués dans les maisons, en partie parqués militairement dans un champ.

Dans tout autre pays, un si grand rassemblement d'hommes produirait un mouvement, un tumulte étourdissants. En Russie tout se passe avec gravité, tout prend le caractère d'une cérémonie; là, le silence est de rigueur; à voir tous ces jeunes gens réunis là pour leur plaisir, ou pour celui des autres, n'osant ni rire, ni chanter, ni se quereller, ni jouer, ni danser, ni courir, on dirait d'une troupe de prisonniers près de partir pour le lieu de leur destination. Encore un souvenir de la Sibérie !.. Ce qui manque à tout ce que je vois ici, ce n'est assurément ni la grandeur ni la magnificence, ni même le goût et l'élégance : c'est la gaieté; la gaieté ne se commande pas; au contraire, le commandement la fait fuir, comme le cordeau et le niveau détruisent les tableaux pittoresques. Je n'ai rien vu en Russie qui ne fût symétrique, qui n'eût l'air ordonné; ce qui donnerait du prix à l'ordre, la variété, d'où naît l'harmonie, est inconnu ici.

Les soldats au bivouac sont soumis à une discipline plus sévère qu'à la caserne : tant de rigidité en pleine paix, en plein champ et un jour de fête, me rappelle le mot du grand-duc Constantin sur la guerre. « Je n'aime pas la guerre, disait-il; elle gâte les soldats, salit les habits et détruit la discipline. »

Ce prince ne disait pas tout; il avait un autre motif pour ne pas aimer la guerre. C'est ce qu'a prouvé sa conduite en Pologne.

Le jour du bal et de l'illumination, à sept heures

du soir, on se rend au palais Impérial. Les personnes de la cour, le corps diplomatique, les étrangers invités et les soi-disant gens du peuple admis a la fête, sont introduits pêle-mêle dans les grands appartements. Pour les hommes, excepté les mugics en habit national, et les marchands qui portent le cafetan, le tabarro, manteau vénitien pardessus l'uniforme, est de rigueur; parce que cette fête s'appelle un bal masqué.

Vous attendez là pendant assez longtemps, pressé par la foule, l'apparition de l'Empereur et de la famille Impériale. Dès que le maître, ce soleil du palais, commence à poindre, l'espace s'ouvre devant lui; suivi de son noble cortége, il traverse librement et sans même être effleuré par la foule, des salles où l'instant d'auparavant on n'aurait pas cru pouvoir laisser pénétrer une seule personne de plus. Aussitôt que Sa Majesté a disparu, le flot des paysans se referme derrière elle. C'est toujours l'effet du sillage après le passage d'un vaisseau.

La noble figure de Nicolas, dont la tête domine toutes les têtes, imprime le respect à cette mer agitée, c'est le Neptune de Virgile; on ne saurait être plus Empereur qu'il ne l'est. Il danse pendant deux ou trois heures de suite des polonaises avec des dames de sa famille et de sa cour. Cette danse était autrefois une marche cadencée et cérémonieuse : aujourd'hui, c'est tout bonnement une promenade au son des instruments. L'Empereur et son cortége serpentent d'une manière surprenante au milieu de la foule, qui, sans prévoir la direction qu'il va prendre, se sépare cependant toujours à temps pour ne pas gêner la marche du souverain.

L'Empereur parle à quelques hommes à barbes, habillés à la russe, c'est-à-dire vêtus de la robe persanne, et vers dix heures, à la nuit close, l'illumination commence. Je vous ai déjà dit la promptitude magique avec laquelle on voit s'allumer des milliers de lampions : c'est une vraie féerie.

On m'avait assuré qu'ordinairement plusieurs vaisseaux de la marine Impériale s'approchent du rivage à ce moment de la fête, et répondent à la musique de terre par des salves d'artillerie lointaines. Hier, le mauvais temps nous priva de ce magnifique épisode de la fête. Je dois cependant ajouter qu'un Français, depuis longtemps établi dans ce pays, m'a raconté que tous les ans il survient quelque chose qui fait manquer l'illumination des navires. Choisissez entre le dire des habitants et l'assertion des étrangers.

Nous avons cru pendant une grande partie du jour que l'illumination n'aurait pas lieu. Vers les trois heures, comme nous étions à dîner au palais anglais, un grain est venu fondre sur Péterhoff : les arbres du parc s'agitaient violemment, leurs cimes se tordaient dans les airs, leurs branches rasaient le sol, et tandis que nous considérions ce spectacle, nous étions loin de penser que les sœurs, les mères, les amis d'une foule de personnes assises tranquillement à la même table que nous, périssaient sur l'eau par ce même coup de vent dont nous observions froidement les effets. Notre curiosité insouciante approchait de la gaieté, tandis qu'un grand nombre de barques parties de Pétersbourg pour se rendre à Péterhoff, chaviraient au milieu du golfe. Aujourd'hui on avoue deux cents personnes noyées, d'autres disent quinze cents, deux mille : nul ne saura la vérité, et les journaux ne parleront pas du malheur, ce serait affliger l'Impératrice et accuser l'Empereur.

Le secret des désastres du jour a été gardé pendant toute la soirée; rien n'a transpiré qu'après la fête : et ce matin la cour n'en paraît ni plus ni moins triste; là l'étiquette veut avant tout que personne ne parle de ce qui occupe la pensée de tous; même hors du palais, les confidences ne se font qu'à demi-mot, en passant et bien bas. La tristesse habituelle de la vie des hommes en ce pays vient de ce qu'elle est comptée pour rien par eux-mêmes; chacun sent que son existence tient à un fil et chacun prend là-dessus son parti, pour ainsi dire, de naissance.

Tous les ans, des accidents semblables, quoique moins nombreux, attristent les fêtes de Péterhoff qui se changeraient en un deuil imposant, en une pompe funèbre, si d'autres que moi venaient à penser à tout ce que coûte cette magnificence, mais ici je suis seul à réfléchir.

Depuis hier les esprits superstitieux ont recueilli plus d'un triste pronostic : le temps qui avait été beau pendant trois semaines n'a changé que le jour de la fête de l'Impératrice; le chiffre de cette princesse ne voulait pas s'allumer : l'homme chargé de cette partie essentielle de l'illumination monte au sommet de la pyramide et se met à l'œuvre; mais le vent éteint ses lampions à mesure qu'il les allume. Il remonte à plusieurs reprises; enfin le pied lui manque, il tombe d'une hauteur de soixante-dix pieds et se tue sur la place. On l'emporte : le chiffre reste, à demi effacé!....

L'effrayante maigreur de l'Impératrice, son air languissant, son regard terne rendent ces présages plus sinistres. La vie qu'elle mène lui devient mortelle : des fêtes, des bals tous les soirs ! Il faut s'amuser ici incessamment sous peine d'y mourir d'ennui.

Pour l'Impératrice et pour les courtisans zélés le spectacle des revues, des parades commence de bonne heure le matin; elles sont toujours suivies de quelques réceptions; l'Impératrice rentre dans son intérieur pour un quart d'heure, puis elle va se promener en voiture pendant deux heures; ensuite elle prend un bain avant de ressortir à cheval; rentrée chez elle une seconde fois, elle reçoit encore : enfin elle va visiter quelques établissements utiles qu'elle dirige ou quelque personne de son intimité; elle sort de là pour suivre l'Empereur au camp. Il y en a toujours un quelque part : ils rentrent pour danser; et voilà comment sa journée, son année se passent, et comment ses forces se perdent avec sa vie.

Les personnes qui n'ont pas le courage ou la santé nécessaires pour partager cette terrible vie, ne sont pas en faveur.

L'Impératrice me disait l'autre jour, en parlant

d'une femme très-distinguée, mais délicate : « Elle est toujours malade! » Au ton, à l'air dont fut prononcé ce jugement, je sentis qu'il décidait du sort d'une famille. Dans un monde où l'on ne se contente pas des bonnes intentions une maladie équivaut à une disgrâce.

L'Impératrice ne se croit pas plus dispensée que les autres de la nécessité de payer de sa personne. Elle ne peut se résigner à laisser l'Empereur s'éloigner d'elle un instant. Les princes sont de fer!.... La noble femme voudrait et croit par moments n'être pas sujette aux infirmités humaines; mais la privation totale de repos physique et moral, le manque d'occupation suivie, l'absence de toute conversation sérieuse, la nécessité toujours renaissante des distractions qui lui sont imposées, tout nourrit la fièvre qui la mine et voilà comment ce terrible genre de vie lui est devenu funeste et indispensable. Elle ne peut aujourd'hui ni le quitter ni le soutenir. On craint la consomption, le marasme, on craint surtout pour elle l'hiver de Pétersbourg; mais rien ne la déciderait à passer six mois loin de l'Empereur [1].

[1] L'année suivante les eaux d'Ems ont rendu la santé à l'Impératrice.

A la vue de cette figure intéressante, mais dévastée par la souffrance, errant comme un spectre au milieu d'une fête qu'on appelle la sienne et qu'elle ne reverra peut-être plus, je me sens le cœur navré; et tout ébloui que je suis du faste des grandeurs humaines, je fais un retour sur les misères de notre nature. Hélas! plus on tombe de haut et plus rude est la chute. Les grands expient en un jour, dès ce monde, toutes les privations du pauvre pendant une longue vie.

L'inégalité des conditions disparaît sous le court et pesant niveau de la souffrance. Le temps n'est qu'une illusion dont la passion s'affranchit: l'intensité du sentiment, plaisir ou douleur, telle est la mesure de la réalité.... Cette réalité fait tôt ou tard sa part aux idées sérieuses dans la vie la plus frivole; et le sérieux forcé est amer autant que l'autre eût été doux. A la place de l'Impératrice je n'aurais pas voulu laisser célébrer ma fête hier, si toutefois j'avais eu le pouvoir de me soustraire à ce plaisir d'étiquette.

Les personnes, même les plus haut placées, sont mal inspirées lorsqu'elles prétendent s'amuser à jour fixe. Une date solennisée chaque année ne sert qu'à faire mieux sentir les progrès du temps par la comparaison du présent et du passé. Les souvenirs, bien qu'on les célèbre par des réjouissances, nous inspirent toujours une foule d'idées tristes; la première jeunesse évanouie, nous entrons dans la décadence; au retour de chaque fête périodique nous avons quelques joies de moins avec quelques regrets de plus : l'échange est douloureux! Ne vaudrait-il pas mieux laisser les jours fuir en silence? Voix plaintives de la mort, les anniversaires sont les échos du temps.

Hier, à la fin du bal que je vous ai décrit, on soupa; puis, tout en nage, car la chaleur des appartements où se pressait la foule était insupportable, on monta dans les voitures de la cour qu'on appelle des *lignes;* alors on s'est mis à faire le tour des illuminations par une nuit très-noire, sous une rosée dont heureusement la fraîcheur était tempérée par la fumée des lampions. Vous ne pouvez vous figurer la chaleur qui rayonnait dans toutes les allées de cette forêt enchantée, tant l'incroyable profusion de feux dont nous étions éblouis chauffe le parc en l'éclairant!

Les *lignes* sont des espèces de chars à bancs doubles, où huit personnes s'asseyent commodément dos à dos; leur forme, leurs dorures, les harnais antiques des chevaux qui les traînent, tout cet ensemble ne manque ni de grandeur ni d'originalité. Un luxe vraiment royal : c'est aujourd'hui chose rare en Europe.

Le nombre de ces équipages est considérable, c'est une des magnificences de la fête de Péterhoff; il y en a pour tout ce qui est invité, moins les serfs et les bourgeois de parade parqués dans les salles du palais.

Un maître des cérémonies m'avait indiqué la *ligne* dans laquelle je devais monter, mais au milieu du désordre de la sortie personne n'atteint sa place ; je ne pus retrouver ni mon domestique ni mon manteau, et je montai à la fin dans une des dernières *lignes* où je m'assis à côté d'une dame russe qui n'avait point été au bal, mais qui était venue là de Pétersbourg pour montrer l'illumination à ses filles. La conversation de ces dames, qui paraissaient tenir à toutes les familles de la cour, était franche, et en cela, elle différait de celle des personnes de service au palais. La mère se mit tout d'abord en rapport avec moi, son ton était d'une facilité de bon goût qui révélait la grande dame. Je reconnus là ce que j'avais déjà remarqué ailleurs, c'est que lorsque les femmes russes sont naturelles, ce n'est ni la douceur ni l'indulgence qui dominent dans leur conversation. Elle me nomma toutes les personnes que nous voyions passer devant nous; car, dans cette promenade magique, les *lignes* se croisent souvent; une moitié de ces voitures suit une allée tandis que l'autre moitié longe en sens opposé l'allée voisine séparée par une charmille percée de larges ouvertures, en forme d'arcades. Le royal cortége se passe ainsi en revue lui-même.

Si je ne craignais de vous fatiguer, et surtout de vous inspirer quelque défiance en épuisant les formules d'admiration, je vous dirais que je n'ai rien vu d'aussi étonnant que ces portiques de lampions parcourus dans un silence solennel par toutes les voitures de la cour, au milieu d'un parc inondé d'une foule aussi épaisse dans les jardins que l'était l'instant d'auparavant celle des paysans dans les salles du palais.

Nous nous sommes promenés ainsi, pendant une heure, à travers des bosquets enchantés; et nous avons fait le tour d'un lac qu'on appelle Marly; il est à l'extrémité du parc de Péterhoff. Versailles et toutes les magiques créations de Louis XIV furent présents à la pensée des princes de l'Europe pendant plus de cent ans. C'est à ce lac de Marly que les illuminations m'ont paru le plus extraordinaires. A l'extrémité de la pièce d'eau, j'allais dire de la pièce d'or, tant cette eau est lumineuse et brillante, s'élève une maison qui servit d'habitation à Pierre-le-Grand : elle était illuminée comme le reste.

Ce qui m'a le plus frappé, c'est la teinte de l'eau où se reflétait le feu des milliers de lampions allumés autour de ce lac de feu. L'eau et les arbres ajoutent singulièrement à l'effet des illuminations. En traversant le parc nous avons passé devant des grottes où la lumière allumée dans l'intérieur se faisait jour au dehors à travers une nappe d'eau qui tombait devant l'ouverture de la brillante caverne : le mouvement de la cascade roulant par-dessus ce feu, était d'un effet merveilleux. Le palais Impérial domine toutes ces magnifiques chutes d'eau et l'on dirait qu'il en est la source : lui seul n'est point illuminé; il est blanc, mais il devient brillant par l'immense faisceau de lumières qui montent vers lui de toutes les parties du parc et se reflètent sur ses murailles. Les teintes des pierres et la verdure des arbres sont changées par les rayons d'un jour aussi éclatant que celui du soleil. Ce seul spectacle mériterait une promenade à Péterhoff. Si jamais je retournais à cette fête, je me bornerais à parcourir à pied les jardins.

Cette promenade est sans contredit ce qu'il y a

de plus beau à la fête de l'Impératrice. Mais encore une fois, la magie n'est pas de la gaieté : personne ici ne rit, ne chante, ne danse ; on parle bas, on s'amuse avec précaution, il semble que les sujets russes rompus à la politesse, respectent jusqu'à leur plaisir. Enfin la liberté manque à Péterhoff comme partout ailleurs.

J'ai gagné ma chambre, c'est-à-dire ma loge, à minuit et demi. Dès la nuit, la retraite des curieux a commencé et pendant que ce torrent défilait sous mes fenêtres, je me suis mis à vous écrire ; aussi bien le sommeil eût été impossible au milieu d'un tel tumulte. En Russie, les chevaux seuls ont la permission de faire du bruit. C'était un flot de voitures de toutes formes, de toutes grandeurs, de toutes sortes, défilant sur quatre rangs à travers un peuple de femmes, d'enfants et de mugics à pied ; c'était la vie naturelle qui recommençait après la contrainte d'une fête royale. On eût dit d'une troupe de prisonniers délivrés de leurs chaînes. Le peuple du grand chemin n'était plus la foule disciplinée du parc. Cette tourbe redevenue sauvage et se précipitant vers Pétersbourg avec une violence et une rapidité effrayantes, me rappelait les descriptions de la retraite de Moscou ; plusieurs chevaux tombés morts sur la route ajoutaient à l'illusion.

A peine avais-je eu le temps de me déshabiller et de me jeter sur mon lit, qu'il fallut me remettre sur pied pour courir vers le palais afin d'assister à la revue du corps des cadets que l'Empereur devait passer lui-même.

Ma surprise fut grande de retrouver déjà toute la cour debout et à l'œuvre; les femmes étaient parées en fraîches toilettes du matin, les hommes revêtus des habits de leur charge; tout le monde attendait l'Empereur au lieu du rendez-vous. Le désir de se montrer zélé animait cette foule brodée, chacun était allègre comme si les magnificences et les fatigues de la nuit n'avaient pesé que sur moi. Je rougis de ma paresse, et je sentis que je n'étais pas né pour faire un bon courtisan russe. La chaîne a beau être dorée, elle ne m'en paraît pas plus légère.

Je n'eus que le temps de percer la foule avant l'arrivée de l'Impératrice, et je n'avais pas encore atteint ma place, que l'Empereur parcourait déjà les rangs de ses officiers enfants, tandis que l'Impératrice, si fatiguée la veille, l'attendait dans une calèche au milieu de la place. Je souffrais pour elle;

cependant l'abattement qui m'avait frappé la veille avait disparu. Ma pitié se concentra donc sur moi-même qui me sentais harassé pour tout le monde, et qui voyais avec envie les plus vieilles gens de la cour porter légèrement le fardeau qui m'accablait. L'ambition est ici la condition de la vie ; sans cette dose d'activité factice, on serait toujours morne et triste.

La voix de l'Empereur commandait l'exercice aux élèves; après quelques manœuvres parfaitement exécutées, Sa Majesté parut satisfaite : elle prit par la main un des plus jeunes cadets qu'elle venait de faire sortir des rangs, le mena elle-même à l'Impératrice à laquelle elle le présenta, puis élevant cet enfant dans ses bras à la hauteur de sa tête, c'est-à-dire au-dessus de la tête de tout le monde, elle l'embrassa publiquement. Quel intérêt l'Empereur avait-il à se montrer si débonnaire ce jour-là en public? c'est ce que personne n'a pu ou n'a voulu me dire.

Je demandai aux gens qui m'entouraient quel était le bienheureux père de ce cadet modèle, comblé de la faveur du souverain. Nul ne satisfit ma curiosité; en Russie on fait mystère de tout. Après cette parade sentimentale, l'Empereur et l'Impératrice retournèrent au palais de Péterhoff, où ils reçurent dans les grands appartements tous ceux qui voulurent leur faire leur cour, puis vers onze heures ils parurent sur l'un des balcons du palais devant lequel les soldats de la garde circassienne se mirent à faire des exercices pittoresques sur leurs magnifiques chevaux de l'Asie. La beauté de cette troupe superbement costumée contribue au luxe militaire d'une cour qui, malgré ses efforts et ses prétentions, est toujours et sera longtemps encore plus orientale qu'européenne. Vers midi sentant s'épuiser ma curiosité, n'ayant pas pour suppléer à ma force naturelle le ressort tout-puissant de cette ambition de cour qui fait ici tant de miracles, je suis retourné à mon lit, d'où je viens de sortir pour achever ce récit.

Je compte passer ici le reste du jour à laisser la foule s'écouler; d'ailleurs, je suis retenu à Péterhoff par l'espoir d'un plaisir auquel j'attache beaucoup de prix.

Demain si j'en ai le temps je vous conterai le succès de mes intrigues.

SOMMAIRE DE LA LETTRE SEIZIÈME.

Cottage de Péterhoff. — Surprise. — L'Impératrice. — Sa toilette du matin. — Ses manières, son air, sa conversation. — Le grand-duc héritier. — Sa bonté. — Question embarrassante. — Comment le grand-duc y répond pour moi. — Silence de l'Impératrice : interprété. — Intérieur du cottage. — Absence de tout objet d'art. — Affections de famille. — Timidité gênante. — Le grand-duc fait le *cicerone*. — Politesse exquise. — Définition de la timidité. — Les hommes de ce siècle en sont exempts. — La perfection de l'hospitalité. — Scène muette. — Le cabinet de travail de l'Empereur. — Petit télégraphe. — Château d'Oranienbaum. — Souvenirs attristants. — Petit château de Pierre III, ce qu'il en reste. — Tout ce qu'on fait ici pour cacher la vérité. — Avantage des hommes obscurs sur les grands. — Citation de Rulhière. — Pavillons du parc. — Souvenirs de Catherine II. — Camp de Krasnac-selo. — Retour à Pétersbourg. — Mensonges puérils.

LETTRE SEIZIÈME.

Pétersbourg, ce 27 juillet 1839.

J'avais instamment prié madame *** de me faire voir le *cottage* [1] de l'Empereur et de l'Impératrice. C'est une petite maison bâtie par eux, au milieu du magnifique parc de Péterhoff, dans le nouveau style gothique à la mode en Angleterre. « Rien n'est plus difficile, m'avait répondu madame ***, que d'entrer au cottage pendant le séjour qu'y font Leurs Majestés ; rien ne serait plus facile en leur absence. Cependant j'essaierai. »

J'avais prolongé mon séjour à Péterhoff, attendant avec impatience, mais sans beaucoup d'espoir, la réponse de madame ***. Enfin, hier matin, de bonne heure, je reçois d'elle un petit mot ainsi conçu : « Venez chez moi à onze heures moins un quart. On m'a permis, par faveur très-particulière, de vous montrer le cottage à l'heure où l'Empereur et l'Impératrice vont se promener ensemble, c'est-à-dire à onze heures précises. Vous connaissez leur exactitude. »

[1] Chaumière anglaise.

Je n'eus garde de manquer au rendez-vous. Madame *** habite un fort joli château bâti dans un coin du parc. Elle suit partout l'Impératrice, mais elle loge autant que possible dans des maisons séparées, quoique très-voisines des diverses résidences Impériales. J'étais chez elle à dix heures et demie. A onze heures moins un quart nous montons dans une voiture à quatre chevaux, nous traversons le parc rapidement, et à onze heures moins quelques minutes nous arrivons à la porte du cottage.

C'est exactement comme je viens de vous le dire, une maison anglaise entourée de fleurs et ombragée d'arbres; elle est bâtie sur le modèle des plus jolies habitations qu'on voit près de Londres, à Twickenham, au bord de la Tamise. A peine avions-nous traversé un vestibule assez petit, élevé de quelques marches, et nous étions-nous arrêtés quelques instants à examiner un salon dont l'ameublement me semblait un peu trop recherché pour l'ensemble de la maison, qu'un valet de chambre en frac vint chuchoter quelques mots à l'oreille de madame ***, qui me parut surprise.

« Qu'y a-t-il? lui dis-je quand l'homme fut sorti.

— C'est l'Impératrice qui rentre.

— Quelle trahison, m'écriai-je, je n'aurai le temps de rien voir !

— Peut-être ; sortez par cette terrasse, descendez au jardin et allez m'attendre à l'entrée de la maison. »

J'étais là depuis deux minutes à peine lorsque je vis venir à moi l'Impératrice toute seule, qui descendait rapidement les degrés du perron. Sa taille élevée et svelte a une grâce singulière, sa démarche est vive, légère et pourtant noble ; elle a certains mouvements des bras et des mains, certaines attitudes, certain tour de tête qu'on ne peut oublier. Elle était vêtue de blanc ; son visage, entouré d'une capote blanche, paraissait reposé ; ses yeux avaient l'expression de la mélancolie, de la douceur et du calme ; un voile relevé avec grâce encadrait son visage ; une écharpe transparente se drapait autour de ses épaules, et complétait le costume du matin le plus élégant. Jamais elle ne m'avait paru si à son avantage : à cet aspect les sinistres présages du bal se dissipèrent entièrement, l'Impératrice me parut ressuscitée, et j'éprouvai l'espèce de sécurité qui renaît avec le jour après une nuit agitée. Il faut, pensai-je, que Sa Majesté soit plus forte que moi, pour avoir supporté la fête d'avant-hier, la revue et le cercle d'hier, et pour se lever aujourd'hui brillante comme je la vois.

« J'ai abrégé ma promenade, me dit-elle, parce que je savais que vous étiez ici.

— Ah ! Madame, j'étais loin de m'attendre à tant de bonté.

— Je n'avais rien dit de mon projet à madame ***, qui vient de me gronder d'être venue vous surprendre ; elle prétend que je vous dérange dans votre examen. Vous comptez donc ici deviner nos secrets ?

— Je le voudrais bien, Madame ; on ne peut que gagner à pénétrer la pensée de personnes qui savent si bien choisir entre le faste et l'élégance.

— Le séjour de Péterhoff m'est insupportable, et c'est pour me reposer les yeux de cette dorure massive que j'ai demandé une chaumière à l'Empereur. Je n'ai jamais été si heureuse que dans cette maison ; mais maintenant que voilà une de mes filles mariée, et que mes fils font leurs études ailleurs, elle est devenue trop grande pour nous. »

Je souris sans répondre ; j'étais sous le charme : il me parut que cette femme, si différente de celle en l'honneur de qui s'était donnée la somptueuse fête de la veille, devait avoir partagé toutes mes impressions; elle a senti comme moi, me disais-je, la fatigue, le vide, l'éclat menteur de cette magnificence commandée, et maintenant elle sent aussi qu'elle est digne de quelque chose de mieux. Je comparais les fleurs du cottage aux lustres du palais, le soleil d'une belle matinée aux feux d'une nuit de cérémonies, le silence d'une délicieuse retraite au tumulte de la foule dans un palais, la fête de la nature à la fête de la cour, la femme à l'Impératrice, et j'étais enchanté du bon goût et de l'esprit avec lesquels cette princesse avait su fuir les ennuis de la représentation, pour s'entourer de tout ce qui fait le charme de la vie privée. C'était une féerie nouvelle dont le prestige captivait mon imagination, bien plus que la magie du pouvoir et des grandeurs.

« Je ne veux pas donner raison à madame ***, reprit l'Impératrice. Vous allez voir le cottage en détail, et c'est mon fils qui vous le montrera. Pendant ce temps-là j'irai visiter mes fleurs, et je vous retrouvi avant de vous laisser partir. »

Tel fut l'accueil que je reçus de cette femme qui passe pour hautaine non-seulement en Europe, où on ne la connaît guère, mais en Russie où on la voit de près.

Dans ce moment, le grand-duc héritier vint

rejoindre sa mère : il était avec madame *** et avec la fille aînée de cette dame, jeune personne âgée d'environ quatorze ans, fraîche comme une rose, et jolie comme on l'était en France du temps de Boucher. Cette jeune personne est le vivant modèle d'un des plus agréables portraits de ce peintre, à la poudre près.

J'attendais que l'Impératrice me donnât mon congé ; on se mit à se promener en allant et venant devant la maison, mais sans s'éloigner de l'entrée devant laquelle nous nous étions arrêtés d'abord.

L'Impératrice connaît l'intérêt que je prends à toute la famille de madame ***, qui est polonaise. Sa Majesté sait aussi que depuis plusieurs années un des frères de cette dame est à Paris. Elle mit la conversation sur la manière de vivre de ce jeune homme, et s'informa longtemps, avec un intérêt marqué, de ses sentiments, de ses opinions, de son caractère : c'était me donner toute facilité pour lui dire ce que me dicterait l'attachement que je lui porte. Elle m'écouta fort attentivement. Quand j'eus cessé de parler, le grand-duc, s'adressant à sa mère, continua sur le même sujet, et dit : « Je viens de le rencontrer à Ems, et je l'ai trouvé très-bien.

— C'est pourtant un homme aussi distingué qu'on empêche de venir ici, parce qu'il s'est retiré en Allemagne après la révolution de Pologne, s'écria madame *** avec son affection de sœur et la liberté d'expression que l'habitude de vivre à la cour depuis son enfance n'a pu lui faire perdre.

— Mais qu'a-t-il donc fait? » me dit l'Impératrice avec un accent inimitable, par le mélange d'impatience et de bonté qu'il exprimait.

J'étais embarrassé de répondre à une question si directe, car il fallait aborder le délicat sujet de la politique, et c'était risquer de tout gâter.

Le grand-duc vint encore à mon secours avec une grâce, une affabilité que je serais bien ingrat d'oublier; sans doute il pensait que j'avais trop à dire pour oser répondre; alors prévenant quelque défaite qui eût trahi mon embarras et compromis la cause que je désirais plaider : « Mais, ma mère, s'écria-t-il vivement, qui jamais a demandé à un enfant de quinze ans ce qu'il a fait en politique? »

Cette réponse pleine de cœur et de sens me tira de peine; mais elle mit fin à la conversation. Si j'osais interpréter le silence de l'Impératrice, je dirais que voici ce qu'elle pensait : « Que faire aujourd'hui, en Russie, d'un Polonais rentré en grâce?

Il sera toujours un objet d'envie pour les vieux Russes, et il n'inspirera que de la défiance à ses nouveaux maîtres. Sa vie, sa santé se perdront dans les épreuves auxquelles on sera obligé de le soumettre pour s'assurer de sa fidélité; puis, en dernier résultat, si l'on croit pouvoir compter sur lui, on le méprise, précisément parce qu'on y compte. D'ailleurs, que puis-je faire pour ce jeune homme? j'ai si peu de crédit! »

Je ne crois pas me tromper de beaucoup en disant que telles étaient les pensées de l'Impératrice : telles étaient aussi à peu près les miennes. Nous conclûmes tout bas, l'un et l'autre, qu'entre deux malheurs, le moindre pour un gentilhomme qui n'a plus ni concitoyens, ni frères d'armes, c'est de rester loin du pays qui l'a vu naître : la terre seule ne fait pas la patrie, et la pire des conditions serait celle d'un homme qui vivrait en étranger chez lui.

Sur un signe de l'Impératrice, le grand-duc, madame ***, sa fille et moi nous rentrâmes dans le cottage. J'aurais désiré trouver moins de luxe d'ameublement dans cette maison, et plus d'objets d'art. Le rez-de-chaussée ressemble à toutes les habitations des gens élégants et riches en Angleterre; mais pas un tableau du premier ordre, pas un fragment de marbre, pas une terre cuite n'annoncent, chez les maîtres du lieu, un penchant prononcé pour la peinture et pour les arts. Ce n'est pas de dessiner plus ou moins bien soi-même, c'est le goût des chefs-d'œuvre qui prouve qu'on a l'amour et le sentiment de l'art. Je regrette toujours l'absence de cette passion pour des personnes auxquelles il serait si facile de la satisfaire.

On a beau dire que des statues ou des tableaux de grand prix seraient mal placés dans un cottage; cette maison est le lieu de prédilection de ceux qui la possèdent, et lorsqu'on s'arrange soi-même un séjour selon sa fantaisie, si l'on aime beaucoup les arts, ce goût se trahit toujours, au risque d'une disparate de style, d'une faute d'harmonie; d'ailleurs quelque discordance est bien permise dans un cottage Impérial.

Au surplus, les Empereurs de Russie ne sont pas des Empereurs romains; ils ne se croient pas obligés d'aimer les arts par état.

On reconnaît, dans la distribution et la décoration du cottage, que des affections et des habitudes de famille ont présidé à l'arrangement et au plan de cette habitation. Ceci vaut mieux encore que le sentiment du beau dans les œuvres du génie. Une seule chose m'a déplu dans l'ordonnance et dans l'ameublement de cette élégante retraite : c'est une soumission trop servile à la mode anglaise.

Nous avons vu le rez-de-chaussée très-rapidement, de peur d'ennuyer notre guide. La présence d'un si auguste *cicerone* m'embarrassait. Je sais que rien ne gêne les princes autant que notre timidité, à moins qu'elle ne soit affectée pour les flatter; cette connaissance de leur humeur augmente ma peine par la conviction où je suis de leur déplaire inévitablement. Ils aiment qu'on les mette à leur aise et l'on n'y parvient qu'en y étant soi-même. Je suis donc sûr de mon fait; une telle conviction m'est on ne saurait plus désagréable, car personne n'aime à déplaire.

Avec un prince sérieux, je puis espérer quelquefois de me sauver par la conversation, mais avec un prince jeune, léger, élégant et gai, je suis sans ressource.

Un escalier fort étroit, mais embelli par des tapis anglais, nous a conduits à l'étage supérieur : c'est là qu'est la chambre où la grande-duchesse Marie a passé une partie de son enfance (elle est vide), celle de la grande-duchesse Olga ne restera probablement pas longtemps habitée. L'Impératrice avait donc raison de dire que le cottage est trop grand. Ces deux chambres à peu près pareilles sont d'une simplicité charmante.

Le grand-duc s'arrêtant au haut de l'escalier me dit avec la politesse souveraine dont il a le secret malgré sa grande jeunesse, « je suis sûr que vous aimeriez mieux voir tout ceci sans moi, et moi je l'ai vu si souvent, que j'aime autant, je vous l'avoue, vous laisser achever votre examen avec madame *** toute seule. Je vais donc rejoindre ma mère et vous attendre près d'elle. »

Là-dessus, il nous fit un salut plein de grâce et me laissa charmé de la flatteuse facilité de ses manières.

C'est un grand avantage pour un prince que d'être un homme parfaitement bien élevé. Je n'avais donc pas produit mon effet cette fois; la gêne que j'éprouvais n'avait point été communicative. S'il se fût ressenti de mon malaise il serait resté, car la timidité ne sait que subir son supplice, elle ne sait pas se dégager; nulle élévation ne préserve de ses atteintes; la victime qu'elle paralyse, en quelque rang qu'elle soit placée, ne peut trouver la force ni d'affronter ni de fuir ce qui cause sa gêne.

Cette souffrance est quelquefois l'effet d'un amour-propre mécontent et raffiné. Un homme qui craint d'être seul de son avis sur lui-même deviendra timide par vanité.

Mais le plus souvent la timidité est purement physique, c'est une maladie.

Il y a des hommes qui ne peuvent sentir, sans un malaise inexplicable, le regard humain s'arrêter sur eux. Ce regard les pétrifie : il les gêne en marchant, en pensant, il les empêche de parler, mais surtout de se mouvoir, ceci est si vrai que j'ai souvent souffert de cette timidité physique dans les villages où j'attirais tous les yeux, en ma qualité d'étranger, bien plus que dans les salons les plus imposants, où personne ne faisait attention à moi. Je pourrais écrire un traité sur les divers genres de timidité, car j'en suis le modèle accompli; personne n'a plus gémi que moi, dès mon enfance, des atteintes de ce mal incurable, mais, grâce à Dieu, à peu près inconnu aux hommes de la génération qui suit la mienne; ce qui prouverait qu'outre la prédisposition physique la timidité est surtout le résultat de l'éducation.

L'habitude du monde fait qu'on dissimule cette infirmité, voilà tout : les plus timides des hommes sont souvent les plus éminents en naissance, en dignités et même en mérite. J'avais cru longtemps que la timidité était de la modestie combinée avec un respect exagéré pour les distinctions sociales ou pour les dons de l'esprit; mais alors comment expliquer la timidité des grands écrivains et celle des princes? Heureusement les princes de la famille Impériale de Russie ne sont point timides, ils sont de leur siècle; on n'aperçoit dans leurs manières ni dans leur langage aucun vestige de l'embarras qui fit longtemps le tourment des augustes hôtes de Versailles et celui de leurs courtisans, car quoi de plus gênant qu'un prince timide?

Quoi qu'il en soit, je me sentis délivré quand je vis partir le grand-duc; je le remerciai tout bas d'avoir si bien deviné mon désir et de l'avoir si poliment satisfait. Un homme à demi cultivé ne s'aviserait guère de laisser les gens seuls pour leur être agréable. Cependant c'est quelquefois le plus grand plaisir qu'on leur puisse faire. Savoir quitter son hôte sans le choquer, c'est le comble de l'urbanité, le chef-d'œuvre de l'hospitalité. Cette facilité est dans la vie habituelle du monde élégant ce que serait en politique la liberté sans désordre. Problème qu'on se propose sans cesse, et qu'on ne résout guère.

Au moment où le grand-duc s'éloigna Mlle *** se trouvait derrière sa mère; le jeune prince en passant devant elle s'arrête d'un air très-grave, un peu moqueur, et lui fait une profonde révérence sans dire mot. La jeune personne voyant que ce salut est ironique reste muette, dans l'attitude du respect, mais sans rendre le salut.

J'admirai cette nuance qui me parut d'une délicatesse exquise. Je doute qu'à cette cour aucune femme de vingt-cinq ans se distinguât par un tel trait de courage; il n'appartient qu'à l'innocence de savoir joindre au juste sentiment de sa propre dignité, que nul homme ne doit perdre, les égards dus aux prérogatives sociales. Cet exemple de tact ne passa point inaperçu :

« Toujours la même ! » dit en s'éloignant le grand-duc héritier.

Ils ont été enfants ensemble, une différence d'âge de cinq ans ne les a pas empêchés de jouer souvent aux mêmes jeux. Une telle familiarité ne s'oublie pas, même à la cour. La scène muette qu'ils ont jouée là m'a beaucoup amusé.

Ce coup d'œil jeté sur l'intérieur de la famille

Impériale m'a singulièrement intéressé. Il faut voir de près ces princes pour les apprécier : ils sont faits pour être à la tête de leur pays, car ils sont des premiers de leur nation à tous égards. La famille Impériale est ce que j'ai vu en Russie de plus digne d'exciter l'admiration et l'envie des étrangers.

Au plus haut du cottage on trouve le cabinet de travail de l'Empereur. C'est une bibliothèque assez grande et très-simplement ornée. Elle ouvre sur un balcon qui fait terrasse en face de la mer. Sans sortir de cette vigie studieuse l'Empereur peut donner lui-même ses ordres à sa flotte. A cet effet, il a une lunette d'approche, un porte-voix et un petit télégraphe qu'il fait mouvoir à volonté.

J'aurais voulu examiner en détail cette chambre avec tout ce qu'elle contient, et faire beaucoup de questions; mais je craignis que ma curiosité ne parût indiscrète et j'aimai mieux voir mal que de me donner l'air d'être venu là pour faire un inventaire.

D'ailleurs je ne suis curieux que de l'ensemble des choses qui, en général, me frappe plus que les détails. Je voyage pour voir et pour juger les objets, non pour les mesurer, les énumérer et les calquer.

C'est une faveur que d'entrer dans ce cottage, pour ainsi dire en présence de ceux qui l'habitent, faveur d'autant plus rarement accordée par eux, que cette maison n'offre réellement d'autre intérêt que la curiosité qui s'attache à leurs habitudes et à leurs actions privées. J'ai donc cru devoir m'en montrer digne en évitant des recherches trop minutieuses, et qui auraient passé les bornes d'un hommage respectueusement flatteur; ce qui m'eût fait paraître indigne de la grâce qu'on m'avait faite.

Après avoir expliqué ma pensée à Mme*** qui comprit parfaitement cette délicatesse, je me hâtai d'aller prendre congé de l'Impératrice et du grand-duc héritier.

Nous les retrouvâmes dans le jardin où, après m'avoir encore adressé quelques mots gracieux, ils me quittèrent en me laissant satisfait de tout ce que je venais de voir, mais surtout reconnaissant de leur bonté et charmé de la noblesse et de la grâce singulière de leur accueil.

Au sortir du cottage je montai en voiture pour aller visiter en toute hâte Oranienbaum: la fameuse habitation de Catherine II, bâtie par Menzikoff. Ce malheureux fut envoyé en Sibérie avant d'avoir complété les merveilles de son palais jugé trop royal pour un ministre.

Il appartient maintenant à la grande-duchesse Hélène, belle-sœur de l'Empereur actuel. Situé à deux ou trois lieues de Péterhoff, en vue de la mer et sur une prolongation de la même falaise sur laquelle est bâti le palais Impérial, le château d'Oranienbaum quoique bâti en bois est imposant; j'y suis arrivé d'assez bonne heure pour bien voir tout ce qu'il renferme de curieux et pour parcourir les jardins. La grande-duchesse n'était pas à Oranienbaum. Malgré le luxe imprudent de l'homme qui construisit ce palais et la magnificence des grands personnages qui l'ont habité à sa place, il n'est pas extrêmement vaste. Des terrasses, des rampes, des perrons, des balcons couverts d'orangers et de fleurs unissent la maison avec le parc, et ces ornements embellissent l'une et l'autre; l'architecture en elle-même n'est rien moins que magnifique. La grande-duchesse Hélène a montré ici le goût qui préside à tous ses arrangements, et elle a fait d'Oranienbaum une habitation charmante, nonobstant la tristesse du paysage et l'obsédant souvenir des drames qui furent joués en ce lieu.

En descendant du palais, j'ai demandé à voir ce

qui reste du petit château fort d'où l'on fit sortir Pierre III pour l'entraîner à Ropscha, où il fut assassiné. On m'a conduit dans une espèce de hameau écarté, où j'ai vu des fossés à sec, des vestiges de fortifications et des tas de pierres : ruine moderne, où la politique a plus de part que le temps. Mais le silence commandé, la solitude forcée qui règnent autour de ces débris maudits, nous retracent précisément ce qu'on voudrait nous cacher; là comme ailleurs, le mensonge officiel est annulé par les faits; l'histoire est un miroir magique où les peuples voient après la mort des hommes qui furent influents dans les affaires, toutes leurs inutiles grimaces. Les personnes ont passé, mais leurs physionomies restent gravées sur cet inexorable cristal. On n'enterre pas la vérité avec les morts : elle triomphe de la peur des princes et de la flatterie des peuples, toujours impuissantes pour étouffer le cri du sang, et elle se fait jour à travers toutes les prisons, même à travers le tombeau : surtout le tombeau des grands, car les hommes obscurs réussissent mieux que les princes à cacher les crimes dont le souvenir s'attache à leur mémoire. Si je n'avais pas su que le château de Pierre III était démoli j'aurais dû le deviner, mais ce qui m'étonne en voyant le prix qu'on met ici à faire oublier le passé, c'est que l'on y conserve quelque chose. Les noms mêmes devraient disparaître avec les murs.

Il ne suffisait pas de démolir la forteresse, il fallait raser le palais qui n'en était qu'à un quart de lieue ; quiconque vient à Oranienbaum y cherche avec anxiété les vestiges de cette prison où Pierre III a signé de force son abdication volontaire qui devint l'arrêt de sa mort, car ayant une fois obtenu de lui ce sacrifice, il fallait l'empêcher de le révoquer.

Voici comment l'assassinat de ce prince à Ropscha est raconté par M. de Rulhière dans les anecdotes sur la Russie, imprimées à la suite de son Histoire de Pologne : « Les soldats étaient étonnés de ce
« qu'ils avaient fait : ils ne concevaient pas par quel
« enchantement on les avoit conduits jusqu'à dé-
« trôner le petit-fils de Pierre-le-Grand pour don-
« ner sa couronne à une Allemande. La plupart,
« sans projet et sans idée, avaient été entraînés par
« le mouvement des autres ; et chacun, rentré dans
« sa bassesse, après que le plaisir de disposer d'une
« couronne fut évanoui, ne sentit plus que des re-
« mords. Les matelots, qu'on n'avait point intéressés
« dans le soulèvement, reprochaient publiquement

« aux gardes dans les cabarets d'avoir vendu leur
« Empereur pour de la bière. La pitié, qui jus-
« tifie même les plus grands criminels, se faisait
« entendre dans tous les cœurs. Une nuit, une
« troupe de soldats attachés à l'Impératrice s'ameuta
« par une vaine crainte, disant « que leur mère
« était en danger. » Il fallut la réveiller pour qu'ils
« la vissent. La nuit suivante, nouvelle émeute plus
« dangereuse. Tant que la vie de l'Empereur lais-
« sait un prétexte aux inquiétudes, on pensa qu'on
« n'aurait point de tranquillité.

« Un des comtes Orlof, car dès le premier jour
« ce titre leur fut donné, ce même soldat surnommé
« *le balafré*, qui avait soustrait le billet de la prin-
« cesse d'Aschekof, et un nommé Téplof, parvenu
« des plus bas emplois par un art singulier de
« perdre ses rivaux, furent ensemble vers ce mal-
« heureux prince; ils lui annoncèrent, en entrant,
« qu'ils étaient venus pour dîner avec lui, et selon
« l'usage des Russes, on apporta avant le repas
« des verres d'eau-de-vie. Celui que but l'Empe-
« reur était un verre de poison. Soit qu'ils eussent
« hâte de rapporter leur nouvelle, soit que l'hor-
« reur même de leur action la leur fît précipiter,
« ils voulurent un moment après lui verser un se-

LETTRE SEIZIÈME.

« cond verre. Déjà ses entrailles brûlaient et l'atro-
« cité de leurs physionomies les lui rendant sus-
« pects, il refusa ce verre : ils mirent de la vio-
« lence à le lui faire prendre, et lui à les repousser.
« Dans ce terrible débat, pour étouffer ses cris qui
« commençaient à se faire entendre de loin, ils
« se précipitèrent sur lui, le saisirent à la gorge,
« et le renversèrent; mais comme il se défendait
« avec toutes les forces que donne le dernier dés-
« espoir et qu'ils évitaient de lui porter aucune
« blessure, réduits à craindre pour eux-mêmes,
« ils appelèrent à leur secours deux officiers chargés
« de sa garde, qui à ce moment se tenaient en
« dehors à la porte de sa prison. C'était le plus
« jeune des princes Baratinski et un nommé Po-
« temkin, âgé de dix-sept ans. Ils avaient montré
« tant de zèle dans la conspiration, que, malgré
« leur extrême jeunesse, on les avait chargés
« de cette garde : ils accoururent, et trois de ces
« meurtriers ayant noué et serré une serviette au-
« tour du cou de ce malheureux Empereur, tandis
« qu'Orlof de ses deux genoux lui pressait la
« poitrine et le tenait étouffé, ils achevèrent ainsi
« de l'étrangler; et il demeura sans vie entre leurs
« mains.

« On ne sait pas avec certitude quelle part l'Im-
« pératrice eut à cet événement; mais ce qu'on
« peut assurer, c'est que, le jour même qu'il se passa,
« cette princesse commençant son dîner avec beau-
« coup de gaieté, on vit entrer ce même Orlof éche-
« velé, couvert de sueur et de poussière, ses habits
« déchirés, sa physionomie agitée, pleine d'hor-
« reur et de précipitation. En entrant, ses yeux
« étincelants et troublés cherchèrent les yeux de
« l'Impératrice. Elle se leva en silence, passa dans
« un cabinet où il la suivit, et quelques instants
« après elle y fit appeler le comte Panin, déjà
« nommé son ministre : elle lui apprit que l'Em-
« pereur était mort. Panin conseilla de laisser
« passer une nuit, et de répandre la nouvelle
« le lendemain, comme si on l'avait reçue pen-
« dant la nuit. Ce conseil ayant été agréé, l'Impé-
« ratrice rentra avec le même visage et continua
« son dîner avec la même gaieté. Le lendemain,
« quand on eut répandu que Pierre était mort
« d'une colique hémorroïdale, elle parut baignée
« de pleurs, et publia sa douleur par un édit. »

En parcourant le parc d'Oranienbaum, qui est grand et beau, j'ai visité plusieurs des pavillons où l'Impératrice Catherine donnait ses rendez-vous amoureux; il y en a de magnifiques; il y en a où le mauvais goût, les ornements puérils dominent : en général, l'architecture de ces fabriques manque de style et de grandeur; c'est assez bon pour l'usage auquel la divinité du lieu les destinait.

De retour à Péterhoff, j'ai couché pour la troisième nuit dans le théâtre.

Ce matin, en revenant à Pétersbourg, j'ai pris la route de Krasnaczelo où il y a un camp assez curieux à voir. On dit que quarante mille hommes de la garde Impériale sont logés là sous des tentes ou dispersés dans des villages voisins, d'autres disent soixante-dix mille. En Russie chacun m'impose son chiffre, mais rien ne m'est plus indifférent que les énumérations de fantaisie, car rien n'est plus menteur. Ce que j'admire c'est le prix qu'on attache ici à tromper sur ces choses. Il y a un genre de feinte qui est de l'enfantillage.

Les peuples s'en corrigent lorsqu'ils passent de l'enfance à la virilité.

Je me suis amusé à considérer la variété des uniformes, et à comparer les figures expressives et sauvages de ces soldats choisis et amenés là de toutes les parties de l'Empire; de longues lignes de tentes blanches brillaient au soleil, dans les inégalités d'un terrain qu'on croirait uni en l'apercevant de loin, mais qui, à le parcourir, paraît très-coupé et assez pittoresque. Je regrette à chaque instant l'insuffisance de mes paroles pour représenter certains sites du Nord et surtout certains effets de lumière. Quelques coups de pinceau vous en apprendraient plus sur l'aspect original de ce triste et singulier pays que des volumes de descriptions.

SOMMAIRE DE LA LETTRE DIX-SEPTIÈME.

Superstition politique. — Conséquence du pouvoir absolu. — Responsabilité de l'Empereur. — Nombre des naufragés de Péterhoff. — Mort de deux Anglais. — Leur mère. — Citation d'une lettre. — Récit de cet accident par un peintre. — Extrait du *Journal des Débats* du mois d'octobre 1842. — Ménagements funestes. — Scène de désordre sur le bateau à vapeur. — Le bâtiment sauvé par un Anglais. — Ce que c'est que le tact en Russie. — Ce qui manque à la Russie. — Conséquence de ce régime : ce que l'Empereur en doit souffrir. — Esprit de la police russe. — Disparition d'une femme de chambre. — Silence sur des faits semblables. — Politesse des gens du peuple. — Ce qu'elle signifie. — Les deux cochers. — Cruauté d'un feldjæger. — A quoi sert le christianisme dans un tel pays. — Calme trompeur. — Querelle de portefaix sur un bateau de bois. — Le sang coule. — Comment procèdent les agents de police. —Cruauté révoltante. — Traitement avilissant pour tous. — Manière de voir des Russes. — Mot de l'archevêque de Tarente. — De la religion en Russie. — Deux espèces de civilisation. — Vanité publique. — L'Empereur Nicolas élève la colonne d'Alexandre. — Réforme du langage. — Comment les femmes de la cour éludent les ordres de l'Empereur. — L'église de Saint-Isaac. — Son immensité. — Esprit de la religion grecque. — Différence qu'il y a entre l'Église catholique et les églises schismatiques. — Asservissement de l'Église grecque par l'empiétement de Pierre Ier. — Conversation avec un Français.

— Voiture cellulaire. — Rapport qu'il y a entre la politique et la théologie. — Émeute causée par un mot de l'Empereur. — Scènes sanglantes sur les bords du Volga. — Hypocrisie du gouvernement russe. — Histoire du poëte Pouskine. — Sa position particulière comme poëte. — Sa jalousie. — Duel contre son beau-frère. — Pouskine est tué. — Effet de cette mort. — Part que prend l'Empereur à la douleur publique. — Jeune enthousiaste. — Ode à l'Empereur. — Comment elle est récompensée. — Le Caucase. — Caractère du talent de Pouskine. — Langue des gens du grand monde en Russie. — Abus des langues étrangères. — Conséquences de la manie des gouvernantes anglaises en France. — Supériorité des Chinois. — La confusion des langues. — Rousseau. — Révolution à prévoir dans le goût français.

LETTRE DIX-SEPTIÈME.

Pétersbourg, ce 29 juillet 1839.

D'après les derniers renseignements que j'ai pu me procurer ce matin sur les désastres de la fête de Péterhoff, ils ont outre-passé mes suppositions. Au surplus, jamais nous ne saurons exactement les circonstances de cet événement. Tout accident est ici traité d'affaire d'État; c'est le bon Dieu qui oublie ce qu'il doit à l'Empereur.

La superstition politique, qui est l'âme de cette société, en expose le chef à tous les griefs de la faiblesse contre la force, à toutes les plaintes de la terre contre le ciel; quand mon chien est blessé, c'est à moi qu'il vient demander sa guérison; quand Dieu frappe les Russes, ceux-ci en appellent au Czar. Ce prince, qui n'est responsable de rien politiquement, répond de tout providentiellement, conséquence naturelle de l'usurpation de l'homme sur les droits de Dieu. Un Roi qui consent à être reconnu pour plus qu'un mortel, prend sur lui tout le mal que le ciel peut envoyer à la terre pendant son règne;

il résulte de cette espèce de fanatisme politique des susceptibilités, des délicatesses ombrageuses dont on n'a nulle idée dans aucun autre pays. Au surplus, le secret que la police croit devoir garder touchant les malheurs les plus indépendants de la volonté humaine, manque le but, en ce qu'il laisse le champ libre à l'imagination ; chaque homme raconte les mêmes faits différemment, selon son intérêt, ses craintes, son ambition ou son humeur, selon l'opinion que lui impose sa charge à la cour, et sa position dans le monde; il arrive de là que la vérité est à Pétersbourg un être de raison tout comme elle l'est devenue en France par des causes contraires : une censure arbitraire et une liberté illimitée peuvent amener des résultats semblables, et rendre impossible la vérification du fait le plus simple.

Ainsi les uns disent qu'il n'a péri, avant-hier, que treize personnes, tandis que les autres parlent de douze cents, de deux mille, et d'autres encore de cent cinquante : jugez de nos incertitudes sur toutes choses, puisque les circonstances d'un événement arrivé pour ainsi dire sous nos yeux resteront toujours douteuses, même pour nous.

Je ne cesse de m'émerveiller en voyant qu'il

existe un peuple insouciant au point de vivre et de mourir tranquille dans le demi-jour que lui accorde la police de ses maîtres. Jusqu'ici je croyais que l'homme ne pouvait pas plus se passer de vérité pour l'esprit, que d'air et de soleil pour le corps; mon voyage en Russie me détrompe. La vérité n'est un besoin que pour les âmes d'élite ou pour les nations les plus avancées; le vulgaire s'accommode des mensonges favorables à ses passions et à ses habitudes : ici mentir c'est protéger la société, dire la vérité c'est bouleverser l'État [1].

Voici deux épisodes dont je vous garantis l'authenticité :

Neuf personnes de la même famille et de la même maison, arrivées depuis peu de la province à Pétersbourg, maîtres, femmes, enfants, valets, s'étaient embarqués imprudemment sur un bateau sans pont et trop frêle pour résister à la mer; le grain est venu : pas un n'a reparu; depuis trois jours qu'on fait des perquisitions sur les côtes on n'avait encore ce matin découvert nulle trace de ces malheureux, réclamés seulement par les voisins, car ils n'ont pas de parents à Pétersbourg. A

---

[1] Voyez la note, page 290.

la fin l'esquif qui les portait a été retrouvé ; il était retourné et échoué sur un banc de sable près de la grève à trois lieues de Péterhoff et à six de Pétersbourg ; des personnes : nulle trace ; pas plus des matelots que des passagers. Voilà donc neuf morts, bien constatées, non compris les marins : et le nombre des petits bâtiments submergés comme le fut celui-ci est considérable. On est venu ce matin apposer les scellés sur la porte de la maison vide. Elle est voisine de la mienne, circonstance sans laquelle je ne vous aurais pas raconté ce fait, car je l'ignorerais, comme j'en ignore bien d'autres. Le crépuscule de la politique est moins transparent que celui du ciel polaire. Pourtant tout bien pesé, la franchise serait un meilleur calcul, car lorsqu'on me cache un peu je suppose beaucoup.

Voici l'autre épisode de la catastrophe de Péterhoff :

Trois jeunes Anglais, dont je connais l'aîné, étaient depuis quelques jours à Pétersbourg ; leur père est en Angleterre, et leur mère les attend à Carlsbad. Le jour de la fête de Péterhoff, les deux plus jeunes s'embarquent sans leur frère qui se refuse à leurs instances en répondant toujours qu'il n'est pas curieux ;.... donc s'obstinant à rester, il voit partir en petite barque ses deux frères qui lui crient : à demain !... Trois heures après, tous deux avaient péri avec plusieurs femmes, quelques enfants et deux ou trois hommes qui se trouvaient sur le même bateau; un matelot de l'équipage, bon nageur, s'est sauvé seul. Le malheureux frère qui survit, presque honteux d'exister, est dans un désespoir difficile à peindre; il s'apprête à partir pour aller annoncer cette nouvelle à sa mère; elle leur avait écrit de ne pas renoncer à la fête de Péterhoff, accordant toute latitude à leur curiosité s'ils désiraient prolonger leur voyage et leur répétant qu'elle les attendrait patiemment à Carlsbad. Avec plus d'exigence elle leur eût peut-être sauvé la vie.

Vous figurez-vous les mille récits, les discussions, les propos de tous genres, les conjectures, les cris auxquels de pareils événements donneraient lieu dans tout autre pays que celui-ci, et surtout dans le nôtre? Que de journaux diraient, et que de voix répéteraient que la police ne fait jamais son devoir, que les bateaux sont mauvais, les bateliers avides, et que l'autorité, loin de remédier au danger, l'aggrave, soit par son insouciance, soit par sa corruption; on ajouterait que le mariage de la grande-duchesse a été célébré sous de tristes auspices, comme bien d'autres mariages de princes; et alors les dates, les allusions, les citations abonderaient!.... Ici rien!!! Un silence plus effrayant que le malheur lui-même!.... Deux lignes dans la gazette sans détails; et à la cour, à la ville, dans les salons du grand monde, pas une parole : si l'on ne parle pas là on ne parle guère ailleurs : il n'y a pas de cafés à Pétersbourg pour y commenter des journaux qui n'existent pas; les petits employés sont plus timorés que les grands seigneurs, et ce que l'on n'ose dire chez les chefs se dit encore moins chez les subordonnés : restent les négociants et les boutiquiers : ceux-ci sont cauteleux comme tout ce qui veut vivre et prospérer dans ce pays. S'ils parlent sur des sujets graves et dès lors périlleux, ce n'est qu'à l'oreille et en tête-à-tête [1].

---

[1] Je crois devoir insérer ici l'extrait d'une lettre qui m'a été écrite cette année par une femme de mes amies; ce récit n'ajoute rien aux détails que vous venez de lire, si ce n'est que la singulière prudence d'un étranger, d'un artiste en causant dans un salon de Paris et en parlant d'un événement arrivé trois ans auparavant à Pétersbourg, vous donne mieux l'idée de l'oppression des esprits en Russie, que tout ce que je puis vous en dire moi-même. « Un peintre italien qui se trouvait en même temps que vous à « Saint-Pétersbourg, est maintenant à Paris. Il racontait comme

La Russie s'est donné le mot pour ne rien dire qui puisse rendre l'Impératrice nerveuse, et voilà comme on la laisse vivre et mourir en dansant ! « Elle serait affligée, taisez-vous ! » Là-dessus, enfants, amis, parents, tout ce qu'on aime se noie

« vous me l'avez racontée cette catastrophe où périrent à peu
« près quatre cents individus. Le peintre faisait son récit tout bas.
« Eh bien ! je sais cela, lui dis-je, mais pourquoi dites-vous cela
« tout bas: Oh! c'est que l'Empereur a défendu qu'on en parlât.
« J'ai admiré cette obéissance malgré le temps et les distances. Mais
« vous, qui ne pouvez tenir une vérité captive, quand publierez-
« vous votre voyage ? »

Je joins encore ici un extrait des beaux articles imprimés dans le *Journal des Débats*, le 13 octobre 1842, au sujet du livre intitulé : *Persécutions et souffrances de l'Église catholique en Russie*.

« Au mois d'octobre 1840, deux convois courant en sens in-
« verse sur le chemin de fer de Saint-Pétersbourg à Krasnacselo,
« se rencontrèrent faute d'avoir pu s'apercevoir, à cause d'un épais
« brouillard. Tout fut brisé du choc. Cinq cents personnes, dit-on,
« restèrent sur le carreau tuées, mutilées ou plus ou moins griè-
« vement blessées. C'est à peine si on en eut connaissance à Saint-
« Pétersbourg. Le lendemain, de très-grand matin, quelques cu-
« rieux seulement osèrent aller visiter le lieu de la catastrophe :
« ils trouvèrent tous les débris déblayés, les morts et les blessés
« enlevés, et comme seuls signes de l'accident quelques agents de
« police qui, après avoir interrogé les curieux sur les motifs de leur
« visite matinale, les gourmandèrent de leur curiosité et leur or-
« donnèrent rudement de retourner chacun chez soi. »

et l'on n'ose pleurer. On est trop malheureux pour se plaindre.

Les Russes sont toujours courtisans : soldats de caserne ou d'église, espions, geôliers, bourreaux en ce pays, tous font plus que leur devoir : ils font leur métier en courtisans. Qui me dira où peut aller une société qui n'a pas pour base la dignité humaine?

Je vous le répète souvent, il faudrait tout défaire ici pour y faire un peuple.

Cette fois le silence de la police n'est pas pure flatterie, il est aussi l'effet de la peur. L'esclave craint la mauvaise humeur du maître, et s'applique de toutes ses forces à le maintenir dans une gaieté tutélaire. Les fers, le cachot, le knout, la Sibérie sont bien près d'un Czar irrité, ou tout au moins le Caucase, cette Sibérie mitigée à l'usage d'un despotisme qui s'adoucit tous les jours selon les progrès du siècle.

On ne peut nier que dans cette circonstance la première cause du mal ne tienne à l'insouciance de l'administration ; si l'on eût empêché les bateliers de Saint-Pétersbourg de surcharger leurs barques ou de se hasarder dans le golfe avec des bâtiments trop faibles pour résister à la vague, personne n'eût péri..... encore qui sait? Les Russes sont généralement mauvais marins, avec eux le danger est partout. Prenez des Asiatiques à longues robes, à longues barbes pour en faire des matelots, et puis étonnez-vous des naufrages.

Le jour de la fête, un des bateaux à vapeur qui font ordinairement le service entre Pétersbourg et Kronstadt, était parti pour Péterhoff. Il a pensé chavirer comme les moindres esquifs; pourtant il est d'une dimension et d'une solidité rassurantes; il allait sombrer sans un étranger qui se trouvait du voyage. Cet homme (c'était un Anglais) voyant à peu de distance périr plusieurs barques, sentant tout le danger qu'il courait lui et l'équipage avec lui, reconnaissant d'ailleurs que la manœuvre se faisait mal faute de commandement, eut l'heureuse idée de couper avec son propre couteau toutes les cordes de la tente dressée sur le tillac pour l'agrément et la commodité des passagers. La première chose qu'on doit faire à la moindre menace de mauvais temps, c'est d'enlever cette tente: les Russes n'avaient pas songé à une précaution si simple, et sans le trait de présence d'esprit de l'étranger, le bâtiment chavirait immanquablement. Il fut sauvé, mais avarié, forcé de renoncer à continuer sa route, et trop heureux de rentrer au plus vite à Pétersbourg. Si l'Anglais qui l'a préservé du naufrage n'était de la connaissance d'un autre Anglais de mes amis, j'aurais ignoré que ce bâtiment avait couru des risques. J'en ai dit un mot à quelques personnes bien instruites ; elles m'ont confirmé le fait, mais avec prière de le tenir secret !....

Il serait inconvenant de parler du déluge si cette catastrophe était arrivée sous le règne d'un Empereur de Russie.

De toutes les facultés de l'intelligence la seule qu'on estime ici c'est le tact. Figurez-vous une nation entière ployée sous le joug de cette vertu de salon. Représentez-vous tout un peuple devenu prudent comme un diplomate qui a sa fortune à faire ; et vous aurez l'idée de ce que devient l'agrément de la conversation en Russie. Si l'air de la cour nous pèse même à la cour, combien ne doit-il pas nous paraître contraire à la vie quand il nous poursuit jusque dans notre intérieur le plus secret.

La Russie est une nation de muets; quelque magicien a changé soixante millions d'hommes en automates qui attendent la baguette d'un autre enchanteur pour renaître et pour vivre. Ce pays me fait l'effet du palais de la Belle au bois dormant :

c'est brillant, doré, magnifique; il n'y manque rien..... que la vie, c'est-à-dire la liberté.

L'Empereur doit souffrir d'un tel état de choses. Quiconque est né pour commander aime l'obéissance sans doute; mais l'obéissance d'un homme vaut mieux que celle d'une machine : le mensonge est si près de la servilité, qu'un prince entouré de complaisants ignorera toujours tout ce qu'on espérera lui pouvoir cacher; il est donc condamné à douter de chaque parole, à se défier de chaque homme. Tel est le lot d'un maître absolu; il aurait beau se montrer bon et vouloir vivre en homme, la force des choses le ferait insensible malgré lui; il occupe la place d'un despote, force lui est d'en subir la destinée, d'en adopter les sentiments ou du moins d'en jouer le rôle.

Le mal de la dissimulation s'étend ici plus loin qu'on ne pense : la police russe si alerte pour tourmenter les gens, est lente à les éclairer quand ils s'adressent à elle afin de s'éclaircir d'un fait douteux.

Voici un exemple de cette inertie calculée : au dernier carnaval, une femme de ma connaissance avait permis à sa femme de chambre de sortir le dimanche gras; la nuit venue, cette fille ne rentre pas. Le lendemain matin, la dame très-inquiète envoie prendre des renseignements à la police[1].

On répond qu'aucun accident n'étant arrivé à Pétersbourg la nuit précédente, il est impossible que la femme de chambre égarée ne se retrouve pas bientôt saine et sauve.

Le jour se passe dans cette sécurité trompeuse, point de nouvelles; enfin, le surlendemain, un parent de la fille, jeune homme assez au fait des secrètes menées de la police du pays, a l'idée de s'en aller à l'amphithéâtre de chirurgie où l'un de ses amis le fait entrer. A peine introduit il reconnaît le cadavre de sa cousine prêt à être disséqué par les élèves.

En bon Russe, il conserve assez d'empire sur lui-même pour dissimuler son émotion. « Quel est ce corps?

— On ne sait, c'est celui d'une fille qui a été trouvée morte la nuit d'avant-hier dans telle rue; on croit qu'elle a été étranglée en voulant se défendre contre des hommes qui essayaient de lui faire violence.

---

[1] Je me crois obligé de changer quelques circonstances et de taire les noms qui pourraient faire remonter aux personnes; mais l'essentiel de l'histoire est conservé dans ce récit.

— Quels sont ces hommes?

— Nous l'ignorons; on ne peut former sur cet événement que des conjectures; les preuves manquent.

— Comment vous êtes-vous procuré ce corps?

— La police nous l'a vendu secrètement, ainsi ne parlez pas de cela, » refrain obligé et qui devient comme une phrase parasite, après chaque phrase articulée par un Russe ou par un étranger acclimaté.

J'avoue que ce trait n'est pas aussi révoltant que le crime de Burk en Angleterre, mais ce qui caractérise la Russie c'est le silence protecteur qu'on y garde religieusement sur de semblables forfaits.

Le cousin s'est tu, la maîtresse de la victime n'a pas osé se plaindre; et aujourd'hui, après six mois, je suis peut-être la seule personne à laquelle elle ait raconté la mort de sa femme de chambre, parce que je suis étranger..... et que je n'écris pas, à ce que je lui ai dit.

Vous voyez comment les agents subalternes de la police russe font leur devoir. Ces employés infidèles ont trouvé un double avantage à trafiquer du corps de la femme assassinée : ils en tiraient d'abord quelques roubles, ensuite ils cachaient le meurtre qui leur eût attiré une sévère semonce si le bruit de cet événement se fût répandu.

Les réprimandes adressées aux hommes de cette classe sont, je crois, accompagnées de démonstrations un peu rudes et destinées à graver ineffaçablement les paroles dans la mémoire du malheureux qui les écoute.

Un Russe de la basse classe est autant battu que salué en sa vie. Les coups de verges (en Russie la verge est un grand roseau fendu) et les coups de chapeau distribués à doses égales s'emploient efficacement dans l'éducation sociale de ce peuple étiqueté plutôt que policé; on ne peut être battu en Russie que dans telle classe et par un homme de telle autre classe. Ici les mauvais traitements sont réglés comme un tarif de douane; ceci rappelle le code d'Ivan. La dignité de la caste est admise, mais, jusqu'à présent, nul n'a songé à faire passer dans les lois ni même dans les usages la dignité de l'homme. Rappelez-vous ce que je vous ai dit de la politesse des Russes de toutes les classes. Je vous laisse à penser ce que vaut cette urbanité, et je me borne à vous raconter quelques-unes des scènes qui se passent journellement sous mes yeux.

J'ai vu dans une même rue deux cochers de

drowska (fiacre russe) ôter cérémonieusement leur chapeau en se rencontrant; c'est un usage reçu; s'ils sont liés un peu intimement, ils appuient d'un air amical, en passant l'un devant l'autre, la main sur leur bouche et la baisent en se faisant un petit signe des yeux fort spirituel et fort expressif : voilà pour la politesse. Plus loin j'ai vu un courrier à cheval, un feldjæger ou quelqu'autre employé infime du gouvernement, descendre de sa voiture, courir à l'un de ces deux cochers bien élevés et le frapper brutalement à coups de fouet, de bâton ou de poing, qu'il lui assène sans pitié dans la poitrine, dans la figure et sur la tête; cependant le malheureux qui ne se sera pas rangé assez vite, se laisse assommer sans la moindre réclamation ni résistance par respect pour l'uniforme et pour la caste de son bourreau; mais la colère de celui-ci n'est pas toujours désarmée par la prompte soumission du délinquant.

N'ai-je pas vu un de ces porteurs de dépêches, courrier de quelque ministre ou valet de chambre galonné de quelque aide-de-camp de l'Empereur, arracher de dessus son siége un jeune cocher qu'il n'a cessé de battre que lorsqu'il lui eut mis le visage en sang? La victime subissait cette exécution en véritable agneau sans la moindre résistance et comme on obéit à un arrêt souverain, comme on cède à quelque commotion de la nature ; cependant, les passants n'étaient nullement émus de tant de cruauté, même un des camarades du patient qui faisait boire ses chevaux à quelques pas plus loin, obéissant à un signe du feldjæger irrité, était accouru pour tenir en bride la monture de ce personnage public, pendant tout le temps qu'il lui plairait de prolonger l'exécution. Allez dans tout autre pays demander à un homme du peuple son assistance pour une exécution contre un camarade arbitrairement puni !.... Mais l'emploi et l'habit de l'homme qui donnait les coups lui assuraient le droit de battre à outrance le cocher de fiacre qui les recevait ; la punition était donc légitime ; moi je dis : tant pis pour le pays où de pareils actes sont légaux.

La scène que je vous raconte se passait dans le plus beau quartier de la ville à l'heure de la promenade. Quand le malheureux battu fut relâché, il essuya le sang qui ruisselait le long de ses joues, et remonta tranquillement sur son siége en recommençant le cours de ses révérences à chaque rencontre nouvelle.

Le délit, quel qu'il fût, n'avait cependant causé

aucun accident grave. Notez que cette abomination s'exécutait avec un ordre parfait en présence d'une foule silencieuse, et qui loin de songer à défendre ou à excuser le coupable, n'osait même pas s'arrêter longtemps pour assister au châtiment. Une nation gouvernée chrétiennement protesterait contre cette discipline sociale qui détruit toute liberté individuelle. Mais ici l'influence du prêtre se borne à obtenir du peuple et des grands des signes de croix et des génuflexions.

Malgré le culte du Saint-Esprit, cette nation a toujours son Dieu sur la terre. Comme Bati, comme Tamerlan, l'Empereur de Russie est idolâtré de ses sujets; la loi russe n'est point baptisée.

J'entends tous les jours vanter les allures douces, l'humeur pacifique, la politesse du peuple de Saint-Pétersbourg. Ailleurs, j'admirerais ce calme; ici je le regarde comme le symptôme le plus effrayant du mal dont je me plains. On tremble au point de dissimuler sa crainte sous une tranquillité satisfaisante pour l'oppresseur, et rassurante pour l'opprimé. Les vrais tyrans veulent qu'on sourie. Grâce à la terreur qui plane sur toutes les têtes, la soumission sert à tout le monde: victimes et bourreaux, tous ont besoin de l'obéissance qui perpétue le mal qu'ils infligent et le mal qu'ils subissent.

On sait que l'intervention de la police entre gens qui se querellent, exposerait les combattants à des punitions bien plus redoutables que les coups qu'ils se portent en silence : et l'on évite le bruit parce que la colère qui éclate appellerait le bourreau qui punit.

Voici pourtant une scène tumultueuse de laquelle le hasard m'a rendu témoin ce matin :

Je passais le long d'un canal couvert de bateaux chargés de bois. Des hommes transportaient ce bois à terre pour l'élever en forme de murailles sur leurs charrettes; je vous ai décrit ailleurs cette espèce de rempart mouvant, qui traverse les rues au pas des chevaux. Un des portefaix occupé à tirer le bois de la barque pour le brouetter jusqu'à la charrette, se prend de querelle avec ses camarades; et tous se mettent à se battre franchement comme des crocheteurs de chez nous. L'agresseur se sentant le plus faible a recours à la fuite : il grimpe avec la souplesse d'un écureuil au grand mât du bateau; jusque-là je trouvais la scène amusante : perché sur une vergue, le fuyard défie ses adversaires moins lestes que lui. Ces hommes se voyant trompés dans leur espoir de vengeance, oubliant qu'ils sont en Russie, manifestent leur fureur par des redoublements de cris et des menaces sauvages.

Il y a de distance en distance dans toutes les rues de la ville des agents de police en uniforme; deux de ces espèces de sergents de ville, attirés par les vociférations des combattants, arrivent sur le théâtre de la querelle et somment le principal coupable de descendre de dessus sa perche. Celui-ci n'obéit pas, le sergent saute à bord, le rebelle se cramponne au mât : l'homme du pouvoir réitère ses sommations, le révolté persiste dans sa résistance. L'agent furieux essaie de grimper lui-même au mât et réussit à saisir un des pieds du réfractaire. Que croyez-vous qu'il fasse alors? il tire de toutes ses forces son adversaire, sans précaution, sans s'embarrasser de la manière dont il va faire descendre ce malheureux; celui-ci désespérant d'échapper à la punition qui l'attend, s'abandonne enfin à son sort : il se renverse et tombe en arrière la tête la première de deux fois la hauteur d'un homme sur une pile de bois, où son corps reste immobile comme un sac.

Je vous laisse à penser si la chute fut rude! La tête rebondit sur les bûches et le retentissement du coup arriva jusqu'à mon oreille, bien que je me fusse arrêté à une cinquantaine de pas. Je crus l'homme tué, le sang lui couvrait la figure; cependant revenu du premier étourdissement, ce pauvre sauvage pris au piége, se relève; ce qu'on aperçoit de son visage sous les taches de sang est d'une pâleur effrayante; il se met à beugler comme un bœuf; ses horribles cris diminuaient ma compassion, il me semblait que ce n'était plus qu'une brute et que j'avais tort de m'attendrir sur lui comme sur un de mes semblables. Plus l'homme hurlait plus mon cœur s'endurcissait : tant il est vrai que nous avons besoin que les objets de notre compassion conservent quelque sentiment de leur propre dignité pour que nous puissions prendre sérieusement part à leur peine !!.. la pitié est une association; et quel est l'homme qui voudrait s'associer à ce qu'il méprise?

On l'emporte enfin quoiqu'il oppose une résistance désespérée et assez longue : une petite barque amenée à l'instant même par d'autres agents de police s'approche rapidement; on garrotte le prisonnier, et les mains attachées derrière le dos, on le jette sur le nez au fond du bateau; cette seconde chute, fort rude encore, est suivie d'une grêle de coups; ce n'est pas tout et vous n'êtes pas au bout du supplice préalable; le sergent qui l'a saisi ne voit pas plutôt la victime abattue qu'il lui saute sur le corps; je m'étais approché, j'ai donc été témoin de ce que je vous raconte. Ce bourreau étant descendu à fond de cale et marchant sur le dos du patient, se mit à trépigner à coups redoublés sur ce pauvre homme, et à fouler aux pieds le malheureux comme on vendange la grappe dans le pressoir. Pendant cette horrible exécution, les hurlements féroces du supplicié redoublèrent d'abord; mais quand ils commencèrent à faiblir j'ai senti que la force me manquait à moi-même et j'ai fui, ne pouvant rien empêcher : j'en avais vu trop.... Voilà ce qui s'est passé sous mes yeux en pleine rue pendant une promenade de récréation, car je voulais me reposer au moins pour quelques jours de mon métier de voyageur écrivain. Mais comment réprimer mon indignation? elle m'a fait reprendre la plume à l'instant.

Ce qui me révolte, c'est le spectacle de l'élégance la plus raffinée à côté d'une barbarie si repoussante. S'il y avait moins de luxe et de délicatesse dans la vie des gens du monde, la condition des hommes du peuple m'inspirerait moins de pitié. De tels faits et tout ce qu'ils nous laissent deviner, me feraient haïr le plus beau pays de la terre, à plus forte raison me font-ils détester une lande badigeonnée, un marais plâtré. Quelle exagération ! s'écrieront les Russes !.. ne voilà-t-il pas de bien grandes phrases pour peu de chose !!! Vous appelez cela peu de chose, je le sais, et c'est ce que je vous reproche, l'habitude que vous avez de ces horreurs explique votre indifférence sans la justifier. Vous ne faites pas plus d'état des cordes dont vous voyez garrotter un homme que du collier de force qu'on met à vos chiens de chasse.

J'en conviens, ces actes sont dans vos mœurs, car je n'ai pu saisir une expression de blâme ou d'horreur sur la physionomie d'aucun des spectateurs de ces abominables scènes ; et il y avait là des hommes de toutes les classes. Si vous me donnez cette approbation tacite de la foule pour une excuse, nous sommes d'accord.

En plein jour, en pleine rue, frapper un homme à mort avant de le juger, voilà ce qui paraît fort simple au public et aux sbires de Pétersbourg. Bourgeois, seigneurs, soldats et citadins ; pauvres et riches, grands et petits, élégants et manants, rustres et dandys, tous les Russes s'entendent pour laisser s'opérer tranquillement de telles choses sous leurs yeux, sans s'embarrasser de la légalité de l'acte. Ailleurs le citoyen est protégé par tout le monde contre l'agent du pouvoir qui abuse : ici, l'agent public est protégé contre la juste réclamation du particulier maltraité. Le serf ne réclame pas.

L'Empereur Nicolas a fait un code ! Si les faits que je vous raconte sont d'accord avec les lois de ce code, tant pis pour le législateur; s'ils sont illégaux, tant pis pour l'administrateur. C'est toujours l'Empereur qui est responsable. Quel malheur de n'être qu'un homme quand on accepte la charge d'un dieu !... et qu'on est forcé de l'accepter ! Le gouvernement absolu ne devrait être confié qu'à des anges.

Je proteste de l'exactitude des faits que j'ai rapportés; je n'ai ni ajouté ni retranché un geste dans le récit que vous venez de lire, et je suis rentré pour le joindre à ma lettre, pendant que les moindres circonstances de la scène m'étaient encore présentes à la pensée [1].

Si de pareils détails pouvaient se publier à Pétersbourg avec les commentaires indispensables

---

[1] Il n'est pas inutile de répéter que cette lettre, comme presque toutes les autres, ont été conservées et cachées avec soin pendant tout le temps de mon séjour en Russie.

pour les faire remarquer par des esprits blasés sur tous les genres de férocité et d'illégalités, ils ne produiraient pas le bien qu'on s'en pourrait promettre. L'administration russe s'arrangerait de manière à ce que la police de Pétersbourg affectât dorénavant plus de douceur dans ses rapports avec les hommes du peuple, ne fût-ce que par respect pour les yeux délicats des étrangers : voilà tout !... Les mœurs d'un peuple sont le produit lent de l'action réciproque des lois sur les usages et des usages sur les lois ; elles ne se changent pas d'un coup de baguette. Celles des Russes, malgré toutes les prétentions de ces demi-sauvages, sont et resteront encore longtemps cruelles. Il n'y a guère plus d'un siècle qu'ils étaient de vrais Tatares ; c'est Pierre-le-Grand qui a commencé à forcer les hommes d'introduire les femmes dans les assemblées ; et sous leur élégance moderne, plusieurs de ces parvenus de la civilisation ont conservé la peau de l'ours, ils n'ont fait que la retourner, mais pour peu qu'on gratte, le poil se retrouve et se redresse [1].

---

[1] Ce mot est de l'archevêque de Tarente, dont M. Valery vient de faire un portrait bien intéressant et bien complet dans son livre des *Anecdotes et Curiosités italiennes*. Je crois que la même pensée

A présent qu'il a laissé passer l'époque de la chevalerie dont les nations de l'Europe occidentale ont si bien profité dans leur jeunesse, ce qu'il faudrait à ce peuple, c'est une religion indépendante et conquérante : la Russie a de la foi; mais la foi politique n'émancipe pas l'esprit de l'homme, elle le renferme dans le cercle étroit de ses affections naturelles; avec la foi catholique, les Russes acquerraient bientôt des idées générales basées sur une instruction raisonnable et sur une liberté proportionnée à leurs lumières : quant à moi, je suis persuadé que de cette hauteur, s'ils y pouvaient atteindre, ils domineraient le monde. Le mal est profond; et les remèdes employés jusqu'ici n'agissaient qu'à la surface, ils ont caché la plaie sans la guérir. La bonne civilisation va du centre à la circonférence, tandis que la civilisation russe est venue de la circonférence au centre ; c'est de la barbarie recrépie, voilà tout.

De ce qu'un sauvage a la vanité d'un homme du monde, s'ensuit-il qu'il en ait la culture ? Je l'ai dit, je le répète et je le répéterai peut-être encore :

---

a été exprimée encore plus énergiquement par l'Empereur Napoléon. D'ailleurs elle vient à quiconque voit les Russes de près.

les Russes tiennent bien moins à être civilisés qu'à nous faire croire qu'ils le sont. Tant que cette maladie de la vanité publique leur rongera le cœur et leur faussera l'esprit, ils auront quelques grands seigneurs qui pourront jouer à l'élégance chez eux et chez nous, et ils resteront barbares au fond : mais malheureusement le sauvage a des armes à feu.

L'Empereur Nicolas justifie mon jugement ; il a pensé avant moi que le temps des apparences est passé pour la Russie, et que tout l'édifice de la civilisation est à refaire dans ce pays : il a repris la société en sous-œuvre ; Pierre, dit le Grand, la renverserait une seconde fois pour la rebâtir, Nicolas est plus habile. Je me sens saisi de respect devant cet homme qui, de toute la force de sa volonté, lutte en secret contre l'œuvre du génie de Pierre-le-Grand ; tout en déifiant ce grand réformateur, il ramène à son naturel une nation fourvoyée durant plus d'un siècle dans les voies de l'imitation.

La pensée de l'Empereur actuel se manifeste jusque dans les rues de Pétersbourg : il ne s'amuse pas à bâtir à la hâte des colonnades de briques recrépies ; partout il remplace l'apparence par la réalité, partout la pierre chasse le plâtre et des édifices d'une architecture forte et massive font disparaître les prestiges d'une fausse grandeur. C'est en ramenant d'abord un peuple à son caractère primitif qu'on le rend capable et digne de la vraie civilisation sans laquelle une nation ne saurait travailler pour la postérité; pour qu'un peuple produise tout ce qu'il peut produire, il ne s'agit pas de lui faire copier les étrangers, il faut développer, sans le contrarier, le génie national. Ce qui dans ce monde approche le plus de la Divinité, c'est la nature. La nature appelle les Russes aux grandes choses, tandis que depuis leur soi-disant civilisation, on les occupait à des minuties : l'Empereur Nicolas a compris leur vocation mieux que ses devanciers, et sous ce règne tout s'est agrandi par un retour à la vérité.

Une colonne domine Pétersbourg : c'est le plus grand morceau de granit qui ait été taillé de main d'homme, sans excepter les monuments égyptiens. Un jour, soixante-dix mille soldats, la cour, la ville et une partie de la campagne affluèrent sans se gêner, sans se fouler, sur la place du palais Impérial pour assister dans un silence religieux à la miraculeuse érection de ce monument conçu, exécuté, mis en place par un Français, M. de Montferrand; car les Français sont encore nécessaires aux Russes. Des machines prodigieuses fonctionnent avec succès; les mécaniques animent la pierre, et au moment où la colonne, sortant de ses entraves, se lève comme animée de sa propre vie et semble se mouvoir d'elle-même, alors l'armée, la foule, l'Empereur lui-même, tombent à genoux pour remercier Dieu d'un tel miracle et le louer des grandes choses qu'il leur permet d'accomplir. Voilà ce que j'appelle une fête nationale : ceci n'est pas un tableau de genre, une flatterie qu'on pourrait prendre pour une satire, comme la mascarade de Péterhoff, c'est un tableau d'histoire et du plus haut style. Le grand, le petit, le mauvais, le sublime, tous les contraires entrent dans la constitution de ce singulier pays, le silence perpétue le prodige et empêche la machine de se briser.

L'Empereur Nicolas étend la réforme jusque sur le langage des personnes qui l'entourent; il exige qu'on parle russe à la cour. La plupart des femmes du monde, surtout de celles qui sont nées à Saint-Pétersbourg, ignorent leur langue nationale : mais elles apprennent quelques phrases de russe qu'elles débitent pour obéir à l'Empereur, lorsqu'il vient à passer dans les salles du palais où leur service les retient ; l'une d'elles est toujours de garde pour annoncer à temps par un signe convenu l'arrivée du maître : aussitôt les conversations françaises cessent et les phrases russes destinées à flatter l'oreille Impériale, retentissent dans le palais ; le souverain s'applaudit de voir jusqu'où s'étend son pouvoir de réformateur, et ses sujettes rebelles par espièglerie se mettent à rire dès qu'il est passé..... Je ne sais de quoi je suis le plus frappé, en voyant cette immense puissance, de sa force ou de sa faiblesse !

Mais comme tout réformateur, l'Empereur est doué de l'opiniâtreté qui finit par réussir.

A l'extrémité de la place, vaste comme un pays, où s'élève la colonne, vous voyez une montagne de granit : l'église de Saint-Isaac de Pétersbourg. Ce monument est moins pompeux, moins beau de dessin et moins chargé d'ornements que Saint-Pierre de Rome, mais tout aussi étonnant. Il n'est point terminé, on ne peut donc juger de l'ensemble, ce sera une œuvre hors de proportion avec ce que l'esprit du siècle enfante aujourd'hui chez les autres peuples. Ses matériaux sont le granit, le bronze et le fer : rien d'autre. La couleur en est imposante, mais sombre; commencé sous Alexandre, ce merveilleux temple sera bientôt achevé sous Nicolas par le même Français, M. de Montferrand, qui a élevé la colonne.

Tant d'efforts au profit d'un culte tronqué par la politique ! Hé quoi ! la parole de Dieu ne se fera jamais entendre sous cette voûte ? Les temples grecs ne servent plus de toit à la chaire de vérité. Au mépris des saint Athanase, des saint Chrysostôme, la religion ne s'enseigne point publiquement aux Russes. Les Grecs-Moscovites retranchent la parole de leur culte, tandis que les protestants réduisent le leur à la parole; ni les uns ni les autres ne veulent écouter le Christ qui, la croix à la main, rassemblant des deux bouts de la terre ses troupeaux égarés, crie du haut de la chaire de Saint-Pierre : « Venez à moi, vous tous qui avez le cœur pur, qui avez des oreilles pour entendre et des yeux pour voir !..... »

L'Empereur, aidé de ses armées de soldats et d'artistes aura beau s'évertuer, il n'investira jamais l'Église grecque d'une puissance que Dieu ne lui a pas donnée : on peut la rendre persécutrice, on ne la rendra point apostolique, c'est-à-dire, *civilisatrice*, et conquérante dans le monde moral : discipliner des hommes, ce n'est pas convertir les âmes.

Cette Église politique et nationale n'a ni la vie morale, ni la vie surnaturelle. Tout vient à manquer à qui manque d'indépendance. Le schisme, en séparant le prêtre de son chef indépendant, le met aussitôt dans la main de son prince temporel; ainsi la révolte est punie par l'esclavage. Il faudrait douter de Dieu si l'instrument de l'oppression devenait celui de la délivrance.

Aux époques les plus sanglantes de l'histoire, l'Église catholique travaillait encore à émanciper les nations : le prêtre adultère vendait le Dieu du ciel au Dieu du monde pour tyranniser l'homme au nom du Christ; mais ce prêtre impie, alors même qu'il donnait la mort au corps, éclairait encore l'esprit; car tout détourné de ses voies qu'il était, il faisait pourtant partie d'une Église qui possédait la vie et la lumière; le prêtre grec ne donne ni la vie ni la mort : il est mort lui-même.

Des signes de croix, des salutations dans la rue, des génuflexions devant des chapelles, des prosternations de vieilles dévotes contre le pavé des églises, des baisements de main; une femme, des enfants, et le mépris universel, voilà tout le fruit que le pope a recueilli de son abdication..... voilà tout ce qu'il a pu obtenir de la nation la plus superstitieuse du monde..... Quelle leçon !.... quelle punition ! Voyez et admirez, c'est au milieu du triomphe de son schisme que le prêtre schismatique est frappé d'impuissance. Le prêtre, lorsqu'il veut accaparer le pouvoir temporel, périt faute de vues assez élevées pour reconnaître la voie que Dieu lui ouvre, le prêtre qui se laisse détrôner par le roi périt faute de courage pour suivre cette voie : tous les deux manquent également à leur vocation suprême.

Pierre Ier n'avait-il pas la conscience chargée d'un assez grand poids de responsabilité, lorsqu'il a pris pour lui et ses successeurs, l'ombre d'indépendance, le reste de liberté conservés à sa malheureuse Église? il a entrepris une œuvre au-dessus des forces humaines ; depuis ce moment la fin du schisme est devenue impossible,.... c'est-à-dire aux yeux de la raison, et si l'on considère le genre humain d'un point de vue purement humain.

Je rends grâce au vagabondage de ma pensée, puisqu'en la laissant sauter librement d'objets en objets, d'idées en idées, je vous peins la Russie tout entière ; avec un style plus méthodique je craindrais de me heurter aux contrastes trop criants, et pour éviter le reproche de confusion, de divagation ou d'inconséquence, je perdrais les moyens de vous montrer la vérité telle qu'elle m'apparaît. L'état du peuple, la grandeur de l'Empereur, l'aspect des rues, la beauté des monuments, l'abrutissement des esprits, conséquence de la dégénération du principe religieux, tout cela frappe mes yeux en un instant, et passe pour ainsi dire à la fois sous ma plume; et tout cela, c'est la Russie même dont le principe de vie se révèle à ma pensée à propos des objets le moins significatifs en apparence.

Vous n'êtes pas au bout : je n'ai pas terminé mes courses sentimentales. Hier je me promenais à pied avec un Français de beaucoup d'esprit et qui connaît bien Pétersbourg; placé comme instituteur dans une famille de grands seigneurs, il est à portée de savoir la vérité, que nous autres, étrangers de passage, nous poursuivons en vain. Aussi trouve-t-il mes jugements trop favorables à la Russie. Je ris de ses reproches quand je pense à ceux que me feront les Russes, et je soutiens que je suis de bonne foi, vu que je hais ce qui me paraît mal et que j'admire ce qui me paraît bien dans ce pays comme ailleurs. Ce Français passe sa vie avec des aristocrates russes; il y a là une nuance d'opinion assez curieuse à observer.

Nous marchions au hasard ; parvenus au milieu de la Perspective Newski, la rue la plus belle et la plus fréquentée de la ville, nous ralentîmes le pas pour rester plus longtemps sur les trottoirs de cette brillante promenade; j'étais en train d'admirer. Tout à coup une voiture noire ou d'un vert foncé vient au-devant de nous. Elle est longue, carrée, assez basse et fermée de quatre côtés. On eût dit d'une bière énorme posée sur un train de charrette. Quatre petites ouvertures d'environ six pouces en carré, grillées par des barreaux de fer, donnent de l'air et du jour à ce tombeau mouvant; un enfant de huit ou dix ans au plus conduisait les deux chevaux attelés à la machine, et à ma grande surprise, un nombre assez considérable de soldats l'escortaient. Je demande à mon guide à quoi peut servir un équipage aussi singulier; ma question n'était pas achevée qu'un visage hâve se montre à l'un des guichets de la boîte et se charge de la réponse : cette voiture sert à transporter les prisonniers au lieu de leur destination.

« C'est la voiture cellulaire des Russes, me dit mon compagnon; ailleurs il y a sans doute quelque chose de semblable, mais c'est un objet odieux et qu'on dérobe aux regards le plus possible : ne vous semble-t-il pas ici qu'on en fasse montre ? quel gouvernement !

— Songez, repartis-je, aux difficultés qu'il rencontre.

— Ah ! vous êtes encore la dupe de leurs paroles dorées ; je le vois bien ; les autorités russes feront de vous ce qu'elles voudront.

— Je tâche de me mettre à leur point de vue : rien ne mérite plus d'égards que le point de vue des hommes qui gouvernent, car ce ne sont pas eux qui le choisissent. Tout gouvernement est obligé de partir des faits accomplis ; celui-ci n'a pas créé l'ordre de choses qu'il est appelé à défendre énergiquement, et à perfectionner prudemment. Si la verge de fer qui dirige ce peuple encore brut cessait un instant de s'appesantir sur lui, la société entière serait bouleversée.

— On vous dit cela ; mais croyez bien qu'on se plaît à cette prétendue nécessité : ceux qui se plaignent le plus des sévérités dont ils sont forcés d'user, disent-ils, n'y renonceraient qu'à regret : au fond ils aiment les gouvernements sans contre-poids ; cela se meut plus aisément. Nul homme ne sacrifie volontiers ce qui lui facilite sa tâche. Exigez donc d'un prédicateur qu'il se passe de l'enfer pour convertir les pécheurs endurcis! L'enfer, c'est la peine de mort des théologiens [1] : ils s'en servent d'abord à regret, comme d'un mal nécessaire, et finissent par prendre goût au métier de damner la plus grosse part du genre humain. Il en est de même des mesures sévères en politique : on les craint avant de les essayer, puis quand on en voit le succès, on les admire; voilà, n'en doutez pas, ce qui arrive trop souvent dans ce pays; il me semble qu'on y fait naître à plaisir les occasions de sévir de peur d'en perdre l'habitude. Ignorez-vous ce qui se passe à l'heure qu'il est sur le Volga?

— J'ai entendu parler de troubles graves, mais promptement réprimés.

— Sans doute; mais à quel prix? Et si je vous disais que ces affreux désordres sont le résultat d'une parole de l'Empereur.....

— Jamais vous ne me ferez croire qu'il ait approuvé de telles horreurs.

— Ce n'est pas non plus ce que je veux dire; toutefois c'est un mot prononcé par lui, in-

---

[1] N'oubliez pas, je vous prie, que ce n'est pas moi qui parle ainsi.

nocemment, je le pense comme vous, qui a causé le mal : voici le fait. Malgré les injustices des préposés de la couronne, le sort des paysans de l'Empereur est encore préférable à celui des autres serfs, et sitôt que le souverain se rend propriétaire de quelque nouveau domaine, les habitants de ces terres acquises par la couronne deviennent l'objet de l'envie de tous leurs voisins. Dernièrement il acheta une propriété considérable dans le canton qui s'est révolté depuis ; à l'instant, des paysans sont députés de tous les points du pays vers les nouveaux administrateurs des terres Impériales, pour faire supplier l'Empereur d'acheter aussi les hommes et les domaines du voisinage ; des serfs choisis pour ambassadeurs sont envoyés jusqu'à Pétersbourg : l'Empereur les reçoit, il les accueille avec bonté ; cependant à leur grand regret il ne les achète pas. Je ne puis, leur dit-il, acquérir la Russie tout entière ; mais un temps viendra, je l'espère, où chaque paysan de cet empire sera libre ; si cela ne dépendait que de moi les Russes jouiraient dès aujourd'hui de l'indépendance que je leur souhaite et que je travaille de toutes mes forces à leur procurer dans l'avenir.

— Eh bien, cette réponse me paraît pleine de raison, de franchise et d'humanité.

— Sans doute, mais l'Empereur devrait savoir à qui s'adressent ses paroles, et ne pas faire égorger sa noblesse par tendresse pour ses serfs. Ce discours, interprété par des hommes sauvages et envieux, a mis toute une province en feu. Puis il a fallu punir le peuple des crimes qu'on lui avait fait commettre. « *Le Père* veut notre délivrance, s'é-
« crient sur les bords du Volga les députés revenus
« de leur mission. Il n'aspire qu'à faire notre bon-
« heur; il nous l'a dit lui-même, ce sont donc les
« seigneurs et tous leurs préposés qui sont nos en-
« nemis et qui s'opposent aux bons desseins du
« *Père!* vengeons-nous, vengeons l'Empereur! »
Là-dessus les paysans croient faire une œuvre pie en se jetant sur leurs maîtres, et voilà tous les seigneurs d'un canton et tous les intendants massacrés à la fois avec leurs familles. Ils embrochent l'un pour le faire rôtir tout vif, ils font bouillir l'autre dans une chaudière, ils éventrent les délégués, tuent de diverses manières les préposés des administrations, ils font main basse sur tout ce qu'ils rencontrent, mettent des villes entières à feu et à sang, enfin ils dévastent une province,

non pas au nom de la liberté, ils ne savent ce que c'est, mais au nom de la délivrance et au cri de *Vive l'Empereur !* mots clairs et bien définis pour eux.

— C'est peut-être quelques-uns de ces cannibales que nous venons de voir passer dans la cage aux prisonniers. Savez-vous qu'il y aurait de quoi tempérer notre indignation philanthropique........ Menez donc de tels sauvages avec les moyens de douceur que vous exigez des gouvernements de l'Occident !

— Il faudrait changer graduellement l'esprit des populations ; au lieu de cela on trouve plus commode de changer leur domicile ; à chaque scène du genre de celle-ci on déporte en masse des villages, des cantons tout entiers ; nulle population n'est assurée de garder son territoire ; le résultat d'un tel système, c'est que l'homme attaché comme il est à la glèbe n'a pas même dans l'esclavage l'unique dédommagement que comporte sa condition : la fixité, l'habitude, l'attachement à son gîte. Par une combinaison infernale il est mobile sans être libre. Un mot du souverain le déracine comme un arbre, l'arrache à sa terre natale et l'envoie périr ou languir au bout du monde : que devient l'habitant des champs transplanté dans un village qui ne l'a pas vu naître, lui dont la vie est liée à tous les objets qui l'environnent? le paysan exposé à ces ouragans du pouvoir suprême n'aime plus sa cabane, la seule chose qu'il pût aimer en ce monde : il déteste sa vie et méconnaît ses devoirs, car il faut donner quelque bonheur à l'homme pour lui faire comprendre ses obligations; le malheur ne l'instruit qu'à l'hypocrisie et à la révolte. Si l'intérêt bien entendu n'est pas le fondement de la morale, il en est l'appui. S'il m'était permis de vous donner les détails authentiques que j'ai recueillis hier sur les événements de ***, vous frémiriez en les écoutant.

— Il est malaisé de changer l'esprit d'un peuple; ce n'est pas l'affaire d'un jour ni même d'un règne.

— Y travaille-t-on de bonne foi?

— Je le crois, mais avec prudence.

— Ce que vous appelez prudence, je l'appelle fausseté; vous ne connaissez pas l'Empereur.

— Reprochez-lui d'être inflexible, non pas d'être faux; or, dans un prince, l'inflexibilité est souvent une vertu.

— Ceci pourrait se nier; mais je ne veux pas m'écarter de mon thème : vous croyez le caractère de l'Empereur sincère? rappelez-vous sa conduite à la mort de Pouskine.

— Je ne connais pas les circonstances de ce fait. »

Tout en devisant de la sorte nous étions arrivés au champ de Mars, vaste place qui paraît déserte quoiqu'elle occupe le milieu de la ville; mais elle est tellement étendue que les hommes s'y perdent : on les voit venir de loin et l'on y peut causer avec plus de sécurité que dans sa chambre. Mon cicerone continue :

« Pouskine était, comme vous le savez, le plus grand poëte de la Russie.

— Nous n'en sommes pas juges.

— Nous le sommes au moins de sa réputation.

— On vante son style, c'est un mérite facile pour un homme né chez un peuple encore inculte quoiqu'à une époque de civilisation raffinée, car il peut recueillir les sentiments et les idées en circulation chez les nations voisines et paraître original chez lui. Sa langue est à lui, puisqu'elle est toute neuve; et pour faire époque dans une nation ignorante, entourée de nations éclairées, il n'a qu'à traduire, il n'a nul frais de pensées à faire. Imitateur, il passera pour créateur.

— Fondée ou non, sa réputation était grande. Il était encore jeune et d'un caractère irascible : vous savez qu'il avait du sang maure par sa mère. Sa femme, très-belle personne, lui inspirait plus de passion que de confiance; avec son âme de poëte et son caractère africain, il était porté à la jalousie : exaspéré par des apparences, par de faux rapports envenimés avec une perfidie qui rappelle la conception de Shakespeare, l'Othello russe perd toute mesure et veut forcer l'homme par lequel il se croit offensé à se battre avec lui. Cet homme était un Français, et de plus son beau-frère; il s'appelle M. d'Antès. Le duel en Russie est une affaire grave, d'autant plus grave qu'au lieu de s'accorder, comme chez nous, avec les mœurs contre les lois, il blesse les idées reçues; cette nation est plus orientale que chevaleresque. Le duel est illégal ici comme il l'est partout, et il a de moins qu'ailleurs l'appui de l'opinion publique.

« M. d'Antès fit ce qu'il put pour éviter l'éclat : pressé vivement par le malheureux époux, il refuse satisfaction avec assez de dignité; mais il continue ses assiduités. Pouskine devient presque fou : la présence inévitable de l'homme dont il veut la mort lui paraît un outrage permanent, il risque tout pour le chasser de chez lui; les choses en viennent au point que désormais le duel est commandé. Les deux beaux-frères se battent donc et M. d'Antès tue Pouskine; l'homme que l'opinion publique accuse est celui qui triomphe, et le mari offensé, le poëte national, l'innocent succombe.

« Cette mort fut un scandale public et un deuil universel. Pouskine, le poëte russe par excellence, l'auteur des plus belles odes de la langue, l'honneur du pays, le restaurateur de la poésie slave, le premier talent indigène dont le nom ait retenti avec quelque éclat en Europe.... en Europe!!... enfin la gloire du jour, l'espoir de l'avenir, tout est perdu; l'idole est abattue dans son temple, et le héros, frappé dans sa force, tombe sous la main d'un Français....... Que de haines, que de passions en jeu! Pétersbourg, Moscou, l'Empire s'est ému; un deuil général atteste le mérite du mort, et prouve la gloire du pays, qui peut dire à l'Europe : J'ai eu mon poëte!!... et j'ai l'honneur de le pleurer!

« L'Empereur, l'homme de la Russie qui connaît le mieux les Russes, et qui se connaît le mieux en flatterie, n'a garde de ne point prendre part à l'affliction publique; il ordonne un service, je ne sais même pas s'il ne porte point la coquetterie pieuse jusqu'à se rendre en personne à cette cérémonie, afin de publier ses regrets en prenant Dieu même à témoin de son admiration pour le génie national enlevé trop tôt à sa gloire.

—Quoi qu'il en soit, la sympathie du maître flatte si bien l'esprit moscovite qu'il réveille un généreux patriotisme dans le cœur d'un jeune homme doué de beaucoup de talent; ce poëte trop crédule s'enthousiasme pour l'acte d'auguste protection accordée au premier des arts, et le voilà qui s'enhardit au point de se croire inspiré! Dans l'expansion naïve de sa reconnaissance, il ose même écrire une ode,.... admirez l'audace!.... une ode patriotique pour remercier l'Empereur de se faire le protecteur des lettres! Il finit cette pièce remarquable en chantant les louanges du poëte évanoui : rien de plus..... J'ai lu ces vers, et je puis vous attester les innocentes intentions de l'auteur; à moins que vous ne lui fassiez un crime de cacher dans le fond de son cœur une espérance bien permise, ce me semble, à une jeune imagination. J'ai cru voir qu'il pensait, sans le dire, qu'un jour peut-être Pouskine ressusciterait en lui et que le fils de l'Empereur récompenserait le second poëte de la Russie, comme l'Empereur honore le premier.......

Téméraire!.... ambitionner une renommée, avouer la passion de la gloire sous le despotisme! c'est comme si Prométhée eût dit à Jupiter : « Prends garde, défends-toi ; je vais te dérober la foudre. » Or, voici quelle récompense reçut le jeune aspirant au triomphe, c'est-à-dire au martyre. Le malheureux, pour s'être fié insolemment à l'amour public de son maître pour les beaux-arts et pour les belles-lettres, encourut sa disgrâce particulière ; et reçut EN SECRET l'ordre d'aller développer ses dispositions poétiques au Caucase, succursale adoucie de l'antique Sibérie.

« Après être resté là deux années, il en est revenu avec une santé détruite, une âme abattue, une imagination radicalement guérie de ses chimères, en attendant que son corps guérisse aussi des fièvres de la Géorgie. Après ce trait, vous fierez-vous encore aux paroles officielles de l'Empereur, à ses actes publics?

— L'Empereur est homme, il participe aux faiblesses humaines. Quelque chose l'aura choqué dans la direction des idées de ce jeune poëte. Soyez sûr qu'elles étaient européennes plutôt que nationales. L'Empereur fait le contraire de Catherine II ; il brave l'Europe au lieu de la flatter ; c'est un tort, j'en conviens; car la taquinerie est encore une espèce de dépendance, puisqu'avec elle on ne se détermine que par la contradiction; mais ce tort est pardonnable, surtout si vous réfléchissez au mal fait à la Russie par des princes qui furent possédés toute leur vie de la manie de l'imitation.

— Vous êtes incorrigible, s'est écrié l'avocat des derniers boyards. Vous aussi vous croyez à la possibilité d'une civilisation à la russe. C'était bon avant Pierre Ier; mais ce prince a détruit le fruit dans son germe. Allez à Moscou, c'est le centre de l'ancien Empire; vous verrez cependant que tous les esprits s'y tournent vers les spéculations industrielles, et que le caractère national est aussi effacé là qu'il l'est à Saint-Pétersbourg. L'Empereur Nicolas commet aujourd'hui, dans un autre sens, une faute pareille à celle de l'Empereur Pierre Ier. Il compte pour rien l'histoire d'un siècle entier, du siècle de Pierre-le-Grand; l'histoire a ses fatalités, celle des faits accomplis. Malheur au prince qui ne veut pas s'y soumettre!»

L'heure était avancée; nous nous séparâmes, et j'ai continué ma promenade, rêvant tout seul à l'énergique sentiment d'opposition qui doit germer dans des âmes habituées à réfléchir dans le silence du despotisme. Les caractères qu'un tel gouvernement n'abrutit pas, se fortifient.

Je suis rentré pour vous écrire ; c'est ce que je fais presque tous les jours ; néanmoins il se passera bien du temps avant que vous receviez ces lettres, vu que je les cache comme des plans de conspiration, en attendant que je puisse vous les envoyer sûrement, chose si difficile que je crains d'être obligé de vous les porter moi-même.

(*Suite de la lettre précédente.*)

Ce 30 juillet 1839.

Hier en finissant d'écrire, je me suis mis à relire quelques traductions des poésies de Pouskine : elles m'ont confirmé dans l'opinion qu'une première lecture m'avait donnée de lui. Cet homme a emprunté une partie de ses couleurs à la nouvelle école poétique de l'Europe occidentale. Ce n'est pas qu'il ait adopté les opinions antireligieuses de lord Byron, les idées sociales de nos poëtes ni la philosophie des poëtes allemands ; mais il a pris leur manière de peindre. Je ne vois donc pas encore en lui un vrai poëte moscovite. Le Polonais Mickiewitch me paraît bien plus slave, quoiqu'il ait subi comme Pouskine l'influence des littératures de l'Occident

Au reste, le vrai poëte moscovite, s'il existait, ne pourrait aujourd'hui parler qu'au peuple; il ne serait ni entendu ni lu dans les salons. Où il n'y a pas de langue, il n'y a pas de poésie : il n'y a pas non plus de penseurs. L'Empereur Nicolas commence à exiger qu'on parle russe à la cour; on rit aujourd'hui d'une nouveauté qui paraît l'effet d'un caprice du maître; la génération suivante le remerciera de cette victoire du bon sens sur le beau monde.

Comment l'esprit naturel se ferait-il jour dans une société où l'on parle quatre langues avant d'en savoir une? L'originalité de la pensée tient de plus près qu'on ne croit à l'intégrité de l'idiome. Voilà ce qu'on oublie en Russie depuis un siècle et en France depuis quelques années. Nos enfants se ressentiront de la manie des bonnes anglaises qui s'est emparée chez nous de toutes les mères *fashionables*.

En France, le premier et je crois le meilleur maître de français, c'était la nourrice : l'homme doit étudier sa langue naturelle toute sa vie, mais l'enfant ne doit pas l'apprendre, il la reçoit au berceau sans étude. Au lieu de cela nos petits Français d'aujourd'hui balbutient l'anglais et estropient l'allemand en naissant, puis on leur enseigne le français comme une langue étrangère.

Montaigne se félicite d'avoir appris le latin avant le français ; c'est peut-être à cet avantage dont s'applaudit l'auteur des *Essais* que nous avons dû le talent le plus naïf et le plus national de notre ancienne littérature ; il avait sujet de se réjouir, car le latin est la racine de notre langue ; mais la netteté, la spontanéité de l'expression se perd chez un peuple qui ne respecte pas le langage de ses pères, nos enfants parlent anglais comme nos gens portent de la poudre ! Je suis persuadé que le peu d'originalité des littératures slaves modernes tient à l'habitude qu'ont prise les Russes et les Polonais pendant le xviii° siècle et depuis, d'introduire dans leurs familles des gouvernantes et des précepteurs étrangers; quand ils reviennent à leur langue, les Russes traduisent, et ce style d'emprunt arrête l'élan de la pensée en détruisant la simplicité de l'expression.

Pourquoi les Chinois ont-ils jusqu'ici fait plus pour le genre humain en littérature, en philosophie, en morale, en législation, que n'ont fait les Russes ? c'est peut-être parce que ces hommes n'ont cessé de professer un grand amour pour leur idiome primitif.

La confusion des langues ne nuit pas aux esprits médiocres, au contraire, elle les sert dans leurs industries ; l'instruction superficielle, la seule qui convienne à ces esprits-là, est facilitée par l'étude également superficielle des langues vivantes, étude légère ou plutôt jeu d'esprit parfaitement approprié aux facultés des intelligences paresseuses ou tournées vers un but matériel; mais si le malheur veut que ce système soit, une fois entre mille, appliqué à l'éducation d'un talent supérieur, il arrête le travail de la nature, il égare le génie et lui prépare pour l'avenir une source de regrets sterilés ou de travaux auxquels peu d'hommes même distingués ont le loisir et le courage de se livrer passé la première jeunesse. Tous les grands écrivains ne sont pas des Rousseau : Rousseau étudia notre langue comme un étranger et il fallut son génie d'expression, sa mobilité d'imagination, joints à sa ténacité de caractère; enfin il fallut son isolement dans la société pour qu'il pût parvenir à savoir le français comme s'il ne l'eût point appris. Cependant le français des Genevois est moins loin de celui de Fénélon que le jargon mêlé d'anglais et d'allemand qu'apprennent aujourd'hui à Paris les enfants des personnes élégantes par excellence. Peut-être l'artifice qui paraît trop dans les phrases de Rousseau n'existerait-il pas, si le grand écrivain fût né en France dans le temps où les enfants y parlaient français.

L'étude des langues anciennes, à la mode alors, loin d'avoir un fâcheux résultat, nous donnait les seuls moyens d'arriver à une connaissance approfondie de la nôtre qui en dérive. Cette étude qui nous faisait remonter à notre source, nous fortifiait dans notre naturel, sans compter qu'elle était la plus appropriée aux facultés et aux besoins de l'enfance, pour laquelle on doit avant tout préparer l'instrument de la pensée : la langue.

Tandis que la Russie régénérée lentement par le souverain qui la gouverne aujourd'hui d'après des principes méconnus des anciens chefs de ce pays, espère une langue, des poëtes et des prosateurs, les gens élégants et soi-disant éclairés chez nous, préparent à la France une génération d'écrivains imitateurs et de femmes sans indépendance d'esprit qui entendront si bien Shakespeare et Goëthe dans l'original, qu'ils n'apprécieront plus la prose de Bossuet et de Chateaubriand, ni la poésie ailée de Hugo, ni les périodes de Racine, ni l'originalité ni la franchise de Molière et de La Fontaine, ni l'esprit, le goût de madame de Sévigné, ni le sentiment ni la divine harmonie de Lamartine ! Voilà comme on les aura rendus incapables de rien produire d'assez original pour continuer la gloire de leur langue, et pour forcer comme autrefois les hommes des autres pays de venir en France étudier les mystères du goût.

SOMMAIRE DE LA LETTRE DIX-HUITIÈME.

Rapport de nos idées avec les objets extérieurs qui les provoquent. — Côté dramatique du voyage. — Traits de férocité de notre révolution comparés à la cruauté des Russes. — Différence entre les crimes des deux peuples. — Ordre dans le désordre. — Caractère particulier des émeutes en Russie. — Respect des Russes pour l'autorité. — Danger des idées libérales inculquées à des populations sauvages. — Pourquoi les Russes ont l'avantage sur nous en diplomatie. — Histoire de Thelenef.

LETTRE DIX-HUITIÈME.

<small>Pétersbourg, ce 30 juillet 1839, à onze heures du soir.</small>

Ce matin de bonne heure j'ai reçu la visite de la personne dont la conversation vous a été racontée dans ma lettre d'hier. Elle m'apportait quelques pages écrites en français par le jeune prince ***, le fils de son protecteur. Cette relation d'un fait trop véritable est un des nombreux épisodes de l'événement assez récent dont toutes les âmes sensibles, tous les esprits sérieux sont ici préoccupés en secret et en silence. Peut-on jouir sans trouble du luxe d'une magnifique résidence, quand on pense qu'à quelques centaines de lieues du palais les sujets s'égorgent, et que la société se dissoudrait sans les terribles moyens employés pour la défendre ?

Le jeune prince *** qui vient d'écrire cette histoire serait à jamais perdu, si l'on pouvait se douter qu'il en fût l'auteur. Voilà pourquoi il m'a confié son manuscrit et me charge de le publier. Il consent à me laisser insérer l'anecdote de la mort de Thelenef dans le texte de mon voyage, où je la donnerai pour ce qu'elle est, sans toutefois compromettre personne, mais je profite avec reconnaissance d'un moyen de jeter quelque variété dans ma narration. On me garantit l'exactitude des faits principaux; vous y ajouterez foi autant et aussi peu qu'il vous plaira; moi, je crois toujours ce que disent les gens que je ne connais pas; l'idée du mensonge ne me vient qu'après la preuve.

J'ai pensé un instant qu'il vaudrait mieux ne publier ce récit qu'à la suite de mes lettres : je craignais de nuire à la gravité de mes remarques si j'interrompais la narration de faits réels par un roman; mais en réfléchissant je trouve que j'avais tort.

Indépendamment de ce que le fond de Thelenef est vrai, il y a un sens secret dans la correspondance qui existe entre les scènes du monde et les idées qu'elles font naître à chaque homme : l'enchaînement des circonstances qui nous entraînent, le concours des événements qui nous frappent, est la manifestation de la volonté divine à l'égard de notre pensée et de notre jugement. Tout homme ne finit-il pas par apprécier les choses et les personnes d'après les accidents qui composent sa propre histoire? C'est toujours de là que part la pensée de l'homme supérieur ou médiocre pour juger de toutes choses. Nous ne voyons le monde qu'en perspective, et l'arrangement des objets présentés à nos observations ne dépend pas de nous. Cette intervention de Dieu dans notre vie intellectuelle est une fatalité de notre esprit.

Donc, la meilleure justification de notre manière de juger sera toujours d'exposer à leur rang les épreuves qui l'ont provoquée et motivée.

C'est aujourd'hui que j'ai lu l'histoire de Thelenef, c'est également sous cette date que vous la lirez.

Le grand poëte qui préside à nos destinées connaît mieux que nous l'importance des préparations pour l'effet du drame de la vie. Un voyage est un drame, sans art, à la vérité, mais qui, pour rester au-dessous des règles de la composition littéraire, n'en a pas moins un but philosophique et moral, une espèce de dénouement dénué d'artifice, non d'intérêt ni d'utilité : ce dénouement tout intellectuel consiste dans la rectification d'une foule de préjugés et de préventions. L'homme qui voyage se soumet à une sorte d'opération morale exercée sur son intelligence par la bienfaisante justice de Dieu, qui se manifeste dans le spectacle du monde; l'homme qui écrit son voyage y soumet le lecteur.

Le jeune Russe, auteur de ce fragment, voulant justifier par le souvenir des horreurs de notre révolution la férocité des hommes de son pays, a cité chez nous un acte de cruauté : le massacre de M. de Belzuncè à Caen. Il aurait pu grossir sa liste : mademoiselle de Sombreuil forcée de boire un verre de sang pour racheter la vie de son père, la mort héroïque de l'archevêque d'Arles et de ses glorieux compagnons de martyre dans le cloître des Carmes à Paris, les mitraillades de Lyon et... honte éternelle au zèle des bourreaux révolutionnaires!! les promesses trompeuses des mitrailleurs pour engager celles des victimes qui vivaient encore, après la première décharge de mousqueterie, à se relever; les noyades de Nantes surnommées par Carrier les mariages républicains, et bien d'autres atrocités que les historiens n'ont pas même recueillies, pourraient servir à prouver que la férocité humaine n'est qu'endormie chez les nations les plus civilisées; pourtant il y a une différence entre la cruauté méthodique, froide et durable des mugics et la frénésie passagère des Français. Ceux-ci, pendant la guerre qu'ils faisaient à Dieu et à l'humanité, n'étaient pas dans leur état naturel : la mode du sang avait changé leur caractère, et l'inconséquence des passions présidait à leurs actes ; car jamais ils ne furent moins libres qu'à l'époque où tout se faisait chez eux au nom de la liberté. Vous allez voir au contraire les Russes s'entr'égorger sans démentir leur caractère ; c'est un devoir qu'ils accomplissent.

Chez ce peuple obéissant l'influence des institutions sociales est si grande dans toutes les classes, l'éducation involontaire des habitudes domine tellement les caractères, que les derniers emportements de la vengeance y paraissent encore réglés par une certaine discipline. Là, le meurtre calculé s'exécute en cadence ; des hommes donnent la mort à d'autres hommes militairement, religieusement, sans colère, sans émotion, sans paroles, avec un calme plus terrible que le délire de la haine. Ils se heurtent, se renversent, s'écrasent, ils se passent sur le corps les uns des autres comme des mécaniques tournent régulièrement sur leurs pivots. Cette impassibilité physique au milieu des actes les plus violents, cette monstrueuse audace dans la conception, cette froideur dans l'exécution, ce silence de la rage, ce fanatisme muet, c'est, si l'on peut s'exprimer ainsi, l'innocence du crime ; un certain ordre contre nature préside dans cet étonnant pays aux excès les plus inouïs ; la tyrannie et la révolte y marchent en mesure et se règlent sur le pas l'une de l'autre.

Ici la terre même, l'aspect monotone des campagnes commandent la symétrie : l'absence complète de mouvement dans un terrain partout uni et le plus souvent nu, le manque de variété dans la végétation toujours pauvre des terres septentrionales, le défaut absolu d'accidents pittoresques dans d'éternelles plaines où l'on dirait qu'un seul site obsède le voyageur et le poursuit comme un rêve d'une extrémité de l'Empire à l'autre ; enfin, tout ce que Dieu n'a pas fait pour ce pays y concourt à l'imperturbable uniformité de la vie politique et sociale des hommes.

Comme tout se ressemble, l'immense étendue du territoire n'empêche pas que tout ne s'exécute d'un bout de la Russie à l'autre avec une ponctualité, avec un accord magiques. Si jamais on réussissait à opérer une véritable révolution par le peuple russe, le massacre serait régulier comme les évolutions d'un régiment. On verrait les villages changés en casernes et le meurtre organisé sortant tout armé des chaumières s'avancer en ligne, en bon ordre ; enfin, les Russes se prépareraient au pillage depuis Smolensk jusqu'à Irkutsk, comme ils marchent à la parade sur la place du palais d'hiver à Pétersbourg. De tant d'uniformité il résulte entre les dispositions naturelles du peuple et ses habitudes sociales un accord dont les effets peuvent devenir prodigieux en bien comme en mal.

Tout est obscur dans l'avenir du monde; mais ce qui est certain, c'est qu'il verra d'étranges scènes qui seront jouées devant les nations par cette nation prédestinée.

C'est presque toujours par un respect aveugle pour le pouvoir que les Russes troublent l'ordre public. Ainsi, s'il faut en croire ce qu'on répète tout bas, sans le mot de l'Empereur aux députés des paysans, ceux-ci n'auraient pas pris les armes.

J'espère que ce fait et ceux que je vous ai cités ailleurs vous feront apercevoir le danger d'inculquer des opinions libérales à des populations si mal préparées pour les comprendre. En fait de liberté politique, plus on aime la chose, plus on doit éviter d'en prononcer le nom devant des hommes qui ne peuvent que compromettre une cause sainte par leur manière de la défendre; c'est ce qui me fait douter de l'imprudente réponse attribuée à l'Empereur. Ce prince connaît mieux que personne le caractère de son peuple, et je ne puis m'imaginer qu'il ait provoqué la révolte des paysans, même sans le vouloir. Toutefois, je dois ajouter que plusieurs personnes bien instruites pensent là-dessus tout autrement que je ne pense.

Les horreurs de l'émeute sont décrites par l'auteur de Thelenef avec une exactitude d'autant plus scrupuleuse, que l'action principale s'est passée dans la famille même de celui qui la raconte.

S'il s'est permis d'ennoblir le caractère et l'amour des deux jeunes gens, c'est qu'il a l'imagination poétique; mais tout en embellissant les sentiments il conserve aux hommes leurs habitudes nationales : enfin ni par les faits, ni par les passions, ni par les mœurs, ce petit roman ne me paraît déplacé au milieu d'un ouvrage dont tout le mérite consiste dans la vérité des peintures.

J'ajoute que des scènes sanglantes se renouvellent encore journellement sur plusieurs points de la même contrée, où l'ordre public vient d'être troublé et rétabli d'une si effroyable manière. Vous voyez que les Russes ont mauvaise grâce de reprocher à la France ses désordres politiques, et d'en tirer des conséquences en faveur du despotisme. Qu'on accorde pendant vingt-quatre heures la liberté de la presse à la Russie, ce que vous apprendrez vous fera reculer d'horreur. Le silence est indispensable à l'oppression. Sous un gouvernement absolu il est telle indiscrétion qui équivaut à un crime de haute trahison.

S'il se trouve parmi les Russes de meilleurs diplomates que chez les peuples les plus avancés en civilisation, c'est que nos journaux les avertissent de tout ce qui se passe et se projette chez nous, et qu'au lieu de leur déguiser nos faiblesses avec prudence, nous les leur révélons avec passion tous les matins, tandis qu'au contraire leur politique byzantine travaillant dans l'ombre, nous cache soigneusement ce qu'on pense, ce qu'on fait et ce qu'on craint chez eux. Nous marchons au grand jour, ils avancent à couvert : la partie n'est pas égale. L'ignorance où ils nous laissent nous aveugle ; notre sincérité les éclaire ; nous avons la faiblesse du bavardage, ils ont la force du secret : voilà surtout ce qui fait leur habileté.

HISTOIRE DE THELENEF.[1]

Les terres du prince *** étaient administrées depuis plusieurs années par un intendant, nommé Thelenef. Le prince ***, occupé ailleurs, ne pensait guère à ses domaines; trompé dans ses espérances ambitieuses, il voyagea longtemps pour secouer l'ennui du grand seigneur disgracié; puis, lorsqu'il fut las de demander aux arts et à la nature des consolations contre les mécomptes de la politique, il revint dans son pays, afin de se rapprocher de la cour qu'il ne quitte plus et pour tâcher, à force de soins et d'assiduités, de recouvrer la faveur du maître.

Mais tandis que sa vie et sa fortune s'épuisaient infructueusement à faire tour à tour le courtisan à Saint-Pétersbourg et l'amateur des antiquités dans le midi de l'Europe, il perdait l'affection de ses paysans, exaspérés par les mauvais traitements de Thelenef.

[1] J'ai choisi au hasard les noms de lieux et de personnes, car mon but était uniquement de déguiser les véritables, j'ai même retranché ceux-ci tout à fait quand je n'ai pas craint de nuire à la clarté du récit, enfin je me suis permis de corriger dans le style quelques expressions étrangères au génie de notre langue.

LETTRE DIX-HUITIÈME.

Cet homme était souverain dans les vastes domaines de Vologda[1], où sa manière d'exercer l'autorité seigneuriale le faisait exécrer.

Mais Thelenef avait une fille charmante nommée Xenie[2] : la douceur de cette jeune personne était une vertu infuse, car ayant de bonne heure perdu sa mère, elle ne reçut d'éducation que celle que son père lui pouvait donner. Il lui enseigna le français : elle apprit pour ainsi dire par cœur quelques classiques du siècle de Louis XIV oubliés dans le château de Vologda par le père du prince. La *Bible*, les *Pensées de Pascal*, *Télémaque*, étaient ses livres favoris; quand on lit peu d'auteurs, qu'on les choisit bien, et qu'on les relit souvent, on profite beaucoup de ses lectures. Une des causes de la frivolité des esprits modernes, c'est la quantité de livres plutôt mal lus que mal écrits, dont le monde est inondé. Un service à rendre aux générations à venir, ce serait de leur apprendre à lire, talent qui devient de plus en plus rare depuis que tout le monde sait écrire.......

Grâce à sa réputation de *savante*, Xenie à dix-neuf ans jouissait dans tout le gouvernement de ***

---

[1] Nom substitué au véritable.
[2] Ce joli nom est celui d'une sainte russe.

d'une considération méritée. On venait la consulter de tous les villages voisins; dans les maladies, dans les affaires, dans les chagrins des pauvres paysans, Xenie était leur guide et leur appui.

Son esprit conciliateur lui attirait souvent les réprimandes de son père; mais la certitude d'avoir fait quelque bien ou empêché quelque mal la dédommageait de tout. Dans un pays où en général les femmes ont peu d'influence [1], elle exerçait un pouvoir que nul homme du canton n'eût pu lui disputer : le pouvoir de la raison sur des esprits bruts.

Son père même, tout violent qu'il était par nature et par habitude, ressentait l'influence de cette âme bienfaisante, il rougissait trop souvent de se voir arrêté dans l'explosion de sa colère par la crainte de faire quelque peine à Xenie, et comme un prince tyrannique se reprocherait la clémence, il s'accusait d'être trop débonnaire. Il s'était fait une vertu de ses emportements qu'il qualifiait de justice, mais que les serfs du prince *** nommaient d'un autre nom.

Le père et la fille habitaient le château de Vologda

[1] Tout le monde sait qu'avant le XVIIIe siècle, les femmes russes vivaient pour ainsi dire cloîtrées.

situé dans une plaine d'une étendue immense, mais d'un aspect assez pastoral pour la Russie.

Le château est bâti au bord d'un lac qui l'entoure de trois côtés. Ce lac aux rives plates communique avec le Volga par des émissaires dont le cours peu rapide et divisé en plusieurs bras n'est pas long. Ces ruisseaux tortueux coulent encaissés dans le terrain de la plaine, et l'œil, sans pouvoir jouir de la vue des méandres cachés, en suit vaguement de loin les sinuosités, guidé par des touffes de saules grêles, chétifs, et par d'autres broussailles malingres croissant çà et là le long des profonds canaux creusés à travers la prairie qu'ils sillonnent en sens divers, sans l'embellir ni la fertiliser, car l'eau qui s'égare n'améliore pas des terrains marécageux.

L'aspect de l'habitation a un certain caractère de grandeur. Des fenêtres de ce château la vue s'étend d'un côté sur le lac, qui rappelle la mer, car ses rives unies et sableuses disparaissent matin et soir dans les brumes de l'horizon, de l'autre, sur de vastes pâtures coupées de fossés et parsemées d'oseraies. Ces herbages non fauchés font la principale richesse du pays, et les soins donnés à l'éducation des bestiaux qui les parcourent en liberté, l'unique occupation des paysans.

De nombreux troupeaux paissent au bord du lac de Vologda. Ces groupes d'animaux, uniques accidents du paysage, attirent seuls les regards dans des campagnes plates et froides où les horizons sans dessins, le ciel toujours gris et brumeux ne varient la monotonie des lointains ni par les lignes ni par les couleurs. Les bêtes, d'une race petite, débile, se ressentent des rigueurs du climat; mais malgré leur mince apparence, l'émail de leur robe égaie un peu les berges élevées qui forment digues dans le marais : cette diversité de tons repose l'œil des teintes tourbeuses de la prairie, espèce de bas-fond où croissent plus de glaïeuls que d'herbes. De tels paysages n'ont rien de beau sans doute, néanmoins ils sont calmes, imposants, vagues, grands, et dans leur sérénité profonde ils ne manquent ni de majesté ni de poésie : c'est l'Orient sans soleil.

Un matin, Xenie était sortie en même temps que son père pour assister avec lui au dénombrement des bestiaux, opération qu'il faisait lui-même chaque jour. Les animaux rangés pittoresquement de distance en distance devant le château animaient le rivage et brillaient sur le gazon au lever du soleil, tandis que la cloche d'une chapelle voisine appelait à la prière du matin quelques femmes désœuvrées, grâce à leurs infirmités, et quelques vieillards caducs qui jouissaient du repos de l'âge avec résignation. La noblesse de ces fronts à cheveux blancs, les teintes encore rosées de ces figures à barbes d'argent, prouvent la salubrité de l'air et attestent la beauté de la race humaine sous cette zone glacée. Ce n'est pas aux jeunes visages qu'il faut demander si l'homme est beau dans un pays.

« Voyez, mon père, dit Xenie en traversant la digue qui réunit la presqu'île du château à la plaine, voyez le pavillon flotter sur la cabane de mon frère de lait. »

Les paysans russes s'absentent souvent par permission afin d'aller exercer leurs forces et leur industrie dans quelques villes voisines, et jusqu'à Saint-Pétersbourg; ils paient alors une redevance au maître, et ce qu'ils gagnent au delà est à eux. Quand un de ces serfs voyageurs revient chez sa femme, on voit s'élever sur leur cabane un pin en manière de mât et une oriflamme s'agite et brille au plus haut de l'arbre du retour, afin qu'à ce signe d'allégresse les habitants du hameau et ceux des villages voisins partagent la joie de l'épouse.

C'est d'après cet usage antique qu'on venait d'arborer la banderole sur le faîte de la chaumière des Pacôme. La vieille Elisabeth, la mère de Fedor, avait été la nourrice de Xenie.

« Il est donc revenu cette nuit, ton garnement de frère de lait? reprit Thelenef.

— Ah! j'en suis bien aise, s'écria Xenie.

— Un mauvais sujet de plus dans le canton, répliqua Thelenef; nous n'en avons pas assez. »

Et la figure de l'intendant, habituellement mélancolique, prit une expression plus rébarbative.

« Il serait facile de le rendre bon, reprit Xenie; mais vous ne voulez pas exercer votre pouvoir.

— C'est toi qui m'en empêches, tu gâtes le métier de maître avec tes habitudes de douceur et tes conseils de fausse prudence. Ah! ce n'est pas ainsi que mon père et mon grand-père menaient les serfs du père de notre seigneur.

— Vous ne vous souvenez donc pas, reprit Xenie d'une voix tremblante, que l'enfance de Fedor a été plus heureuse que celle des paysans ordinaires; comment serait-il semblable aux autres? son éducation fut d'abord soignée comme la mienne.

— Il devrait être meilleur; il est pire : voilà le

beau fruit de l'instruction... C'est ta faute... toi et ta nourrice vous l'attiriez sans cesse au château; et moi, dans ma bonté, ne voulant que te complaire, j'oubliais et je lui laissais oublier qu'il n'était pas né pour vivre avec nous.

— Vous le lui avez cruellement rappelé dans la suite! répliqua Xenie en soupirant.

— Tu as des idées qui ne sont pas russes; tôt ou tard tu apprendras à tes dépens comment il fallait gouverner nos paysans. Puis, continuant entre ses dents : Ce diable de Fedor, qu'a-t-il fait pour revenir ici malgré mes lettres au prince? C'est que le prince ne les lit pas,.... et que l'intendant de là-bas est jaloux de moi. »

Xenie avait entendu l'aparté de Thelenef et suivi avec anxiété les progrès du ressentiment du régisseur, bravé jusque chez lui par un serf indocile; elle crut l'adoucir en lui disant ces paroles pleines de raison : « Il y a deux ans que vous avez fait battre presqu'à mort mon pauvre frère de lait; qu'en avez-vous obtenu par vos outrages? rien; pas un mot d'excuse n'est sorti de sa bouche; il aurait rendu l'âme sous les verges plutôt que de s'abaisser devant vous. C'est que la peine fut trop sévère pour l'offense; un coupable révolté ne se repent pas. Il vous avait désobéi, j'en conviens; mais il était amoureux de Catherine; la cause du tort en diminuait la gravité, voilà ce que vous n'avez pas voulu comprendre. Depuis cette scène et le mariage et le départ qui l'ont suivie, la haine de tous nos paysans est devenue si terrible qu'elle me fait peur pour vous, mon père.

— Et voilà pourquoi tu te réjouis du retour d'un de mes plus redoutables ennemis ? s'écria Thelenef exaspéré.

— Ah ! je ne crains pas celui-ci; nous avons bu le même lait : il mourrait plutôt que de m'affliger.

— Ne l'a-t-il pas bien prouvé vraiment ?.... Il serait le premier à m'égorger s'il l'osait.

— Vous le jugez mal; au contraire, Fedor vous défendrait envers et contre tous, j'en suis sûre, quoique vous l'ayez mortellement offensé; vous vous souviendrez de votre rigueur pour qu'il l'oublie, lui; n'est-il pas vrai, mon père ? Il est marié maintenant et sa femme a déjà un petit enfant; ce bonheur doit adoucir son caractère : les enfants changent le cœur des pères.

— Tais-toi, tu me ferais perdre l'esprit avec tes idées romanesques. Va chercher dans les livres tes paysans tendres et tes esclaves généreux. Je connais mieux que toi les hommes auxquels j'ai affaire : ils sont paresseux, vindicatifs comme leurs pères, et tu ne les convertiras jamais.

— Si vous me laissiez faire, si vous m'aidiez, nous les convertirions ensemble. Mais voici ma bonne Élisabeth qui revient de la messe. »

En achevant ces mots, Xenie court se jeter au cou de sa nourrice.

« Te voilà bien heureuse !

— Peut-être, réplique tout bas la vieille.

— Il est revenu.

— Pas pour longtemps ; j'ai peur...

— Que veux-tu dire ?

— Ils ont tous perdu la raison ; mais chut !

— Eh bien ! mère Pacôme, dit Thelenef en jetant à la vieille un regard oblique : voici ton mauvais sujet de fils rentré chez toi... Sa femme doit être contente. Ce retour vous prouve à tous que je ne lui en veux pas.

— Tant mieux, monsieur l'intendant, nous avons besoin de votre protection... Le prince va venir, et nous ne le connaissons pas.

—Comment?... quel prince? notre maître?... Puis, s'interrompant : Ah ! sans doute, s'écria Thelenef surpris, mais ne voulant pas ignorer ce que paraissait savoir une paysanne, sans doute je vous protégerai. Au reste, il ne viendra pas de sitôt ; le même bruit court tous les ans dans cette saison.

— Pardonnez-moi, monsieur Thelenef, il sera ici avant peu. »

L'intendant aurait voulu presser de questions la nourrice de Xenie ; mais sa dignité le gênait. Xenie devina son embarras et vint à son secours.

« Dis-moi, nourrice, comment es-tu si bien instruite des projets et de la marche de notre seigneur le prince *** ?

— J'ai appris cela de Fedor. Ah ! mon fils sait bien d'autres choses encore ! il est devenu un homme. Il a vingt et un ans, juste une année de plus que vous, ma belle demoiselle ; mais il est encore grandi, si j'osais... je dirais... il est si beau !... je dirais que vous vous ressemblez.

— Tais-toi, babillarde ; pourquoi ma fille ressemblerait-elle à ton fils ?

— Ils ont sucé le même lait ; on se ressemble de plus loin ; et même... mais non... quand vous ne serez plus notre chef, je vous dirai ce que je pense de leurs caractères.

— Quand je ne serai plus votre chef ?

— Sans doute... Mon fils a vu *le Père*.

— L'Empereur ?

— Oui ; et l'Empereur lui-même nous fait dire que nous allons être libres ; c'est sa volonté ; s'il ne dépendait que de lui, cela serait fait [1]. »

Thelenef hausse les épaules, puis il reprend :

« Comment Fedor a-t-il pu faire pour parler à l'Empereur ?

— Comment ?... il s'est joint à nos gens qui étaient envoyés par tous ceux du pays et des villages voisins, pour aller demander à notre Père.... » Ici la mère Pacôme s'arrêta tout court...

« Pour lui demander quoi ? »

La vieille, qui s'était aperçue un peu tard de son indiscrétion, prit le parti de se taire obstinément, malgré les questions précipitées du régisseur. Ce brusque silence avait quelque chose d'inusité qui pouvait paraître significatif.

« Mais à la fin, qu'est-ce que vous machinez ici contre nous ? s'écria Thelenef furieux et en prenant la vieille par les deux épaules.

— C'est facile à deviner, dit Xenie en s'avançant pour séparer son père de sa nourrice : vous savez que l'Empereur a fait au printemps de l'an-

[1] Historique.

née dernière l'acquisition du domaine de ***, voisin du nôtre. Depuis ce temps-là tous nos paysans ne rêvent qu'au bonheur d'appartenir à la couronne. Ils envient leurs voisins dont la condition... à ce qu'ils croient, s'est de beaucoup améliorée, tandis que naguère elle était semblable à la leur; plusieurs vieillards des plus respectés de nos cantons sont venus vous demander, sous divers prétextes, des permissions de voyage : j'ai su, depuis leur départ, qu'ils avaient été choisis comme députés par les autres serfs, pour aller supplier l'Empereur de les acheter, ainsi qu'il acheta leurs voisins. Divers districts des environs se sont réunis aux envoyés du domaine de Vologda, pour présenter une semblable requête à Sa Majesté. On assure qu'ils lui ont offert tout l'argent nécessaire pour acquérir le domaine du prince *** : les hommes avec la terre.

— C'est la vérité, dit la vieille, et mon garçon Fedor, qui les a rencontrés à Saint-Pétersbourg, s'est joint à eux pour aller parler à notre Père ; ils sont revenus tous ensemble hier.

— Si je ne vous ai pas instruit de ces tentatives, reprit Xenie en regardant son père interdit, c'est que je savais d'avance qu'elles n'aboutiraient à rien.

— Tu t'es trompée puisqu'ils ont vu le Père.

— Le Père lui-même ne peut pas faire ce qu'on lui demande; il lui faudrait acheter la Russie tout entière.

—Voyez-vous la ruse, répliqua Thelenef, les coquins sont assez riches pour offrir de tels présents à l'Empereur; et avec nous ils font les mendiants, et ils n'ont pas honte de dire que nous les dépouillons de tout, tandis que si nous avions plus de bon sens et moins de bonté, nous leur ôterions jusqu'à la corde avec laquelle ils nous étrangleront.

— Vous n'en aurez pas le temps, monsieur l'intendant, » dit d'une voix très-basse et très-douce un jeune homme qui s'était approché sans être vu, et se tenait debout d'un air sauvage, mais non timide, la toque à la main devant une cépée d'osiers, du milieu de laquelle on le vit sortir comme par enchantement.

« Ah! c'est toi..... vaurien! s'écria Thelenef.

— Fedor, tu ne dis rien à ta sœur de lait, interrompit Xenie; tu m'avais tant promis de ne pas m'oublier!!!... Moi, j'ai tenu parole mieux que toi; car je n'ai pas omis un seul jour ton nom dans ma prière, là, au fond de la chapelle, devant l'image de saint Wladimir, qui me rappelait ton départ. T'en souvient-il? c'est dans cette chapelle que tu m'as dit adieu, il y a bientôt un an. »

En achevant ces mots, elle jeta sur son frère un regard de tendresse et de reproche dont la douceur et la sévérité avaient une grande puissance.

« Moi vous oublier! » s'écria le jeune homme en levant les yeux vers le ciel.

Xenie se tut, effrayée de l'expression religieuse, mais un peu farouche de ce regard, habituellement baissé; il avait quelque chose d'inquiétant qui contrastait avec la douceur de la voix, des paroles et des gestes du jeune homme.

Xenie était une de ces beautés du Nord telles qu'on n'en voit en aucun autre pays : à peine semblait-elle appartenir à la terre : la pureté de ses traits, qui rappelait Raphaël, eût paru froideur si la sensibilité la plus délicate n'eût doucement nuancé sa physionomie, que nulle passion ne troublait encore. A vingt ans qu'elle avait ce jour-là même, elle ignorait ce qui agite le cœur : elle était grande et mince; sa taille, un peu frêle, avait une grâce singulière, quoique la lenteur habituelle de ses mouvements en cachât la souplesse : à la voir effleurer l'herbe encore blanche de rosée, on eût dit du dernier rayon de la lune fuyant devant l'aurore sur le lac immobile. Sa langueur avait un charme qui n'appartient qu'aux femmes de son pays, plutôt belles que jolies; mais parfaitement belles quand elles le sont, ce qui est rare parmi celles d'une classe inférieure; car, en Russie, il y a de l'aristocratie dans la beauté; les paysannes y sont en général moins bien douées par la nature que les grandes dames. Xenie était belle comme une reine, et elle avait la fraîcheur d'une villageoise.

Elle partageait ses cheveux en bandeaux sur un front haut et d'un blanc d'ivoire; ses yeux d'azur, bordés de longs cils noirs recourbés et qui faisaient ombre sur des joues fraîches, mais à peine colorées, étaient transparents comme une source d'eau limpide; ses sourcils, parfaitement dessinés, mais peu marqués, étaient d'une teinte plus foncée que celle de ses cheveux; sa bouche, assez grande, laissait voir des dents si blanches que tout le visage en était éclairé; ses lèvres roses brillaient de l'éclat de l'innocence, son visage presque rond avait pourtant beaucoup de noblesse, et sa physionomie exprimait une délicatesse de sentiment, une tendresse religieuse dont le charme communicatif était ressenti par tout le monde au premier coup d'œil. Il ne lui manquait qu'une auréole d'argent pour être la plus belle des madones byzantines dont on permet d'orner les églises russes[1].

Son frère de lait était un des plus beaux hommes de ce gouvernement renommé par la beauté, la taille svelte, élevée, la santé et l'air dégagé de ses habitants. Les serfs de cette partie de l'Empire sont, sans contredit, les hommes les moins à plaindre de la Russie.

L'élégant costume des paysans lui seyait à merveille. Ses cheveux blonds, partagés avec grâce, tombaient en boucles soyeuses des deux côtés du visage dont la forme était celle d'un ovale parfait; le cou large et fort restait à découvert, parce que les cheveux étaient taillés ras par derrière au-dessus de la nuque, tandis qu'un cordon, en forme de diadème, coupait le front blanc du jeune laboureur et tenait

---

[1] Le culte des images est toujours défendu jusqu'à un certain point dans l'Église grecque où les vrais croyants n'admettent que des peintures d'un style de convention, couvertes de certains ornements d'or et d'argent en relief; le mérite du tableau disparaît totalement sous ces applications. Telles sont les seules peintures tolérées dans la maison de Dieu par les Russes orthodoxes.

(*Note du Voyageur.*)

le haut de ses cheveux serré et lisse sur le sommet de la tête qui brillait au soleil comme un Christ du Guide.

Il portait la chemise de toile de couleur, à petites raies, coupée juste au cou, et fendue seulement sur le côté autant qu'il le faut pour donner passage à la tête; deux boutons fixés entre l'épaule et la clavicule fermaient l'étroite ouverture. Ce vêtement des paysans russes qui rappelle la tunique grecque, retombe en dehors par-dessus le pantalon caché jusqu'au genou. Ceci ressemblerait un peu à la blouse française, si ce n'était infiniment plus gracieux, tant à cause de la manière dont est taillé ce vêtement, que du goût ignoré avec lequel il est porté. Fedor avait une taille élancée, souple et naturellement élégante; sa tête bien placée sur ses épaules larges, basses et modelées comme celles d'une statue antique, aurait affecté d'elle-même les plus nobles poses, mais le jeune homme la tenait presque toujours abaissée vers la poitrine. Un secret abattement moral se peignait sur ce beau visage. Avec un profil grec, des yeux bleus de faïence, mais scintillants de jeunesse et d'esprit naturel, avec une bouche dédaigneuse formée sur le type même des médailles antiques et surmontée d'une petite moustache dorée luisante comme la soie dans sa teinte naturelle, avec une jeune barbe de couleur pareille, courte, frisée, soyeuse, épaisse déjà quoiqu'à peine échappée au duvet de l'enfance ; enfin, avec la force musculaire de l'athlète du cirque jointe à l'agilité du matador espagnol et au teint brillant de l'homme du Nord : c'est-à-dire comblé de tous les dons extérieurs qui rendraient un homme fier et assuré, Fedor humilié par une éducation supérieure au rang qu'il occupait dans son pays....... et peut-être par l'instinct de sa dignité naturelle qui contrastait avec son abjecte condition, se tenait presque toujours dans l'attitude d'un condamné qui va subir sa sentence.

Il avait adopté cette pose douloureuse à dix-neuf ans, le jour qu'il souffrit le supplice ordonné par Thelcnef sous prétexte que ce jeune homme, le frère de lait de sa fille, et jusqu'alors son favori, son enfant gâté, avait négligé d'obéir à je ne sais quel ordre soi-disant important.

On verra plus loin le vrai et grave motif de cette barbarie qui ne fut pas l'effet d'un simple caprice.

Xenie avait cru deviner la cause de la faute qui

devint funeste à son frère; elle s'imagina que Fedor était amoureux de Catherine, jeune et belle paysanne des environs; et sitôt que le malheureux fut guéri de ses blessures, ce qui n'arriva qu'au bout de quelques semaines, car l'exécution avait été cruelle, elle s'occupa de réparer le mal autant que cela pouvait dépendre d'elle; elle pensait que le seul moyen de réussir dans ce dessein était de le marier à la jeune fille dont elle le croyait épris. A peine ce projet eut-il été annoncé par Xenie que la haine de Thelenef parut se calmer : le mariage se fit en toute hâte à la grande satisfaction de Xenie, qui crut que Fedor trouverait dans le bonheur du cœur, l'oubli de son profond chagrin et de ses ressentiments.

Elle se trompait : rien ne put consoler son frère. Elle seule devinait la honte dont il était accablé; elle était sa confidente sans qu'il lui eût rien confié, car jamais il ne se plaignait; d'ailleurs le traitement dont il s'était vu la victime, était une chose si ordinaire que nul n'y attachait d'importance : hors lui et Xenie, personne n'y pensait dans le pays.

Il évitait avec un admirable instinct de fierté tout ce qui aurait pu rappeler ce qu'il avait souffert; mais il fuyait involontairement en frissonnant, lorsqu'il voyait qu'on allait frapper un de ses camarades; et il pâlissait à l'aspect d'un roseau, d'une baguette dans la main d'un homme.

On doit le répéter : il avait commencé sa vie d'une manière trop heureuse; favorisé par l'intendant, et dès lors ménagé par tous ses supérieurs, envié de ses camarades, cité comme le plus heureux aussi bien que le plus beau des hommes nés sur la terre du prince ***; idolâtré de sa mère, ennobli à ses propres yeux par l'amitié de Xenie, par cette amitié ingénieuse et délicate d'une femme adorable, d'un ange qui l'appelait son frère, il n'avait point été prépare aux rigueurs de sa condition : c'est en un jour qu'il découvrit toute sa misère; dès lors il considéra les nécessités de sa vie comme une injustice; avili aux yeux des hommes, mais surtout à ses propres yeux, de l'être le plus heureux il était devenu, en un moment, le plus à plaindre; le dieu tombé de l'autel fut métamorphosé en brute. Qui le consolera de tant de bonheur évanoui pour jamais sous la verge du bourreau? L'amour d'une épouse pourrait-il relever cette orgueilleuse âme d'esclave? non!... sa félicité passée le poursuivra partout et lui rendra la honte plus insupportable. Sa sœur Xenie a cru lui assurer la paix en le mariant; il a obéi : mais cette condescendance ne servit qu'à croître son malheur, car l'homme qui veut s'enchaîner à la vertu en accumulant les devoirs ne fait qu'ouvrir de nouvelles sources aux remords.

Fedor désespéré sentit trop tard qu'avec toute son amitié, Xenie n'avait rien fait pour lui. Ne pouvant plus supporter la vie dans les lieux témoins de sa dégradation, il quitta son village, abandonnant sa femme et son ange gardien.

Sa femme se sentait humiliée; mais par un autre motif : l'épouse rougit de honte quand l'époux n'est point heureux; aussi s'était-elle gardée de lui dire qu'elle était grosse; elle ne voulait pas employer ce moyen pour retenir près d'elle un époux dont elle voyait qu'elle ne pouvait faire le bonheur.

Enfin, après un an d'absence, il revient. Il a retrouvé sa mère, sa femme, un enfant au berceau, un petit ange qui lui ressemble; mais rien ne peut guérir la tristesse qui le ronge. Il reste là immobile et silencieux même devant sa sœur Xenie, qu'il n'ose plus nommer que mademoiselle.

Leurs nobles figures, qui selon le dire de la nourrice, avaient quelques traits de ressemblance, ainsi que leurs caractères, brillaient toutes deux au soleil du matin parmi des groupes d'animaux dont ils semblaient les rois. On eût cru voir Adam et Ève peints par Albert Durer. Xenie était calme et presque joyeuse, tandis que la physionomie du jeune homme trahissait de violentes émotions mal déguisées sous une impassibilité affectée.

Xenie, malgré son sûr instinct de femme, fut trompée cette fois par le silence de Fedor; elle n'attribuait le chagrin de son frère qu'à des souvenirs pénibles, et pensait que la vue des lieux où il avait souffert suffisait pour aigrir sa douleur; elle comptait toujours sur l'amour et sur l'amitié pour achever de guérir sa plaie.

En quittant son frère, elle lui promit d'aller le voir souvent dans la cabane de sa nourrice.

Le dernier regard de Fedor effraya pourtant la jeune fille : il y avait plus que de la tristesse dans ce regard : il y avait une joie féroce, tempérée par une inexplicable sollicitude. Elle craignait qu'il ne devînt fou.

La folie lui avait toujours causé une terreur qui lui paraissait surnaturelle, et comme elle attribuait cette crainte à un pressentiment, sa superstition augmentait l'inquiétude qu'elle ressentait. La peur, quand on la prend pour une prophétie, devient indomptable...; d'un pressentiment vague et fugitif on fait une destinée ; à force de prévoyance l'imagination crée ce qu'elle redoute ; raison, vérité, réalité, elle finit par vaincre le sort, et par dominer les événements pour réaliser ses chimères.

Quelques jours s'étaient écoulés pendant lesquels Thelenef avait fait de fréquentes absences. Xenie, tout entière au chagrin que lui causait l'incurable mélancolie dont Fedor paraissait atteint depuis son retour, n'avait vu que sa nourrice et pensé qu'à son frère.

Un soir, elle était au château ; son père, sorti depuis le matin, avait fait dire qu'on ne l'attendît point pour la nuit. Xenie, habituée à ces voyages, n'avait nul souci de l'absence de Thelenef; l'étendue des domaines qu'il régissait l'obligeait à se déplacer souvent, et pour un temps assez long. Elle lisait. Tout à coup sa nourrice se présente devant elle.

« Que me veux-tu si tard ? lui dit Xenie.

— Venez prendre votre thé chez nous, je vous l'ai préparé, répliqua la nourrice [1].

[1] Les plus pauvres des Russes ont une théière, une bouilloire de

— Je ne suis pas habituée à sortir à cette heure.

— Il faut pourtant sortir aujourd'hui. Venez ; que craignez-vous avec moi? »

Xenie, accoutumée à la taciturnité des paysans russes, pense que sa nourrice lui a préparé quelque surprise. Elle se lève et suit la vieille.

Le village était désert. D'abord Xenie le crut endormi; la nuit, parfaitement calme, n'était pas très-obscure ; aucun souffle de vent n'agitait les saules du marécage ni ne courbait les grandes herbes de la prairie; pas un nuage ne voilait les étoiles. On n'entendait ni l'aboiement lointain du chien ni le bêlement de l'agneau; la cavale ne hennissait pas en galopant derrière les lisses de son parc, le bœuf avait cessé de mugir sous le toit des chaudes étables ; le pâtre ne chantait plus sa note mélancolique, pareille à la tenue qui pré-

---

cuivre, et prennent du thé, matin et soir, en famille, dans des chaumières dont les murs et les plafonds sont des madriers de bois de sapin brut entaillés aux extrémités pour entrer l'un dans l'autre en formant les angles de l'édifice. Ces solives assez mal jointes sont calfeutrées de mousse et de goudron ; vous voyez que la rusticité de l'habitation contraste d'une manière frappante avec l'élégance et la délicatesse du breuvage qu'on y prend.

(*Note du Voyageur.*)

cède la cadence du rossignol : un silence plus profond que le silence ordinaire de la nuit régnait dans la plaine, et pesait sur le cœur de Xenie, qui commençait à éprouver des mouvements de terreur indéfinissables, sans oser hasarder une question. L'ange de la mort a-t-il passé sur Vologda? pensait tout bas la tremblante jeune fille...

Une lueur soudaine paraît à l'horizon.

« D'où vient cette clarté? s'écrie Xenie épouvantée.

— Je ne sais, réplique la vieille; ce sont peut-être les derniers rayons du jour.

— Non, dit Xenie, un village brûle.

— Un château, répond Élisabeth d'un son de voix caverneux; c'est le tour des seigneurs.

— Que veux-tu dire? reprend Xenie en saisissant avec effroi le bras de sa nourrice; les sinistres prédictions de mon père vont-elles s'accomplir?

— Hâtons-nous; il faut presser le pas, j'ai à vous conduire plus loin que notre cabane, réplique Élisabeth.

— Où veux-tu donc me mener?

— En lieu sûr; il n'y en a plus pour vous à Vologda.

— Mais mon père, qu'est-il devenu ? Je n'ai rien à craindre pour moi, où est mon père ?

— Il est sauvé.

— Sauvé !... de quel péril ? par qui ? qu'en sais-tu ?... Ah ! tu me tranquillises pour faire de moi ce que tu veux !

— Non, je vous le jure par la lumière du Saint-Esprit, mon fils l'a caché, et il a fait la pour vous, au risque de sa propre vie, car tous les traîtres vont périr cette nuit.

— Fedor a sauvé mon père ! quelle générosité !

— Je ne suis point généreux, mademoiselle », dit le jeune homme en s'approchant pour soutenir Xenie prête à défaillir.

Fedor avait voulu accompagner sa mère jusqu'à la porte du château de Vologda où il n'avait pas osé entrer avec elle : resté à la tête du pont il s'était tenu caché à quelque distance, puis il avait suivi de loin les deux femmes pour protéger la fuite de Xenie, sans se laisser voir. Le saisissement qui troublait les sens de sa sœur le força de se   trer et de s'approcher d'elle pour la secourir. Mais celle-ci retrouva bientôt l'énergie que le danger réveille dans les âmes fortes.

« De grands événements se préparent ; explique-moi ce mystère : Fedor, qu'y a-t-il?

— Il y a que les Russes sont libres et qu'ils se vengent ; mais hâtez-vous de me suivre, reprit-il en la forçant d'avancer.

— Ils se vengent!... mais sur qui donc?... je n'ai fait de mal à personne, moi.

— C'est vrai, vous êtes un ange....... pourtant j'ai peur que dans le premier moment on ne fasse grâce à personne. Les insensés!! ils ne voient que des ennemis dans nos anciens maîtres et dans toute leur race ; l'heure du carnage est arrivée : fuyons. Si vous n'entendez pas le tocsin, c'est qu'on a défendu de sonner les cloches, parce que le glas pourrait avertir nos ennemis ; d'ailleurs il ne retentit pas assez loin ; on a décidé que les dernières lueurs du soleil du soir seraient le signal de l'incendie des châteaux et du massacre de tous leurs habitants.

— Ah!... tu me fais frémir! »

Fedor reprit, tout en forçant la jeune fille à presser le pas, « j'étais nommé pour marcher avec les plus jeunes et les plus braves sur la ville de ***, où les nôtres vont surprendre la garnison qui n'est composée que de quelques vétérans. Nous sommes les plus forts ; j'ai pensé qu'on pouvait se passer de moi pour la première expédition ; alors j'ai manqué sciemment à mon devoir, j'ai trahi la cause sainte, déserté le bataillon sacré pour courir au lieu où je savais que je trouverais votre père ; averti à temps par moi, Thelenef s'est caché dans une cabane dépendante des domaines de la couronne. Mais maintenant je frémis qu'il ne soit trop tard pour vous sauver, dit-il en l'entraînant toujours vers la retraite qu'il lui avait choisie. L'espoir de protéger votre père m'a fait perdre un temps précieux pour vous ; je croyais vous obéir, et je pensais que vous ne me reprocheriez pas le retard ; d'ailleurs, vous êtes moins exposée que Thelenef, nous vous sauverons encore, je l'espère.

— Oui, mais toi, toi, tu t'es perdu, dit la mère d'un ton douloureux, et que le silence qu'elle vient de s'imposer rend plus passionné.

— Perdu ! interrompit Xenie, mon frère s'est perdu pour moi !

— N'a-t-il pas déserté à l'heure du combat ? reprit la vieille ; il est coupable, on le tuera.

— J'ai mérité la mort.

— Et je serais cause de ton malheur, s'écrie Xenie ; non, non, tu fuiras, tu te cacheras avec moi.

— Jamais. »

Pendant la marche précipitée des fugitifs, la clarté de l'incendie croissait en silence, et du bord de l'horizon où d'abord on l'avait vue poindre elle s'étendait déjà dans le ciel; pas un cri, pas un coup de fusil, pas un tintement de cloche ne trahissait l'approche du désordre, c'était un massacre muet. Ce calme d'une belle nuit favorisant tant de meurtres, cette conspiration doublement formidable par le secret avec lequel elle avait été ourdie [1] et par l'espèce de complicité de la nature, qui semblait assister avec plaisir aux apprêts du carnage, remplissaient l'âme d'épouvante. C'était comme un jugement de Dieu. La Providence pour les punir laissait faire les hommes.

« Tu n'abandonneras pas ta sœur, continua Xenie en frissonnant.

— Non, mademoiselle; mais, une fois tranquille sur votre vie, j'irai me livrer moi-même.

— J'irai avec toi, reprit la jeune fille en lui serrant le bras convulsivement; je ne te quitte plus. Tu crois donc que la vie était tout pour moi. »

En ce moment les fugitifs virent défiler devant

---

[1] Historique.

eux à la lueur des étoiles un cortége d'ombres silencieuses et terribles. Ces figures passaient tout au plus à une centaine de pas de Xenie. Fedor s'arrêta.

« Qu'est-ce que cela? dit la jeune fille à voix basse.

— Taisez-vous, reprend Fedor encore plus bas et en se tapissant contre un mur de planches qui les abrite sous son ombre épaisse ; puis quand le dernier fantôme eut traversé la route :

— C'est un détachement de nos gens qui marche en silence pour aller surprendre le château du comte ***. Nous sommes en péril ici ; hâtons-nous.

— Où me conduis-tu donc?

— D'abord chez un frère de ma mère, à quatre verstes¹ de Vologda ; mon vieil oncle n'a plus sa tête, c'est un innocent, il ne nous trahira pas. Là, vous changerez d'habits en toute hâte, car ceux que vous portez vous feraient reconnaître ; en voici d'autres ; ma mère restera près de son frère, et j'espère avant la fin de la nuit vous faire arriver à la retraite où j'ai laissé Thelenef. Aucun lieu n'est

---

¹ La verste équivaut à peu près à un quart de lieue de France.
(*Note du Voyageur.*)

sûr dans notre malheureux canton; mais celui-là est encore le plus à l'abri des surprises.

— Tu veux me rendre à mon père, merci; mais une fois là?.... dit la jeune fille avec anxiété.

— Une fois là.... je vous dirai adieu.

— Jamais.

— Non, non, Xenie a raison, tu resteras avec eux, s'écrie la pauvre mère.

— Thelenef ne me le permettrait pas, réplique le jeune homme avec amertume.

Xenie sent que ce n'est pas le moment de répondre. Les trois fugitifs poursuivent leur route en silence et sans accident jusqu'à la porte de la cabane du vieux paysan.

Elle n'était pas fermée à clef; ils entrent en poussant un loquet avec précaution. Le vieillard dormait, enveloppé dans une peau de mouton noir étendue sur un des bancs rustiques qui faisaient divan autour de la salle. Au-dessus de sa tête une petite lampe brûlait suspendue devant une madone grecque presque entièrement cachée sous des applications d'argent qui figuraient la coiffure et le vêtement de la Vierge. Une bouilloire pleine d'eau chaude, une théière et quelques tasses étaient restées sur la table. Peu de moments avant l'arrivée de la mère Pacôme et de Fedor, l'épouse de celui-ci avait quitté la chaumière de leur oncle, pour aller avec son enfant se réfugier chez son père. Fedor ne parut ni surpris ni contrarié de la trouver partie : il ne lui avait pas dit de l'attendre, il désirait que la retraite de Xenie fût ignorée de tout le monde.

Après avoir allumé une lampe à celle de l'image, il conduisit sa mère et sa sœur de lait dans un petit cabinet presque percé à jour, et qui faisait soupente au-dessus de la pièce d'entrée. Toutes les maisons des paysans russes se ressemblent.

Resté seul, Fedor s'assit sur la première marche du petit escalier que venait de monter sa sœur; alors, non sans lui recommander encore une fois à travers le plancher de ne pas perdre un instant, il appuya ses deux coudes sur ses genoux et pencha la tête dans ses mains d'un air pensif.

Xenie, de son petit cabinet, aurait pu entendre tout ce qui se serait dit dans la salle silencieuse; elle répondit à son frère qu'il ne l'attendrait pas longtemps.

A peine avait-elle dénoué le paquet de ses nouveaux vêtements que Fedor, se levant avec l'expression d'une vive anxiété, siffle doucement pour appeler sa mère. « Que veux-tu? répond celle-ci à voix basse.

— Éteignez votre lampe, j'entends des pas, réplique le jeune homme à voix plus basse. Eteignez donc votre lampe, elle brille à travers les fentes; surtout ne faites aucun mouvement. »

La lumière d'en haut s'éteint, tout reste en silence.

Quelques moments se passent dans une attente pleine d'angoisse, une porte s'ouvre, Xenie respire à peine, un homme entre couvert de sueur et de sang. « C'est toi, compère Basile, dit Fedor en s'avançant au devant de l'étranger : tu viens seul?

— Non pas; un détachement de nos gens est là qui m'attend devant la porte... Pas de lumière?

— Je vais t'en donner », répond Fedor en montant les marches du petit escalier qu'il redescend à l'instant pour aller rallumer à la lampe de la madone celle qu'il vient de retirer des mains tremblantes de sa mère; il n'a fait qu'entr'ouvrir la porte contre laquelle les deux femmes restent appuyées pour mieux écouter.

« Tu veux du thé, compère?
— Oui.
— En voici. »

Le nouveau venu se mit à vider par petites gorgées la tasse que lui présentait Fedor.

Cet homme portait une marque de commandement sur la poitrine : vêtu comme les autres paysans, il était armé d'un sabre nu et ensanglanté ; sa barbe épaisse et rousse lui donnait un air dur que ne tempérait nullement son regard de bête sauvage. Ce regard, qui ne peut se fixer sur rien, est fréquent parmi les Russes, excepté chez ceux qui sont tout à fait abrutis par l'esclavage ; ceux-ci ont des yeux sans regard. Sa taille n'était pas haute, il avait le corps trapu, le nez camus, le front bombé mais bas, les pommettes de ses joues étaient très-saillantes et rouges, ce qui dénotait l'abus des liqueurs fortes. Sa bouche serrée laissait voir en s'ouvrant des dents blanches, mais aiguës et séparées : cette bouche était celle d'une panthère ; la barbe touffue et emmêlée paraissait souillée d'écume ; les mains étaient tachées de sang.

« D'où te vient ce sabre ? dit Fedor.

— Je l'ai arraché des mains d'un officier que je viens de tuer avec son arme même. Nous sommes vainqueurs, la ville de *** est à nous.... Ah ! nous avons fait là bombance.... et maison nette !... Tout ce qui n'a pas voulu se joindre à notre troupe et piller avec nous y a passé : femmes, enfants, vieillards, enfin tout !..... Il y en a qu'on a fait bouillir dans la chaudière des vétérans sur la grande place....[1] Nous nous chauffions au même feu où cuisaient nos ennemis; c'était beau! »

Fedor ne répondit pas.

« Tu ne dis rien ?

— Je pense.

— Et qu'est-ce que tu penses ?

— Je pense que nous jouons gros jeu.... La ville était sans défense : quinze cents habitants et cinquante vétérans sont bientôt mis hors de combat par deux mille paysans tombant sur eux à l'improviste; mais un peu plus loin il y a des forces considérables; on s'est trop pressé, nous serons écrasés.

— Oui-da !... et la justice de Dieu, donc; et la volonté de l'Empereur !! Blanc-bec, ne sais-tu pas d'ailleurs qu'il n'est plus temps de reculer ? Après ce qui vient de se passer, il faut vaincre ou mourir... Écoute-moi donc, au lieu de détourner ainsi la tête... Nous avons mis tout à feu et à sang, m'entends-tu bien ? Après un tel carnage, plus de par-

---

[1] Historique.

don possible. La ville est morte; on dirait qu'on s'y est battu huit jours. Quand nous nous y mettons, nous autres, nous allons vite en besogne.... Tu n'as pas l'air content de notre triomphe.

— Je n'aime pas qu'on tue des femmes.

— Il faut savoir se débarrasser du mauvais sang une fois pour toutes. »

Fedor garde le silence. Basile poursuit tranquillement son discours qu'il n'a interrompu que pour avaler des gorgées de thé.

« Tu as l'air bien triste, mon fils? »

Fedor continue de se taire.

« C'est pourtant ton fol amour pour la fille de Thelenef, de notre mortel ennemi, qui t'a perdu.

—Moi, de l'amour pour ma sœur de lait; y pensez-vous? j'ai de l'amitié pour elle, sans doute, mais....

—Ta... ta... ta..., drôle d'amitié que la tienne!... à d'autres! »

Fedor se lève et veut lui mettre la main sur la bouche.

« Que me veux-tu donc enfant? ne dirait-on pas qu'on nous écoute? » poursuit Basile sans changer de contenance.

Fedor interdit reste immobile; le paysan poursuit :

« Ce n'est pas moi qui serai ta dupe, son père Thelenef ne l'était pas plus que moi quand il t'a maltraité..., tu sais bien...; il te souvient de ce qu'il t'a fait avant ton mariage. »

Fedor veut encore l'interrompre.

« Ah ça, me laisseras-tu parler? oui ou non!... Tu n'as pas oublié, ni moi non plus, qu'il t'a fait fouetter un jour. C'était pour te punir non pas de je ne sais quelle faute inventée par lui, mais de ton secret amour pour sa fille; il prit le premier prétexte venu pour cacher le fond de sa pensée. Il voulait te faire partir du pays avant que le mal fût sans remède. »

Fedor, dans la plus violente agitation, arpentait la chambre sans proférer un seul mot. Il se mordait les mains dans une rage impuissante.

« Vous me rappelez un triste jour, compère; parlons d'autre chose.

— Je parle de ce qui me plaît, moi; si tu ne veux pas me répondre, permis à toi; je veux bien parler tout seul; mais, encore une fois, je ne permets pas qu'on m'interrompe. Je suis ton ancien, le parrain de ton enfant nouveau-né, ton chef....

Vois-tu ce signe sur ma poitrine? c'est celui de mon grade dans notre armée : j'ai donc le droit de parler devant toi..., et si tu dis un mot, j'ai mes hommes qui bivouaquent là-bas! d'un coup de sifflet, je les fais venir autour de la maison qui ne sera pas longtemps à brûler comme un flambeau de résine.... tu n'as qu'à dire.... aussi bien.... patience.... nous reculons pour mieux.... mais patience ! »

Fedor s'assied en affectant l'air le plus insouciant.

« A la bonne heure !! continue Basile en grommelant dans ses dents.... Ah! je te rappelle un souvenir désagréable, pas vrai? c'est que tu l'as trop oublié ce souvenir-là, vois-tu, mon fils; puis élevant la voix : je veux te raconter ta propre histoire; ça sera drôle; tu verras au moins que je sais lire dans les pensées, et s'il y avait jamais en toi l'étoffe d'un traître.... »

Ici Basile s'interrompt encore, ouvre un vasistas et parle à l'oreille d'un homme qui se présente à la lucarne accompagné de cinq autres paysans tous armés comme lui, et qu'on entrevoit dans l'ombre.

Fedor avait saisi son poignard ; il le replace dans sa ceinture : la vie de Xenie est en jeu, la moindre imprudence ferait brûler la maison et périr

tout ce qu'elle renferme !........ il se contient....;
il voulait revoir sa sœur..... Qui peut analyser tous
les mystères de l'amour ? Le secret de sa vie venait
d'être révélé à Xenie sans qu'il y eût de sa faute ;
et dans cet instant si terrible il n'éprouvait qu'une
joie immense !...... Qu'importe la courte durée de la
félicité suprême, n'est-elle pas éternelle tant qu'on
la sent ?.... Mais ces puissantes illusions du cœur
seront toujours inconnues aux hommes qui ne sont
pas capables d'aimer. L'amour vrai n'est point
soumis au temps, sa mesure est toute surnaturelle...... ses allures ne sauraient être calculées par
la froide raison humaine.

Après un silence, la voix criarde de Basile fit
enfin cesser la douce et douloureuse extase de
Fedor.

« Mais puisque tu n'aimais pas ta femme, pourquoi l'avoir épousée ? tu as fait là un mauvais calcul ! »

Cette question bouleversait de nouveau l'âme du
jeune homme.

Dire qu'il aimait sa femme, c'était perdre tout
ce qu'il venait de gagner..... « Je croyais l'aimer,
répliqua-t-il; on me disait qu'il fallait me marier,
savais-je ce que j'avais dans le cœur ? Je voulais

complaire à la fille de Thelenef ; j'obéis sans réflexion ; n'est-ce pas notre habitude, à nous autres?

— C'est cela ! tu prétends que tu ne savais pas ce que tu voulais ! Eh bien, je vais te le dire, moi, tu voulais tout simplement te réconcilier avec Thelenef....

— Ah ! vous me connaissez mal !

— Je te connais mieux que tu ne te connais toi-même peut-être ; tu as pensé : on a toujours besoin de ses tyrans, alors tu as cédé pour obtenir le pardon de Thelenef; en vérité, nous en aurions tous fait autant à ta place ; mais ce que je te reproche, c'est de vouloir me tromper, moi qui devine tout. Il n'y avait pas d'autre moyen pour regagner la faveur du père que de le rassurer sur les suites de ton amour pour la fille ; et voilà comment tu t'es marié, sans égard aux chagrins de ta pauvre femme que tu condamnais à un malheur éternel, et que tu n'as pas craint d'abandonner au moment où elle espérait te donner un fils.

— Je l'ignorais quand je l'ai quittée ; elle m'avait caché son état; encore une fois, j'ai agi sans projet ; j'étais habitué à me laisser guider par ma sœur de lait ; elle a tant d'esprit !

— Oui, c'est dommage....

— Comment ?

— Je dis que c'est dommage ; ce sera une perte pour le pays.

— Vous pourriez !...

— Nous pourrons l'exterminer tout comme les autres..... Crois-tu que nous serons assez simples pour ne pas verser jusqu'à la dernière goutte du sang de Thelenef, de notre plus mortel ennemi ?

— Mais elle ne vous a jamais fait que du bien.

— Elle est sa fille, c'est assez !.... Nous enverrons le père en enfer, et la fille en paradis. Voilà toute la différence [1].

[1] Il y a peu d'années, lors de la fameuse révolte de la colonie militaire, près de Novgorod la Grande, à cinquante lieues de Pétersbourg, les soldats, exaspérés par les minuties d'un de leurs chefs, résolurent de massacrer les officiers et leurs familles ; ils avaient juré la mort de tous, sans exception, et ils tinrent parole en tuant ceux qu'ils aimaient aussi bien que ceux qu'ils haïssaient. Ayant cerné l'habitation d'un de ces malheureux, ils firent passer devant lui sa femme et ses filles qu'ils égorgèrent d'abord tout doucement à ses yeux, puis ils se saisirent de lui. « Vous m'avez privé de tout, leur dit-il, laissez-moi la vie ; pourquoi me l'ôter ? vous n'avez jamais eu à vous plaindre de moi. — C'est vrai, répliquèrent les bourreaux avec beaucoup de douceur ; tu es un brave homme, nous t'avons toujours aimé, nous t'aimons encore ; mais les autres y ont passé, nous ne pouvons faire une injustice en ta

— Vous ne commettrez pas une telle horreur !

— Qui nous en empêchera ?

— Moi.

— Toi, Fedor ! toi, traître ! toi qui es mon prisonnier : toi qui as déserté l'armée de tes frères, au moment du combat pour..... » Il ne put achever.

Depuis quelques instants, Fedor, pour dernier moyen de salut, se préparait à le frapper ; il s'élance sur lui comme un tigre et, visant juste entre les côtes, il lui enfonce son poignard jusqu'au cœur. En même temps il étouffe un commencement de cri, le seul, avec une pelisse qu'il trouve sous sa main ; les derniers râlements du mourant n'épouvantent pas Fedor ; ils sont trop faibles pour être entendus au dehors. Rassurant sa mère d'un mot, il se met en devoir de lui rendre la lampe, afin de préparer de nouveau la fuite de Xenie ; mais au moment où il passe devant le vieillard endormi, celui-ci se réveille en sursaut. « Qui es-tu, jeune homme ? dit-il à son neveu qu'il ne reconnaît pas, et dont il saisit le bras avec force. Quelle vapeur ! du sang !.... Puis jetant

faveur. Adieu donc, notre bon père !... » Et ils l'ont éventré comme ses camarades, par esprit d'équité.

(*Note du Voyageur.*)

avec horreur ses regards autour de la chambre : un mort !.... »

Fedor avait éteint sa lampe, mais celle de la madone brûlait toujours ; « à l'assassin ! à l'assassin !.... au secours ! à moi, à moi, » crie le vieillard d'une voix de tonnerre. Fedor ne put arrêter ces cris qui furent poussés plus vite qu'on ne saurait les répéter, car l'épouvante du vieillard était au comble, et sa force très-grande encore ; le malheureux jeune homme cherchait en vain ce qu'il pouvait faire ;..... Dieu ne le protégeait pas !.... La troupe de Basile aux aguets entend les cris du vieillard ; avant que Fedor pût se dégager des puissantes étreintes du pauvre insensé dont un reste de respect lui faisait épargner la vie, six hommes munis de cordes, armés de fourches, de pieux et de faux, se précipitent dans la cabane ; saisir Fedor, le désarmer, le garrotter, c'est l'affaire d'un instant ; on l'entraîne. « Où me conduisez-vous ?....

— Au château de Vologda pour t'y brûler avec Thelenef ;..... tu vois que ta trahison ne l'a pas sauvé. »

Ces mots furent prononcés par le plus ancien de la troupe. Fedor ne répondant point, cet homme continua tranquillement : « Tu n'avais pas prévu que notre victoire serait si complète et si prompte : notre armée se répand partout à la fois, c'est une inondation de la justice divine : nul ne nous échappera, nos ennemis se sont pris à leurs propres piéges; Dieu est avec nous; on se défiait de toi, nous t'observions de près; Thelenef a été suivi et saisi dans la cachette où tu l'avais conduit : vous mourrez ensemble, le château brûle déjà. »

Fedor, sans proférer une parole, baisse la tête et suit ses bourreaux; il lui semble qu'en s'éloignant avec rapidité de la fatale cabane, il sauve encore Xenie.

Six hommes portent devant lui le corps de Basile : six autres les escortent avec des torches : le reste suit sans proférer une parole. Le lugubre cortége traverse en silence les campagnes incendiées. De moment en moment, l'horizon semble se rétrécir : un cercle de feu borne la plaine. Vologda brûle, la ville de *** brûle, tous les châteaux, toutes les métairies du prince *** brûlent avec plusieurs villages des environs; les forêts elles-mêmes brûlent; le carnage est partout. L'incendie éclaire les plus secrètes profondeurs des futaies; l'ombre est bannie de la solitude, il n'y a plus de solitude; qui peut se cacher dans une plaine quand les forêts sont de feu? point d'asile assuré contre ce torrent de lumière qui s'étend de tous côtés, l'épouvante est au comble; l'obscurité chassée des halliers enflammés a disparu, la nuit a fui et pourtant le soleil n'est pas levé!....

Le cortége de Fedor se grossit de tous les maraudeurs qui parcourent la campagne. La foule est grande; on arrive enfin sur la place du château.

Là, quel spectacle attendait le prisonnier!

Le château de Vologda, bâti tout en bois, est devenu un immense bûcher dont la flamme s'élève jusqu'au ciel!!! Les paysans, qui avaient cerné cet antique manoir avant d'y mettre le feu, pensent avoir brûlé Xenie dans l'habitation même de son père.

Une ligne de barques serrées l'une contre l'autre complète sur l'eau le cercle du blocus de terre. Au milieu de la demi-lune formée devant le château par l'armée des insurgés, le malheureux Thelenef, arraché à sa retraite et apporté de force sur cette place désignée pour son supplice, est garrotté contre un poteau. De toutes parts la foule des vainqueurs, curieuse d'un tel spectacle, afflue au lieu du rendez-vous.

La troupe, qui venait d'escorter les victimes vivantes, formait cercle autour de sa proie, et elle étalait à la lueur de l'incendie ses dégoûtantes bannières : quels drapeaux, bon Dieu! c'étaient les dépouilles sanglantes des premières victimes; elles étaient portées sur des sabres et sur des piques. On voyait des têtes de femmes aux chevelures flottantes, des lambeaux de corps sur des fourches, des enfants mutilés, des ossements tout dégouttants :... hideux fantômes qu'on eût dit échappés de l'enfer pour venir assister aux bacchanales des derniers habitants de la terre.

Ce soi-disant triomphe de la liberté était une scène de la fin du monde. Les flammes et les bruits qui sortaient du château, foyer de l'incendie, ressemblaient à l'éruption d'un volcan. La vengeance des peuples est comme la lave qui bouillonne longtemps dans les profondeurs de la terre avant de se faire jour au sommet du mont. Des murmures confus parcourent la foule, mais on ne distingue nulle voix, si ce n'est celle de la victime, dont les imprécations réjouissent les bourreaux. Ces inhumains sont pour la plupart des hommes d'une beauté remarquable; tous ont l'air naturellement noble et doux : ce sont des anges féroces, des démons au visage céleste. Fedor lui-même ressemble en beau à ses persécuteurs. Tous les Russes de pure race slave ont un air de famille ; et même lorsqu'ils s'exterminent, on voit que ce sont des frères : circonstance qui rend le carnage plus horrible. Voilà ce que peut devenir l'homme de la nature quand il s'abandonne à des passions excitées par une civilisation trompeuse.

Mais alors ce n'est plus l'homme de la nature ; c'est l'homme perverti par une société marâtre. L'homme de la nature n'existe que dans les livres ; c'est un thème à déclamation philosophique, un type idéal d'après lequel raisonnent les moralistes comme les mathématiciens opèrent, dans certains calculs, sur des quantités supposées, qu'ils éliminent ensuite pour arriver à un résultat positif. La nature, pour l'homme primitif comme pour l'homme dégénéré, c'est une société quelconque, et quoi qu'on en puisse dire, la plus civilisée est encore la meilleure.

Le cercle fatal s'ouvre un moment pour laisser entrer Fedor et son exécrable cortége ; Thelenef était tourné de manière à n'apercevoir pas d'abord son jeune libérateur. Son supplice allait commencer quand un murmure d'épouvante parcourt la foule.

Un spectre !... un spectre !... c'est elle !... s'écrie-t-on de toutes parts. Le cercle se rompt de nouveau et se disperse ; les bourreaux fuient devant un fantôme !... La cruauté s'allie volontiers à la superstition.

Pourtant quelques forcenés arrêtent les fuyards... « Revenez, revenez ; c'est elle-même, c'est Xenie ; elle n'est pas morte !!

— Arrêtez ! arrêtez ! s'écrie une voix de femme dont l'accent déchirant retentit dans tous les cœurs, mais surtout dans celui de Fedor... Laissez-moi passer, je veux les voir !! c'est mon père ! c'est mon frère !... Vous ne m'empêcherez pas de mourir avec eux. »

En achevant ces mots Xenie, échevelée, vient tomber expirante aux pieds de Fedor. Le malheureux jeune homme, immobile à force de saisissement, était devenu insensible à ses liens.

On sent le besoin d'abréger les détails de cette horrible scène. Elle fut longue, mais nous la décrirons en peu de mots ; nous la décrirons pourtant, car nous sommes en Russie. Nous demandons grâce d'avance pour ce qu'il nous reste à peindre.

Xenie, dans la cabane où nous l'avions abandonnée, s'était d'abord laissé persuader de se taire, de peur d'aggraver le danger que courait Fedor, qui perdrait toute mesure et toute retenue s'il la voyait dans les mains des assassins ; elle craignait aussi d'exposer sa nourrice. Mais une fois les deux femmes seules, la jeune fille s'était échappée pour venir partager le sort de son père.

Le supplice de Thelenef commença. Quel supplice, bon Dieu ! Pour rendre la mort plus affreuse à ce malheureux, on plaça d'abord devant ses yeux Fedor et Xenie, assis et liés à peu de distance de lui sur une grossière estrade que l'on venait de construire à la hâte... puis... puis on lui coupa, à plusieurs reprises, les pieds et les mains, l'un après l'autre, et quand ce tronc mutilé fut presque épuisé de sang, on le laissa mourir en souffletant la tête de ses propres mains, et en étouffant les hurlements de la bouche avec un de ses pieds.

Les femmes du faubourg de Caen mangeant le cœur de M. de Belzunce sur le pont de Vauxelles étaient des modèles d'humanité auprès des spectateurs tranquilles de la mort de Thelenef.[1]

Et voilà ce qui se passait il y a peu de mois à quelques journées d'une ville pompeuse où l'Europe entière afflue aujourd'hui pour assister gaie-

---

[1] Cette citation n'étonnera pas les personnes qui savent à quel point les Russes sont au fait des détails de notre histoire.

(*Note du Voyageur.*)

ment aux plus belles fêtes du monde ; à des fêtes si magnifiques que le pays qui les donne pourrait être réputé le plus civilisé de la terre si l'on n'y voulait voir que les palais.

Achevons notre tâche :

Quand le père eut cessé de souffrir, on voulut, selon le programme de la bacchanale, égorger aussi la fille : un des exécuteurs s'approche pour saisir Xenie par ses cheveux qui flottaient épars et descendaient jusque sur les épaules ; mais elle est raide et froide : pendant et depuis le supplice de son père elle n'a pas fait un mouvement, elle n'a pas proféré une parole.

Fedor, par une révolution surnaturelle qui s'opère en lui, retrouve toute sa force et sa présence d'esprit ; il brise miraculeusement ses liens, s'arrache des mains de ses gardiens, se précipite vers sa bien-aimée sœur, la presse dans ses bras, l'enlève de la terre et la serre longtemps contre son cœur ; puis, la reposant sur l'herbe avec respect, il s'adresse aux bourreaux d'un air calme, de ce calme apparent naturel aux Orientaux, même dans les moments les plus tragiques de la vie.

« Vous ne la toucherez pas, Dieu a étendu sa main sur elle, elle est folle.

— Folle!! répond la foule superstitieuse : Dieu est avec elle!!

— C'est lui, le traître, c'est son amant qui lui a conseillé de contrefaire la folle!! non, non, il faut en finir avec tous les ennemis de Dieu et des hommes, s'écrient les plus acharnés; d'ailleurs notre serment nous lie : faisons notre devoir; *le Père* (l'Empereur) le veut, il nous récompensera.

— Approchez donc si vous l'osez, s'écrie encore Fedor dans le délire du désespoir; elle s'est laissé presser dans mes bras sans se défendre. Vous voyez bien qu'elle est folle!! Mais elle parle : écoutez. »

On approche, et l'on n'entend que ces mots :

« C'est donc moi qu'il aimait ! »

Fedor, qui seul comprend le sens de cette phrase, tombe à genoux en remerciant Dieu et en fondant en larmes.

Les bourreaux s'éloignent de Xenie avec un respect involontaire. Elle est folle! répètent-ils tout bas. . . . .

Depuis ce jour elle n'a jamais passé une minute sans redire les mêmes paroles : « C'est donc moi qu'il aimait !.... »

Plusieurs, en la voyant si calme, doutent de sa folie : on croit que l'amour de Fedor, révélé malgré lui, a réveillé dans le cœur de sa sœur la tendresse innocente et passionnée que cette malheureuse jeune fille ressentait depuis longtemps pour lui à leur insu à tous deux, et que cet éclair d'une lumière tardive lui a brisé le cœur.

Nulle exhortation n'a pu jusqu'ici l'empêcher de répéter ces paroles qui sortent mécaniquement de sa bouche avec une volubilité effrayante et sans un instant de relâche : « C'est donc moi qu'il aimait ! »

Sa pensée, sa vie se sont arrêtées et concentrées sur l'aveu involontaire de l'amour de Fedor, et les organes de l'intelligence continuant leurs fonctions, pour ainsi dire, par l'effet d'un ressort, obéissent comme en rêve à ce reste de volonté qui leur commande de dire et de redire la parole mystérieuse et sacrée qui suffit à sa vie.

Si Fedor n'a pas péri après Thelenef, ce n'est pas à la fatigue des bourreaux qu'il a dû son salut, c'est à celle des spectateurs ; car l'homme inactif se lasse du crime plus vite que l'homme qui l'exécute : la foule, saturée de sang, demanda qu'on remît le supplice du jeune homme à la nuit suivante. Dans l'intervalle, des forces considérables arrivèrent de plusieurs côtés. Dès le matin, tout le canton où la révolte avait pris naissance fut cerné; on décima les villages : les plus coupables, condamnés non à mort, mais à cent vingt coups de knout, périrent; puis on déporta le reste en Sibérie. Cependant les populations voisines de Vologda ne sont point rentrées dans l'ordre; on voit chaque jour des paysans de divers cantons, exilés en masse, partir par centaines pour la Sibérie. Les seigneurs de ces villages désolés se trouvent ruinés; puisque dans ces sortes de propriétés, les hommes font la richesse du maître. Les riches domaines du prince*** sont devenus solitaires.

Fedor, avec sa mère et sa femme, a été forcé de suivre les habitants de son village déserté.

Au moment du départ des exilés, Xenie assistait à la scène, mais sans dire adieu, car ce nouveau malheur ne lui a pas rendu un éclair de raison.

A ce moment fatal, un événement inattendu aggrava cruellement la douleur de Fedor et de sa famille. Déjà sa femme et sa mère étaient sur la charrette; il allait y monter pour les suivre et quitter à jamais Vologda; mais il ne voyait que Xenie, il ne souffrait que pour sa sœur, orpheline, privée de sentiment ou du moins de mémoire, et qu'il abandonnait sur les cendres encore tièdes de leur hameau natal. A présent qu'elle a besoin de tout le monde, pensait-il, des étrangers vont être ses seuls protecteurs ; et le désespoir tarissait ses larmes. Un cri déchirant parti de la charrette le rappelle auprès de sa femme qu'il trouve évanouie ; un des soldats de l'escorte venait d'emporter l'enfant de Fedor.

« Que vas-tu faire ? s'écrie le père ivre de douleur.

— Le poser là, le long du chemin, pour qu'on l'enterre, ne vois-tu pas qu'il est mort ? reprend le Cosaque.

— Je veux l'emporter, moi !

— Tu ne l'emporteras pas. »

En ce moment d'autres soldats attirés par le bruit s'emparent de Fedor, qui cédant à la force tombe dans la stupeur, puis il pleure, il supplie : il n'est pas mort, il n'est qu'évanoui ; laissez-moi l'embrasser. Je vous promets, dit-il en sanglotant, de renoncer à l'emporter si son cœur ne bat plus. Vous avez peut-être un fils, vous avez un père ; ayez pitié de moi, disait le malheureux, vaincu par tant de douleurs ! Le Cosaque attendri, lui rend son enfant : à peine le père a-t-il touché ce corps glacé que ces cheveux se hérissent sur son front : il jette les yeux autour de lui, ses regards rencontrent le regard inspiré de Xenie : ni le malheur, ni l'injustice, ni la mort, ni la folie, rien sur la terre n'empêche ces deux cœurs nés pour s'entendre de se deviner : Dieu le veut.

Le jeune homme fait un signe à Xenie, les soldats respectent la pauvre insensée qui s'avance et reçoit le corps de l'enfant des mains du père; mais toujours en silence. Alors la fille de Thelenef, sans proférer une parole, ôte son voile pour le donner à Fedor, puis elle presse le petit corps dans ses bras. Chargé de son pieux fardeau elle reste là debout, immobile jusqu'à ce qu'elle ait vu son bien-aimé frère assis entre une mère qui pleure et une épouse mourante s'éloigner pour toujours du village qui les a vus naître. Elle suit longtemps de l'œil le convoi des mugics déportés; enfin quand le dernier chariot a disparu sur la route de Sibérie, quand elle est seule, elle emporte l'enfant et se met à jouer avec cette froide dépouille en lui donnant les soins les plus ingénieux et les plus tendres.

Il n'est donc pas mort, disaient les assistants! il va renaître, elle le ressuscitera!....

Puissance de l'amour!... qui peut vous assigner des bornes?

La mère de Fedor se reprochait sans cesse de n'avoir pas retenu Xenie dans la chaumière du vieil insensé; « elle n'aurait pas du moins été forcée d'assister au supplice de son père, disait la bonne Élisabeth.

— Vous lui auriez conservé la raison pour souffrir davantage », répondait Fedor à sa mère, et leur morne silence recommençait.

La pauvre vieille femme avait paru longtemps résignée; ni les massacres, ni l'incendie ne lui avaient arraché une plainte; mais lorsqu'il fallut subir avec les autres Vologdiens la peine de l'exil, quitter la cabane où son fils était né, où le père de son fils était mort, lorsqu'on l'obligea d'abandonner son frère en démence, elle perdit courage : la force lui manqua tout à fait; elle se cramponnait aux madriers de leur chaumière, baisant, arrachant dans son désespoir la mousse goudronnée qui calfeutrait les fentes du bois. On finit par l'emporter et par l'attacher sur la téléga où nous venons de la voir pleurer le nouveau-né de son fils chéri.

Ce qu'on aura peine à croire, c'est que les soins, le souffle vivifiant de Xenie, peut-être sa prière, ont rendu la vie à l'enfant que Fedor avait cru perdu. Ce miracle de tendresse ou de piété la fait vénérer aujourd'hui comme une sainte, par les étrangers envoyés du Nord pour repeupler les ruines abandonnées de Vologda.

Ceux mêmes qui la croient folle n'oseraient lui enlever l'enfant de son frère; nul ne pense à lui disputer cette proie si précieusement ravie à la mort. Ce miracle de l'amour consolera le père exilé, dont le cœur s'ouvrira encore au bonheur, quand il saura que son fils a été sauvé et sauvé par elle!!.....

Une chèvre la suit pour nourrir l'enfant. Quelquefois on voit la vierge mère, vivant tableau, assise au soleil sur les noirs débris du château où elle est née et souriant fraternellement au fils de son âme, à l'enfant de l'exilé.

Elle berce le petit sur ses genoux avec une grâce toute virginale et le ressuscité lui rend son ineffable sourire avec une joie angélique. Sans se douter de la vie, elle a passé de la charité à l'amour, de l'amour à la folie et de la folie à la maternité : Dieu la protége; l'ange et la folle s'embrassent au-dessus de la région des pleurs, comme les oiseaux voyageurs se rencontrent au delà des nuages.

Quelquefois elle paraît frappée d'un souvenir doux et triste : alors sa bouche, insensible écho du passé, murmure machinalement ces mystérieuses paroles, unique et dernière expression de sa vie et dont aucun des nouveaux habitants de Vologda ne peut deviner le sens : « C'est donc moi qu'il aimait! »

FIN DE L'HISTOIRE DE THELENEF.

Ni le poëte russe, ni moi, nous n'avons reculé devant l'expression de *vierge mère* pour désigner Xenie et nous ne croyons ni l'un ni l'autre avoir manqué de respect au sublime vers du poëte catholique :

O vergine Madre, figlia del tuo figlio.[1]

ni profané le profond mystère qu'il indique en si peu de mots.

[1] *Paradis du Dante.* Chant. XXXIII, 1er vers.

FIN DU DEUXIÈME VOLUME.

TABLE DES MATIÈRES

CONTENUES DANS CE VOLUME.

LETTRE ONZIÈME.

PAGE 3 A 80.

Rapprochement des dates : 14 juillet 1789 : prise de la Bastille : 14 juillet 1839 : mariage du petit-fils de M. de Beauharnais. — Chapelle de la cour. — Première impression produite par la physionomie de l'Empereur. — Conséquences du despotisme pour le despote. — Portrait de l'Empereur Nicolas. — Caractère de sa physionomie. — L'Impératrice. — Son air souffrant. — Esclavage de tous. — L'Impératrice n'a pas la liberté d'être malade. — Danger des voyages pour les Russes. — Abords du palais. — Mon entrée à la cour. — Accident risible. — Chapelle Impériale. — Magnificence des décorations et des costumes. — Entrée de la famille Impériale. — Fautes d'étiquette réparées : par qui? — M. de Pahlen tient la couronne sur la tête du marié. — Réflexion. — Émotion de l'Impératrice. — Portrait du jeune duc de Leuchtenberg. — Son impatience. — Pruderie du langage actuel. — Ce qui la cause. — Musique de la chapelle Impériale. — Vieux chants grecs arrangés autrefois par des compositeurs italiens. — Effet merveilleux de cette musique. — Te Deum. — L'archevêque. — L'Empereur lui baise la main. — Impassibilité du duc de Leuchtenberg. — Son air défiant. —

Position fausse. — Souvenir de la terreur. — Talisman de M. de Beauharnais. — C'est moi qui le possède. — Point de foule, on ne sait ce que c'est en Russie. — Immensité des places publiques. — Tout paraît petit dans un pays où l'espace est sans bornes. — La colonne d'Alexandre. — L'Amirauté. — L'église de Saint-Isaac. — Place qui est une plaine. — Le sentiment de l'art manque aux Russes. — Quelle eût été l'architecture propre à leur climat et à leur pays. — Le génie de l'Orient plane sur la Russie. — Le granit ne résiste pas aux hivers de Pétersbourg. — Char de triomphe. — Profanation de l'art antique. — Architectes russes. — Prétentions du despotisme à vaincre la nature. — Ouragan au moment du mariage. — L'Empereur. — Expressions diverses de son visage. — Caractère particulier de sa physionomie. — Ce que signifie le mot acteur en grec. — L'Empereur est toujours dans son rôle. — Quel attachement il inspire. — La cour de Russie. — L'Empereur est à plaindre. — Sa vie agitée. — L'Impératrice y succombe. — Influence de cette frivolité sur l'éducation de leurs enfants. — Ma présentation. — Nuances de politesse. — Mot de l'Empereur. — Le son de sa voix. — L'Impératrice. — Son affabilité. — Son langage. — Fête à la cour. — Surprise des courtisans en rentrant dans ce palais fermé depuis l'incendie. — Influence de l'air de la cour. — Courtisans à tous les étages de cette société. — Ils ne sont pas moins à plaindre que tous les autres hommes. — Danses de cour. — La polonaise. — La grande galerie. — Admiration des esprits positifs pour le despotisme. — Conditions imposées à chaque gouvernement. — La France n'a pas l'esprit de son gouvernement. — Le plaisir n'est pas le but de l'existence. — Autre galerie. — Souper. — Le khan des Kirguises. — La Reine de Géorgie. — Sa figure. — Le malheur ridicule perd ses droits. — L'apparence trompe, moins qu'on ne le croit. — Habit de cour russe. — Coiffure nationale. — Elle

TABLE DES MATIÈRES. 409

enlaidit les laides et embellit les belles. — Le Genevois à la table de l'Empereur. — Trait de politesse de ce prince. — La petite table. — Imperturbable sang-froid d'un Suisse. — Effet du soleil couchant vu par une fenêtre. — Nouvelle merveille des nuits du Nord. — Description. — La ville et le palais font contraste. — Rencontre inattendue. — L'Impératrice. — Autre point de vue sur la cour intérieure du palais. — Elle est remplie d'un peuple muet d'admiration. — Joie menteuse. — Conspiration contre la vérité. — Mot de madame de Staël. — Plaisirs désintéressés du peuple. — Philosophie du despotisme.

LETTRE DOUZIÈME.

PAGE 81 A 113.

Note. — Agitation de la vie à Pétersbourg. — Point de foule. — L'Empereur vraiment Russe. — L'Impératrice : son affabilité. — Importance qu'on attache en Russie à l'opinion des étrangers. — Comparaison de Paris et de Pétersbourg. — Définition de la politesse. — Fête au palais Michel. — La grande-duchesse Hélène. — Sa conversation. — Éclat des bals où les hommes sont en uniforme. — Illumination ingénieuse. — Verdure éclairée. — Musique lointaine. — Bosquet dans une galerie. — Jet d'eau dans la salle de bal. — Plantes exotiques. — Décoration toute en glaces. — Salle de danse. — Asile préparé pour l'Impératrice. — Résultat de la démocratie. — Ce qu'en penseront nos neveux. — Conversation intéressante avec l'Empereur. — Tour de son esprit. — La Russie expliquée. — Travaux qu'il entreprend au Kremlin. — Sa délicatesse. — Anecdote plaisante en note. — Politesse anglaise. — Le bal de l'Impératrice pour la famille d'***. — Portrait d'un Français. — M. de Barante. — Le grand chambellan. — Inadvertance d'un de ses subordonnés. — Dure réprimande de l'Empereur. — Difficulté qu'on trouve à voir les choses en Russie.

LETTRE TREIZIÈME.
PAGE 115 A 153.

Ton des femmes de la cour. — Races diverses. — Les Finois. — Une représentation en gala à l'Opéra. — Entrée de l'Empereur et de sa cour dans la loge Impériale. — Aspect imposant de ce prince. — Son avénement au trône. — Courage de l'Impératrice. — Récit de cette scène par l'Empereur lui-même. — Nobles sentiments. — Révolution subite opérée dans son caractère. — Supercherie des conspirateurs. — Second portrait de l'Empereur. — Suite de sa conversation. — Maladie de l'Impératrice. — Opinion de l'Empereur sur les trois gouvernements : républicain, despotique, représentatif. — Sincérité de son langage. — Fête chez la duchesse d'Oldenbourg. — Bal magnifiquement champêtre. — Souper. — Bonhomie obligée des diplomates. — Parquet en plein air. — Luxe de fleurs exotiques. — Lutte des Russes contre la nature. — Mot d'un courtisan de l'Impératrice Catherine. — L'amie de l'Impératrice. — De quoi se compose une foule populaire en Russie. — L'Empereur cause avec moi à plusieurs reprises. — Affabilité souveraine. — Belles paroles de l'Empereur. — Quel est l'homme de l'Empire qui m'inspire le plus de confiance. — Pourquoi. — L'aristocratie est le seul rempart de la liberté. — Résumé de mes jugements divers sur l'Empereur. — Esprit des courtisans. — Grands seigneurs sous le despotisme. — Parallèle de l'autocratie et de la démocratie. — Moyens divers pour arriver au même but. — Problème insoluble. — Restriction en faveur de la France. — Le spectacle en gala. — Les artistes à Pétersbourg. — Tout vrai talent est national.

TABLE DES MATIÈRES.

LETTRE QUATORZIÈME.

PAGE 155 A 196.

Population de Pétersbourg. — Ce qu'il faut croire des récits des Russes. — L'attelage à quatre chevaux. — Solitude des rues. — Profusion de colonnes. — Caractère de l'architecture sous le despotisme. — Architectes français. — Place du Carrousel à Paris. — Place du Grand-Duc à Florence. — Perspective Newski. — Pavé de bois. — Vrai caractère d'une ville slave. — La débâcle. — Crise naturelle périodique. — Intérieur des habitations. — Le lit russe. — Coucher des gens de service. — Visite au prince ***. — Cabinet de verdure dans les salons. — Beauté du peuple slave. — Le regard des hommes de cette race. — Leur aspect original. — Cochers russes. — Leur adresse. — Leur silence. — Les voitures. — Les harnais. — Petit postillon. — Condition des cochers et des chevaux de remise. — Hommes qui meurent de froid. — Propos d'une dame russe à ce sujet. — Valeur qu'a la vie dans ce pays. — Le feldjæger. — Ce qu'il représente. — Effets du despotisme sur l'imagination. — Ce qu'a de poétique un tel gouvernement. — Contraste entre les hommes et les choses. — Caractère slave. — Architecture pittoresque des églises. — Les voitures et les équipages russes. — Flèches de la citadelle et de l'Amirauté. — Clochers innombrables. — Description de l'ensemble de Pétersbourg. — Il est beau malgré le mauvais style de l'architecture. — Aspect particulier de la Néva. — Contradiction dans les choses. — Beautés du crépuscule. — La nature belle même près du pôle. — Idée religieuse. — Races teutoniques antipathiques aux Russes. — Le gouvernement des Slaves en Pologne. — Quelques traits de ressemblance entre les Russes et les Espagnols. — Influence des races dans l'histoire.

—Chaleur de l'été de cette année.—Approvisionnements de bois pour l'hiver.—Charrettes qui le transportent.—La peur est silencieuse. — Adresse du peuple russe. — Son temps d'épreuves.— Rareté du combustible à Pétersbourg.— Dilapidation des forêts. — Charrettes russes. — Mauvais ustensiles. — Les Romains du Nord. — Rapports des peuples avec leurs gouvernements.— Barques de foin sur la Néva. — Le badigeonneur russe. — Laideur et malpropreté des femmes dans les basses classes. —Beauté des hommes.—Rareté des femmes à Pétersbourg.— Souvenir des mœurs asiatiques. — Tristesse inévitable d'une ville militaire.

LETTRE QUINZIÈME.

PAGE 197 A 256.

Fête de Péterhoff. — Le peuple dans le palais de son maître. — Ce qu'il y a de réel dans cet acte de popularité. — L'Asie et l'Europe en présence. — Prestige attaché à la personne de l'Empereur. — Pourquoi l'Impératrice Catherine instituait des écoles en Russie. — Vanité russe. — L'Empereur y pourra-t-il remédier? — Fausse civilisation. — Plan de l'Empereur Nicolas. —La Russie telle qu'on la montre aux étrangers et la Russie telle qu'elle est. — Souvenirs du voyage de l'Impératrice Catherine en Crimée. — Ce que les Russes pensent des diplomates étrangers. — Hospitalité russe. — Le fond des choses. — Dissimulation à l'ordre du jour. — Étrangers complices des Russes. — Ce que c'est que la popularité des Empereurs de Russie. — Composition de la foule admise dans le palais. — Enfants de prêtres. — Noblesse secondaire. — Peine de mort. — Comment elle est abolie. — Tristesse des physionomies. — Motifs du voyageur pour venir visiter la Russie. — Déceptions. — Conditions

de l'homme en Russie. — L'Empereur lui-même est à plaindre.
— Compensation. — Oppression. — La Sibérie. — Manière dont
l'étranger doit se conduire pour être bien vu en Russie. — Esprit caustique des Russes. — Leur sens politique. — Danger que
court l'étranger en Russie. — Probité du *mugic*, paysan russe.
— La montre de l'ambassadeur de Sardaigne. — Autres vols. —
Moyen de gouvernement. — Faute énorme. — Le *Journal des
Débats*, pourquoi l'Empereur le lit. — Réflexions. — Digressions. — Politique de l'Empereur. — Politique du journal. —
Beauté du site de Péterhoff. — Le parc. — Points de vue. —
Efforts de l'art. — Illuminations. — Féerie. — Voitures, piétons :
leur nombre. — Bivouac bourgeois. — Nombre des lampions. —
Temps qu'il faut pour les allumer. — Campements de la foule
autour de Péterhoff. — Équipages parqués. — Valeur du peuple
russe. — Palais anglais. — Manière dont le corps diplomatique
et les étrangers invités sont traités. — Où je passe la nuit. —
Lit portatif. — Bivouacs militaires. — Silence de la foule. — La
gaîté manque. — Bon ordre obligé. — Le bal. — Les appartements. — Manière dont l'Empereur sillonne la foule. — Son
air. — Danses polonaises. — Illumination des vaisseaux. —
Ouragan. — Accidents sur mer pendant la fête. — Mystère. —
Prix de la vie sous le despotisme. — Tristes présages. — Chiffre
de l'Impératrice éteint. — L'homme qui veut le rallumer, ce
qu'il lui en coûte. — Distribution de la journée de l'Impératrice.
— Inévitable frivolité. — Tristesse des anniversaires. — Promenade en *lignes*. — Description de cette voiture. — Rencontre
d'une dame russe en ligne. — Sa conversation. — Magnificence de la promenade nocturne. — Lac de Marly. — Souvenirs de Versailles. — Maison de Pierre-le-Grand. — Grottes,
cascades illuminées. — Départ de la foule après la fête. — Image
de la retraite de Moscou. — Revue du corps des cadets passée

par l'Empereur. — Toujours la cour. — Ce qu'il faut pour supporter cette vie. — Triomphe d'un cadet. — Évolutions des soldats circassiens.

LETTRE SEIZIÈME.

PAGE 257 A 282.

Cottage de Péterhoff. — Surprise. — L'Impératrice. — Sa toilette du matin. — Ses manières, son air, sa conversation. — Le grand-duc héritier. — Sa bonté. — Question embarrassante. — Comment le grand-duc y répond pour moi. — Silence de l'Impératrice : interprété. — Intérieur du cottage. — Absence de tout objet d'art. — Affections de famille. — Timidité gênante. — Le grand-duc fait le *cicerone*. — Politesse exquise. — Définition de la timidité. — Les hommes de ce siècle en sont exempts. — La perfection de l'hospitalité. — Scène muette. — Le cabinet de travail de l'Empereur. — Petit télégraphe. — Château d'Oranienbaum. — Souvenirs attristants. — Petit château de Pierre III, ce qu'il en reste. — Tout ce qu'on fait ici pour cacher la vérité. — Avantage des hommes obscurs sur les grands. — Citation de Rulhière. — Pavillons du parc. — Souvenirs de Catherine II. — Camp de Krasnacselo. — Retour à Pétersbourg. — Mensonges puérils.

LETTRE DIX-SEPTIÈME.

PAGE 283 A 336.

Superstition politique. — Conséquence du pouvoir absolu. — Responsabilité de l'Empereur. — Nombre des naufragés de Péterhoff. — Mort de deux Anglais. — Leur mère. — Citation d'une lettre. — Récit de cet accident par un peintre. —

TABLE DES MATIÈRES. 415

Extrait du *Journal des Débats* du mois d'octobre 1842. — Ménagements funestes. — Scène de désordre sur le bateau à vapeur. — Le bâtiment sauvé par un Anglais. — Ce que c'est que le tact en Russie. — Ce qui manque à la Russie. — Conséquence de ce régime : ce que l'Empereur en doit souffrir. — Esprit de la police russe. — Disparition d'une femme de chambre. — Silence sur des faits semblables. — Politesse des gens du peuple. — Ce qu'elle signifie. — Les deux cochers. — Cruauté d'un feldjæger. — A quoi sert le christianisme dans un tel pays. — Calme trompeur. — Querelle de portefaix sur un bateau de bois. — Le sang coule. — Comment procèdent les agents de police. — Cruauté révoltante. — Traitement avilissant pour tous. — Manière de voir des Russes. — Mot de l'archevêque de Tarente. — De la religion en Russie. — Deux espèces de civilisation. — Vanité publique. — L'Empereur Nicolas élève la colonne d'Alexandre. — Réforme du langage. — Comment les femmes de la cour éludent les ordres de l'Empereur. — L'église de Saint-Isaac. — Son immensité. — Esprit de la religion grecque. — Différence qu'il y a entre l'Église catholique et les églises schismatiques. — Asservissement de l'Église grecque par l'empiétement de Pierre Ier. — Conversation avec un Français. — Voiture cellulaire. — Rapport qu'il y a entre la politique et la théologie. — Émeute causée par un mot de l'Empereur. — Scènes sanglantes sur les bords du Volga. — Hypocrisie du gouvernement russe. — Histoire du poëte Pouskine. — Sa position particulière comme poëte. — Sa jalousie. — Duel contre son beau-frère. — Pouskine est tué. — Effet de cette mort. — Part que prend l'Empereur à la douleur publique. — Jeune enthousiaste. — Ode à l'Empereur. — Comment elle est récompensée. — Le Caucase. — Caractère du talent de Pouskine. — Langue des gens du grand monde en Russie.

— Abus des langues étrangères. — Conséquences de la manie des gouvernantes anglaises en France. — Supériorité des Chinois. — La confusion des langues. — Rousseau. — Révolution à prévoir dans le goût français.

LETTRE DIX-HUITIÈME.

PAGE 337 A 406.

Rapport de nos idées avec les objets extérieurs qui les provoquent. — Côté dramatique du voyage. — Traits de férocité de notre révolution comparés à la cruauté des Russes. — Différence entre les crimes des deux peuples. — Ordre dans le désordre. — Caractère particulier des émeutes en Russie. — Respect des Russes pour l'autorité. — Danger des idées libérales inculquées à des populations sauvages. — Pourquoi les Russes ont l'avantage sur nous en diplomatie. — Histoire de Thelenef.

FIN DE LA TABLE DES MATIÈRES.

www.ingramcontent.com/pod-product-compliance
Lightning Source LLC
Chambersburg PA
CBHW051830230426
43671CB00008B/900